MZ세대를 위한
창업선생
이병철 정주영

MZ세대를 위한
창업선생
이병철 정주영

초판 1쇄 발행 | 2025년 11월 18일

지은이 | 박상하
펴낸이 | 박영욱
펴낸곳 | 북오션

주 소 | 서울시 마포구 월드컵로 14길 62 북오션빌딩
이메일 | bookocean@naver.com
네이버블로그 | blog.naver.com/bookocean_rabbit
페이스북 | facebook.com/bookocean.book
인스타그램1 | instagram.com/bookocean777
인스타그램2 | instagram.com/supr_lady_2008
X | x.com/b00k_0cean
틱톡 | www.tiktok.com/@book_ocean17
유튜브 | 쏠쏠TV·쏠쏠라이프TV
전 화 | 편집문의: 02-325-9172   영업문의: 02-322-6709
팩 스 | 02-3143-3964

출판신고번호 | 제 2007-000197호

ISBN 978-89-6799-909-4 (03320)

*이 책은 (주)북오션이 저작권자와의 계약에 따라 발행한 것이므로 내용의 일부 또는 전부를
 이용하려면 반드시 북오션의 서면 동의를 받아야 합니다.
*책값은 뒤표지에 있습니다.
*잘못 만들어진 책은 구입하신 서점에서 교환해 드립니다.

두 거장에게
배우는
기업가 정신

박상하 지음

MZ세대를 위한

창업선생
이병철
정주영

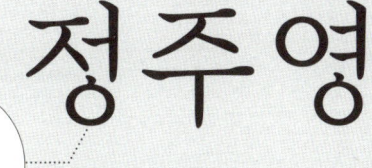

북오션

프롤로그

MZ세대가 가장 먼저 읽어야 할
이병철과 정주영의 2인 비교 스토리

이병철과 정주영 두 사람이 이룬 성공은 기적에 가깝다. 어떤 것도 움틀 것 같지 않은 황무지에서 오늘날 삼성(SAMSUNG)과 현대(HYUNDAI)라는 기업을 피워냈다. 인간의 짧은 생애 동안 두 사람은 어떻게 경영을 창작해냈을까? 이름 없는 간판을 가지고 변방을 넘어 지구촌 곳곳에 경제 영토를 확장한 것을 보면 놀랍다는 말로는 부족하다.

그럼에도 두 사람이 이룬 기적의 핵심과 문법을 본격적으로 밝혀낸 책은 많지 않다. 기껏해야 고려대학교 장세진 교수의 『삼성과 소니』, 서울대학교 송재용 교수의 『SAMSUNG WAY』, 그리고 삼성경제연구소가 펴낸 『호암(湖巖)의 경영철학(經營哲學)』 정도이다.

하지만 세 권의 책들조차 정교하게 만든 역작임에도 불구하고 학문적, 시스템적인 범주의 한계에서 벗어나지 못했다는 느낌이 든다. 비록 『삼성과 소니』와 『SAMSUNG WAY』, 그리고 『호암(湖巖)의 경영철학(經營哲學)』이 연구 보고서로는 더할 나위 없이 충분할지라도, 기업의 일선 현장에서 발견하고 도입할 수 있는 어떤 문법이나 드러나지 않은 속살을 찾아보긴 쉽지 않다.

요컨대 왜 그런 시스템이 생성되고 채택되었는지, 우연한 동기인지 필연의 전술인지, 전략이자 문화를 어떻게 구축했는지 의문과 해답이 쉽게 와닿지 않는다. 창업을 꿈꾸는 MZ세대는 물론 수많은 기업들이 삼성과 현대의 연구 보고서 안에서 무언가를 발견하고 공유할 수 있는 접합점을 애써 찾았을 텐데 말이다.

물론 저명한 석학들로선 그와 같은 연구 보고서만으로도 자신에게 주어진 주제를 충분히 완수했다고 믿을 수 있다. 거기에 또 다른 부분을 요청하는 것도 쉽지 않다.

이병철과 정주영의 '2인 비교 스토리'는 그런 점을 눈여겨봤다. 학문적 연구 보고서만으로 그친 석학들의 시선이 아닌, 실제 창업을 꿈꾸거나 혹은 기업 최전선에서 경영 창작의 텍스트로 삼을 수 있도록 해보자는 것이다. 그러자면 먼저 역사의 시작으로 돌아가 그같이 '위대한 이야기(A great story)'를 어떻게 창작할 수 있었는지 귀납적으로 살피고, 다시 해답을 묻고 찾는 것이 순서다.

앞으로 점차 조명하고 분석해나가겠지만, 도대체 두 '큰 바위 얼굴'이 보여준 두드러진 동력의 실체는 과연 무엇일까? 길지 않은 생애 동안 두 사람이 보여준 불굴의 역량은 결코 뜬금없이 나타난 역사적 비약이나 한낱 현상이 아니었다. 아직 다 설명되지 않은 또 다른 무언가가 분명 존재함을 알 수 있다. 두 사람의 내면에 도도히 흐르는 동아줄처럼 결코 끊을 수 없는 '숨은 근육'이 실존하는 것이다. 숨은 근육을 곧 '2인 비교 스토리'를 통해 스스로 발견하고 공유할 수 있도록 실질적으로 밝혀보자는 게 당초 기획 의도였다.

여기에는 두 사람에 대한 책을 여러 권 집필한 저자의 경험도 힘이 되었다. 저자 나름의 오랜 시간 축적되고 학습된 부분의 믿음 또한 없지 않았다.

그렇더라도 '2인 비교 스토리'는 다소 낯선 풍경일 수 있다. 지금까지 경험하지 못한 정체의 비교 통섭, 요체의 비교 본질, 곧 그 같은 에토스(ethos)를 한 조각씩 퍼즐을 맞춰나가는 여정이 될 것이다. 어떤 세계를 이해하려면 그 시작점으로 돌아가야 한다는 신념에 따라, 두 사람의 정체성 해부는 물론, 정체성의 출범에서부터 아직 미처 가보지 못한 지평의 마지막까지 도달하는 완결편이 될 것이다. 석학들이 간과하기 마련인 아래로부터의 관점으로 살펴나가 명쾌하게 단정짓고 나름의 해답을 제시할 것이다.

그러기 위해선 먼저 밝힐 것이 있다. '2인 비교 스토리'는 이병철과 정주영이라는 실존하는 경영사(business history)가 지금의 삼성과 현대에 고스란히 녹아 있다고 보는 데서 출발한다. 오늘날 삼성과 현대라는 실체를 경영의 주체인 두 사람의 남다른 기업가 활동(entrepreneurial activity)을 통해 전지적 시각으로 낱낱이 들여다볼 참이다.

한 걸음 더 들어가 이병철의 경영 창작은 왜 강력한 개성과 냉혹한 성격을 내세웠는지, 반면에 정주영의 경영 창작은 왜 두둑한 배짱과 불같은 열정인지 들여다보려 한다. 더불어 이병철의 '이유는 없다, 명령은 내가 한다'는 황제 경영(push strategy) 전략과 정주영의 '이유는 없다, 나를 따르라'는 정벌 경영(lead strategy) 전략의 밑그림에 대해서도 면밀히 들여다볼 생각이다. 결과적으로 '2인 비교 스토리'는 두 사람이 창작해낸 삼성과 현대라는, 지금의 경영 창작에서 우리에게 어떤 문법을 제시하고 있는지까지 속살을 빠짐없이 톺아볼 작정이다.

그러기 위해선 무엇보다 두 사람의 다양한 창작기법이라든가 실제 경험들을 깊숙이 조사할 필요가 있다. 과거에서 지금에 이르기까지 삼성과 현대라는 경영 창작을 그토록 줄기차게 진화시켜 나갈 수 있었는지, 구조의 변화까지도 자세히 살펴나갈 생각이다.

그뿐 아니라 성장과 진화 속에서 경영 창작의 또 다른 가치인 경영문화의 발전을 살펴보고, 경영문화가 창작해낸 삼성과 현대라는 상징에 어떻게 맞섰는지 알아볼 것이다. 또 삼성과 현대라는 두 제국의 시작부터 완성까지를 비교해서 두루 살피고자 한다.

그런 만큼 '2인 비교 스토리'가 우리에게 던지는 질문은 한결같다. 역사 속 삼성과 현대가 과연 어떤 진화 과정을 거쳐 지금에 이르렀는지 각각의 시간과 에피소드를 다루고, 여전히 적체된 시장에서 짧은 시간 속 삼성과 현대가 거둔 성장과 진화를 파헤쳐 의미를 이해하고 용어를 정의한다. 또 두 사람의 정신에서 창작된 경영의 역사와 문화의 만남. 인문학적 시선으로 바라본 분석과 성찰을 통해 숨겨진 경영 문법의 속살을 드러낸다.

이는 우리가 두 사람이 전통적 가치를 강화하고 희소성을 차별화

해 경영 창작이라는 스펙트럼을 확장했다는 믿음을 가지고 있기 때문이다. 또 서로의 위치에 따라 숨은 경영 창작 문법을 새롭게 찾고 표현할 거라는 믿음이 있기에 가능하다.

차 례

프롤로그   MZ세대가 가장 먼저 읽어야 할
이병철과 정주영의 '2인 비교 스토리'   004

이병철과 정주영의 '삶의 여정' 합쳐보기   012

제1부 내가 되다

숲속의 여우 VS 숲속의 고슴도치	020
여우형 리더의 '견고한 고독'	028
고슴도치형 리더의 '무조건 나를 따르라'	038
조용한 외톨이 VS 시끌벅적한 대가족	045
간결한 말씨 VS 구수한 이야기	053
강렬한 개성 VS 불같은 열정	056
빈틈없는 톱니바퀴 VS 마카로니 웨스턴	060
장인정신 VS 벼룩의 교훈	065
미는 경영 VS 끄는 경영	069
마이 시크릿 VS 정치권력	080
이병철과 정주영의 재와 평의 사이	084

생각그물로 '2인 비교 스토리' 간추려보기   094

제2부   **삼성이 되다, 현대가 되다**

자본도 경험도 없이 역사 앞에 서다   098
첫 시련 속에 힐끗 엿본 가능성   105
대륙 기차여행 VS 운명처럼 만난 자동차   112
삼성물산공사 VS 현대토건사   120
전쟁의 혼란 속에 달빛을 밟다   125
한겨울의 '푸른 잔디' VS '20배 성장'   128
길이 끝난 곳에서 새 길을 열다   134

제3부   **그 이상이 되다**

정벌에 나선 자동차와 조선   142
허허벌판에서 탄생한 삼성전자   152
'절대로 못한다' VS '히기 단디이 해래이'   160
정치권력을 기웃거린 정주영   173
반도체를 눈여겨본 이병철   179
여든 노구의 정치 패배는 참혹했다   191
건곤일척의 명운을 건 반도체 사업   197

제4부 못다 이룬 미완

승률 96%의 직관력 & 인재 제일주의	210
작은 경험을 큰 현실로 확대시키다	222
뼈아픈 2패, 토지사업 & 한국비료 사건	225
끝내 못다 이룬 2인의 프로젝트	233

제5부 그들의 마지막 나날

이병철과 정주영, 당 태종에게 묻다	244
정주영, 자신을 빼닮은 둘째	247
이병철, 장남도 차남도 아닌 셋째	254
93.6%를 몰아준 것은 공평한 상속이다	259
'왕자의 난'으로 서로 갈라선 현대가	266
'여름엔 시원하고 겨울엔 포근하겠다'	272
'이 가슴엔 꿈도 열정도 많았지'	279
정주영을 찾아가 손을 내민 이병철	285

에필로그	숲속의 여우와 숲속의 고슴도치가 보여준 마지막 사업 창작 문법	294
참고문헌		298

이병철과 정주영의 '삶의 여정' 합쳐보기

연도	이병철	정주영
1910	경상남도 의령군 정곡면 중교리에서 차남으로 태어남.	
1915		강원도 통천군 송전면 아산리에서 6남 2녀 가운데 장남으로 태어남.
1922	진주 지수보통학교 3학년 편입. 서울 수송보통학교 편입.	
1924		통천 송전보통학교 입학.
1925	서울 수송보통학교 4년 수료. 서울 중동중학교 속성과 편입.	
1926	중동중학교 본과 입학. 박두을과 결혼.	
1929	서울 중동중학교 4년 수료.	
1930	일본 와세다대학 전문부 정경과 입학.	통천 송전보통학교 2등으로 졸업.
1931	장남 맹희 출생.	가출하여 원산 철도 공사장에서 일함.
1933	차남 창희 출생.	마지막 가출하여 인천부두, 고려대 캠퍼스 신축 공사장에서 막노동을 함.
1934		쌀가게 복흥상회에 취직.
1936	마산 협동정미소 창업. 일출자동차회사 인수, 트럭 20대로 운수업 설립.	

1937	토지사업으로 200만 평의 대지주 됨. 중일전쟁으로 협동정미소, 일출자동차회사, 토지사업 등을 청산.	
1938	대구 삼성상회 설립.	신당동 길가에 쌀가게 경일상회 창업.
1939	대구 조선양조 인수.	조선총독부의 전시체제령에 따른 쌀 배급제로 쌀가게 경일상회 폐쇄. 고향 면장의 장녀 변중석과 결혼.
1940		자동차 수리공장 아도서비스 설립. 공장 화재 이후 신설동으로 이전.
1942	3남 건희 출생.	
1943		아도서비스 강제 합병당함. 황해도 홀동광산에서 광석 운반 하청 일을 함.
1945	대구민보 경영 참여.	홀동광산 하청권을 인계하고 낙향.
1946		서울 초동 현대자동차공업사 설립.
1947		현대토건사 설립.
1948	서울 삼성물산 설립.	
1950		부산 피난지에서 현대상운 설립.
1951	부산 피난지에서 삼성물산 설립.	
1953	제일제당 설립.	서울로 돌아와 소공동 삼화빌딩에 현대건설 사무실 마련.
1954	제일모직 설립.	

1957	한일은행 인수.	
1958	안국화재 및 상업은행 인수.	제1한강교 복구 준공.
1959	조흥은행 인수.	건국 이래 최대 공사였던 인천 제1도크 복구 공사.
1960		현대건설이 국내 건설업체 도급 순위 1위에 오름.
1961	전국경제인연합회 초대 회장 추대됨. 한일은행, 상업은행, 조흥은행을 정부에서 환수.	창사 14년 만에 중구 무교동에 사옥 마련.
1963	동양TV방송 및 라디오서울 설립. 동방생명, 동화백화점, 동남증권, 동양화재 인수. 미풍산업 설립.	
1964	한국비료 설립. 대구대학교 인수. 동양방송 설립.	단양시멘트공장 준공.
1965	중앙일보 창간. 삼성문화재단 설립. 성균관대학교, 세한제지 인수.	역사상 최초로 해외 건설에 진출하여 태국 파타니나라티왓 고속도로 공사 수주.
1966	중앙개발, 고려병원 설립.	
1967	한국비료 울산공장 준공. 한국비료 주식 51%를 국가에 헌납.	소양강 다목적댐 착공. 현대자동차 설립.
1968	안양컨트리클럽 개장.	경부고속도로 착공.
1969	삼성전자, 삼성산요전기 설립. 조선양조 해산.	

1970	삼성NEC 설립.	현대시멘트 설립. 고려원자력 1호기 착공.
1971	삼성일렉트릭스 설립. 삼성문화문고 발간.	현대그룹 회장 취임. 금강개발 설립.
1972	제일합섬 설립.	현대조선소 기공식.
1973	제일기획, 호텔신라, 삼성산요파츠, 삼성코닝 설립.	현대중공업 설립.
1974	삼성석유화학, 삼성중공업 설립.	현대엔지니어링, 현대자동차서비스 설립.
1975	중앙엔지니어링 설립.	현대미포조선 설립. 경희대 명예 공학박사학위 수여.
1976	용인자연농원 개장.	한국 최초 자동차 고유 모델 PONY 생산. 고려산업개발, 아세아상선 설립. 세계 최대 심해 공사인 사우디아라비아 주베일 산업항 공사 수주.
1977	삼성종합건설, 삼성조선, 삼성정밀, 삼성해외건설, 대성중공업, 한국반도체 인수.	전국경제인연합회 회장 취임. 울산대학재단이사장 취임. 현대정공 설립.
1978	코리아엔지니어링 인수.	서산 간척사업 착수.
1979	3남 이건희 삼성그룹 부회장 취임.	과학기술진흥재단 이사장 취임.
1980	한국전자통신 인수.	
1981	한국안전시스템 인수.	88서울올림픽 유치위원장 피선.

1982	삼성라이온즈 프로야구단 창단. 미국 보스턴대학 명예 경영학 박사학위 수여. 이날 보스턴대학은 '이병철의 날(B. C. Lee Day)'로 정함. 호암미술관 개관.	미국 조지워싱턴대학 명예 경영학 박사학위 수여. 대한체육회장 피선.
1983	삼성시계 설립. 조선호텔 인수.	현대전자 설립. 계동 현대그룹 사옥 건립.
1984	삼성의료기기, 삼성휴렛팩커드 설립.	서산 간척사업의 최종 물막이 공사에서 이른바 '정주영공법'으로 불리는 폐유조선 공법을 시도하여 4,700만 평을 간척, 연간 5만 톤의 쌀을 수확.
1985	삼성유나이티드항공, 삼성데이터시스템 설립.	13.5km의 아시아 최장 말레이시아 페낭 대교 개통. 연세대학교 명예 경제학 박사학위 수여.
1986	자서전 『호암자전』 발간. 삼성경제연구소 설립.	이화여자대학교 명예 문학박사 학위 수여. 현대산업개발 설립.
1987	향년 78세를 일기로 자택에서 별세. 2대 이건희 회장 취임.	세종연구소 이사장 취임.
1989		한·러 경제협력을 위해 러시아 방문. 북한 방문, 금강산 공동 개발 의정서 제시.
1990		서강대학교 명예 정치학 박사학위 수여.
1991		현대석유화학 준공. 『시련은 있어도 실패는 없다』 출간.

1992	통일국민당 창당. 대표최고위원 선출. 14대 국회의원 당선. 14대 대통령 선거 출마.
1993	국회의원 사퇴 후 정계 은퇴.
1994	한국지역사회교육중앙협의회 이사장 취임.
1995	고려대학교 명예 철학 박사학위 수여. 미국 존스홉킨스대학교 명예 인문학 박사학위 수여.
1996	현대그룹 정몽구 2대 회장 취임.
1998	500마리 소 떼를 몰고 '냉전의 현장'인 군사분계선을 넘어 방북함.
2001	향년 86세를 일기로 아산중앙병원에서 별세.

숲속의 여우 VS 숲속의 고슴도치
여우형 리더의 '견고한 고독'
고슴도치형 리더의 '무조건 나를 따르라'
조용한 외톨이 VS 시끌벅적 대가족
간결한 말씨 VS 구수한 이야기
강렬한 개성 VS 불같은 열정
빈틈없는 톱니바퀴 VS 마카로니 웨스턴
장인정신 VS 벼룩의 교훈
미는 경영 VS 끄는 경영
마이 시크릿 VS 정치권력
이병철과 정주영의 재와 평의 사이

생각그물로 '2인 비교 스토리' 간추려보기

제1부

내가 되다

숲속의 여우
VS
숲속의 고슴도치

　삼성경제연구소에서 한국의 기업가를 9가지 유형으로 분류한 적이 있다. 이병철(삼성)과 같은 평가형, 정주영(현대)과 같은 리더형, 안철수(안철수연구소)와 같은 충신형, 천호균(쌈지)과 같은 예술가형, 지승룡(민들레영토)과 같은 봉사자형, 정문술(미래산업)과 같은 연예인형, 김우중(대우)과 같은 추진가형, 최종현(SK)과 같은 중재자형이 그것이다.

　경영학자 짐 콜린스(Jim Collins)는 보다 더 단순하고 명쾌하다. 그의 저서 『좋은 기업을 넘어 위대한 기업으로(Good To Great)』에서 세상의 모든 리더는 두 가지 유형이라고 단언한다. 숲속의 여우형이거나 숲속의 고슴도치형이란 거다.

　실제로 이 두 가지 유형을 알아야만 삼성경제연구소가 말한 '평가형'의 이병철을, '리더형'의 정주영을 이해할 수 있다. 그래야 두 사람의 숨어 있는 경영 창작 문법이 보다 명료하게 손에 잡힌다.

우선 숲속의 고슴도치는 이렇게 큰소리친다.

"용기 있는 자가 숲속의 진정한 사냥꾼이다!"

숲속의 여우는 대번에 반박한다.

"신중한 겁쟁이야말로 숲속의 진정한 명승부사다!"

여우는 숲속의 많은 것을 자신이 알고 있다고 뽐낸다. 그러자 고슴도치도 가만있지 않고 한 마디 거든다.

"여우 넌 숲속의 많은 것을 알고 있을진 몰라도 난 큰 것 하나를 알고 있다."

"…?"

여우와 달리 고슴도치는 우리에게 좀 낯선 동물이다. 요즘은 더러 집 안에서 반려용으로 기르고 있다지만, 역시 동물원에나 가야 만나볼 수 있다. 고슴도치가 유럽이나 아프리카에서 서식하는 동물이기 때문이다.

고슴도치는 그리 크지 않은 30cm 정도의 몽톡한 몸집을 한 야행성 동물이다. 어둑해질 무렵이면 숲속에 나타나 밤새도록 움직인다. 그래도 피곤한 기색이라곤 없다.

더구나 사냥감을 찾아다니는 모습을 보면 마치 작은 탱크를 연상시킨다. 머리는 땅을 향한 채 종종걸음으로 한 방향을 향해 일직선으로 곧장 내닫는다. 그러다 뭔가 발견했다 싶으면 잠시 주의 깊게 냄새를 맡곤 말고 또다시 일직선으로 곧장 돌진한다.

고슴도치는 사냥감을 찾는 것 말고는 주변에 신경조차 쓰지 않는다. 게다가 시력까지 형편없어 그저 앞으로만 돌진해가다 주변 사물에 부딪치기 일쑤다.

그럴 때면 고슴도치의 불같은 성질이 금방 삐쳐나온다. 가시투성이인 날카로운 갑옷을 여지없이 곤두세우며 웅크린 몸을 편 채 또다시 돌진해 나아간다. 이상한 물체에 느닷없이 부딪친 일 따윈 벌써 잊어버린 듯하다.

사냥한 먹잇감을 먹을 적에도 특유의 성질이 있다. 사냥한 먹잇감을 끝까지 다 먹어치우기 전에는 절대로 다른 사냥감에 한눈을 파는 법이란 없다.

사냥을 할 적에도 마찬가지다. 도망치는 사냥감과 한동안 나란히 내달리다 사냥감에 잽싸게 올라탄 뒤 머리를 숙이며 덥석 물어버린다. 그렇다고 무는 부위가 따로 정해져 있는 것도 아니다. 그저 닥치는 대로 문다는 표현이 더 어울린다.

독사와 같은 예리한 파충류를 사냥할 때도 먼저 죽이고 보는 수고로움을 감수하지 않는다. 도망치는 뱀의 꼬리를 잡자마자 먹기 시작하는데, 뱀이 몸부림치든 소리를 지르든 상관치 않고 후딱 먹어치운다.

고슴도치는 상대를 놀라게 해주는 재주도 갖고 있다. 똬리를 틀고 있는 독사를 사냥할 때면 겁을 주어 똬리를 풀기 위해 그 앞에서 펄쩍 뛰기도 하고, 이상한 콧소리를 연신 내기도 한다.

그러다 뱀이 도망치기 위해 몸을 길게 늘어뜨리면, 그 절호의 기회를 결코 놓치지 않는다. 바로 꼬리부터 먹어치운다.

짐작하였겠지만 고슴도치는 성미가 매우 급하다. 화가 나면 고개를 땅바닥에 숙이고 높이 뛰면서 흔히 알고 있는 날카로운 가시 갑옷을 곤두세워 저돌적으로 덤벼든다.

여우는 흔히 잔꾀가 많은 동물로 알려져 있다. 가히 틀리지 않는 생각이다. 영국의 사냥꾼들이 겨울이면 많은 사냥개들을 데리고 다니며 여우를 추적해보지만 쉽사리 잡지 못한다. 여우가 수많은 사냥개들을 간단히 따돌리는 것을 보고 있으면 얼마나 영리하고 재치 넘치는 동물인가 알 수 있다.

여우는 자신의 발자취를 여러 가지 방법으로 숨겨 사냥개들의 추적을 어렵게 만든다. 산토끼의 발자취나 강물의 얼음, 사냥꾼 일행이 남긴 발자취를 이용해 눈 덮인 길에서도 자신의 흔적을 남기지 않는다.

더욱이 여우는 그런 길을 걷다가도 발자취를 온통 헝클어놓고는 한다. 발자취로 둥근 원을 그려놓거나, 눈 녹은 감자밭의 이랑과 차바퀴 흔적 따위를 이용해 사냥개들의 후각을 여지없이 무력화시킨다.

그런가 하면 여우는 자신의 영역 안에 있는 모든 길을 완벽하게 꿰고 있다. 매번 같은 순서로 자신의 영역을 순찰한 덕분이다. 그러면서 세차게 부는 바람을 헤치며 사냥감을 향해 은밀하게 살며시 다가간다.

여우는 눈에 보이지 않는 바람의 흐름까지도 놓치는 법이 없다. 수북이 쌓인 눈 밑에서도 미세하게 움직이는 작은 동물의 소리조차 잘 들리도록 바람과 반대 방향으로 움직인다.

여우는 겁이 많은 편이다. 의심 또한 유난히 많은 동물이다. 그런데도 여우는 사람 많은 마을 근처에 사는 걸 두려워하지 않는다. 오히려 자신의 사냥을 방해하지 못하도록 사람을 홀린 뒤 가축을 잽싸게 습격해가기도 한다. 특히 여우가 좋아하는 생쥐를 사냥할 때면 재치가 넘쳐난다. 아주 재미있어 보이기까지 한다.

　여우는 한 장소에 오랫동안 앉았다 일어나기를 반복하며, 수북하게 내려쌓인 흰 눈 속의 땅 냄새를 잘 맡고, 미세한 소리에도 커다란 귀를 번쩍 세워 쫑긋거리면서 집요하리만치 땅을 파헤친다. 그러다 갑자기 꼬리가 휘날릴 정도로 땅을 박차고 거세게 뛰어올라 사냥감을 무는가 싶다가 꿀꺽 삼켜버린다.

　이때 사냥감이 도망치더라도 결코 서두르지 않는다. 여우는 사냥감이 어디로 숨는지 귀를 세워 확인하고 냄새를 맡아 여지없이 찾아낸다. 그만큼 자신이 넘쳐난다.

　그러나 놀랍게도 다잡은 사냥감이라 하더라도 때론 포기할 줄도 안다. 만일 사냥감이 행동반경에서 멀어지면 일찌감치 포기하고서 다른 곳으로 달려가 새로운 사냥감을 찾는다.

　여우는 어림없을 것 같은 새 사냥에도 특유의 솜씨를 발휘한다. 우거진 숲속에서 여우가 까치 사냥을 하고 있는 풍경을 보고 있으면, 사람들이 왜 '여우같다'는 비유를 곧잘 하는지 알게 된다.

　까치들은 평소처럼 여기저기 날아다니면서 나뭇가지에 앉기도 하고, 땅에 내려앉기도 한다. 여우는 땅으로 내려온 까치들을 향해 배를 깔고 땅바닥에 엎드린 자세로 접근하려 들지만, 까치들은 이내 높은 나무로 푸르릉 날아가 버린다.

　여우는 때를 기다리며 나무에서 얼마 떨어지지 않은 근처까지 다가가 땅바닥에 드러누워 꼼짝하지 않고 죽은 척을 한다. 그러면 까치들은 소란하게 떠들며 아무런 의심도 없이 여우가 드러누워 있는 근처의 나뭇가지에 앉아 쉰다. 그러다가 죽은 척하는 여우에게 쓸데없는 호기심을 갖게 된다.

까치들은 나뭇가지에서 나뭇가지로 옮겨 다니며 조금씩 여우에게 다가간다. 호기심 많은 어떤 까치는 여우 가까이 접근하기도 한다.

그쯤 되면 여우에게 기회가 찾아온다. 까치들 가운데 빈틈이 보이는 한 마리만을 점찍어 잽싸게 몸을 날려 사냥한다. 순간 까치들은 혼비백산하여 한꺼번에 날아오른다. 다른 숲이나 근처 나뭇가지로 도망가보지만, 여우는 자신이 점찍은 한 마리 까치를 어느새 입에 물고 있다.

놀랍게도 여우는 물고기 사냥도 즐긴다. 연안 지방의 여우는 파도에 밀려온 물고기를 거저 줍는가 하면, 꽃게나 성게는 물론 연체동물 따위도 곧잘 먹잇감으로 사냥한다. 산간지방의 민물에서는 직접 물고기 사냥에 나서기도 한다. 송어 같은 제법 큰 물고기를 여울로 몰아 잡기도 한다. 또한 여우는 강물이 범람해서 일시적으로 생긴 호수나 웅덩이에서도 물고기를 잡는다. 가끔씩 우연히 큰 새우를 잡을 때도 있다.

여우는 다리가 잽싸 매우 민첩하다. 물속에서 수영도 곧잘 하는 편이다. 개과의 짐승인데도 나무 또한 능숙하게 오르내린다. 사냥을 할 때면 감정을 고조시킬 줄도 안다. 감정을 고조시켜 사냥감에만 집중케 된다.

여우는 이같이 다양한 육식 생활에 맞도록 적응력이 뛰어나다. 특히 생쥐를 즐겨 사냥하지만, 물고기 사냥도 마다하지 않는 다양한 사냥법까지 익히고 있다.

이러한 조건 때문에 여우는 아시아와 유럽, 북미 전역 등 서식 분포의 범위도 광활하다. 해발 3,000~4,000m 높이까지 오르는 고산지대의 초원은 물론이고, 뜨거운 태양이 작열하는 중앙아시아나 아프리카의 혹독한 사막지대, 추위가 극심한 북극지방에조차 광범위하게 흩어져 살아가고 있다.

짐 콜린스는 이런 고슴도치와 여우에 포커스를 맞춘다. 세상의 모든 리더는 이 두 가지 유형으로 나뉜다고 말한다. 이른바 직선과 곡선으로 일컬어지는 숲속의 고슴도치형 아니면 숲속의 여우형이라고 단정짓는다. 그도 아니면 그 사이 어딘가의 범주 안에 들어가기 마련이라고 덧붙인다. 서구에선 이미 오래전부터 그 같은 인식이 뿌리 깊다는 게 그의 '고슴도치와 여우론'이다.

짐 콜린스의 주장처럼 세상의 모든 리더가 숲속의 고슴도치형 아니면 숲속의 여우형으로 나뉜다면, 이 둘의 성향은 분명해진다. 이른바 직선과 곡선, 단순과 복잡, 목적과 방법, 끈기와 재치, 저돌성과 신중성, 우직함과 예민함, 대담함과 섬세함, 외적 지향과 내적 지향, 경험의 중시와 직관의 중시, 행동의 우선과 사고의 우선, 감정의 지배가 우세한 우뇌(右腦)형과 이성의 지배가 우세한 좌뇌(左腦)형, 우뇌의 가치를 중시하는 디오니소스적(動的) 인간형과 좌뇌의 가치를 중시하는 아폴론적(靜的) 인간형으로 특정지을 수 있게 된다.

여우형 리더	고슴도치형 리더
곡선	직선
복잡	단순
방법	목적
재치	끈기
신중성	저돌성
예민함	우직함
섬세함	대담함
내적 지향	외적 지향
직관의 중시	경험의 중시
사고의 우선	행동의 우선
이성의 지배가 우세한 좌뇌(左腦)형	감정의 지배가 우세한 우뇌(右腦)형
아폴론적(靜的)인 인간형	디오니소스적(動的)인 인간형

여우형 리더의
'견고한 고독'

짐 콜린스의 주장처럼 세상의 모든 리더 유형이 숲속의 고슴도치형과 숲속의 여우형으로 나뉜다면, 또 그 같은 성향을 따라가다 보면 이병철은 전형적인 숲속의 여우형 리더가 연상된다. 고슴도치형의 리더라고 특정 지을 수 있는 성향을 찾아보기 힘들다.

그러나 이병철을 떠올리면 동시에 한 가지 깊은 의문이 든다. 이른바 격랑의 시대와 처절한 경쟁을 어떻게 다 헤쳐올 수 있었는지, 숱한 외압과 시련에도 굽힐 줄 몰랐던 그만의 뿌리깊은 내적 규범은 과연 어디서부터 기인하는 것인지 하는 의문이 그것이다.

아울러 다수의 사람을 만나기보다 소수의 인재를 깊이 알기 위해 노력했으며, 그중에서도 정예만을 가려 모아 조직하고 조율함으로써 기업의 부침이 극심했던 우리 땅에서 반세기 넘도록 정상의 자리를 지켜낸 동력은 무엇이었는지. 그리고 마침내 첨단산업에 도전하여 글로벌 시장까지 점령할 수 있었던 숨은 힘의 정체는 무엇이며, 또 그 힘은 과연 어디서 나오는 것인지 궁금하지 않을 수 없다.

이를 위해선 우선 맨 처음으로 돌아갈 필요가 있다. 어떤 세계를 이해하기 위해선 먼저 시작점부터 잠시 돌아보아야 마땅하다.

물론 이병철이라고 해서 고난과 시련의 장벽이 비켜갈 리는 없다. 일제강점기인 1940년대 첫 사업으로 정미소를 창업했을 때만 해도 그는 한낱 지방의 소도시에서 이름 없는 26세의 소상공인에 불과했다. 그리고 숲속은 여우와 고슴도치만 사는 곳이 아니었다.

그땐 이미 서울 지역에도 숲속의 맹수들이 득시글댔다. 그야말로 난다 긴다 하는 기라성 같은 재력가들이 밤하늘의 별처럼 무수했을 뿐더러, 일제의 막대한 자본까지 흘러들어 와 굵직굵직한 일본 기업들마저 수두룩했다. 종로 네거리엔 벌써 현대식 엘리베이터와 에스컬레이터까지 갖춘 화신백화점을 비롯해서, 일본 자본으로 세워진 미츠코시백화점, 미나카이백화점, 히로타백화점, 조지아백화점 등이 청계천을 경계 삼아 북촌과 남촌의 상권으로 나뉘어 위용을 뽐낸 지 오래였다. 그뿐 아니라 다수의 민간은행과 증권사, 대규모 방직공장, 호텔, 맥주공장, 화학공장 등이 마포와 용산 벌판에 즐비했다.

그에 비해 이병철은 보잘것없는 풋내기였다. 남쪽 바다가 넘실대는 지방의 작은 항구 도시에서 이제 막 정미소를 시작한 햇병아리에 불과했다. 게다가 혼자도 아닌 세 사람의 동업으로 이뤄진 합자회사였다.

다시 말해 이병철 또한 상계에 처음 뛰어든 동시대의 여느 사업가와 조금도 형편이 다르지 않았다는 점이다. 처음부터 결코 명망 있는 사업가와 어깨를 견줄 만한 처지가 아니었다.

그런데도 이병철은 같은 처지에서 시작한 여느 사업가들과 달리 일찍부터 두각을 나타냈다. 마산에서 창업한 정미소 사업에 이어 28살 때 대구에 설립한 삼성상회와 뒤이어 인수한 조선양조를 비롯하여, 6·25 전쟁(1950) 직후 제일제당과 제일모직을 잇달아 설립하면서, 기라성 같은 재력가들을 모두 제치고 기적처럼 상계의 정상에 오른다. 뿐만 아니라 한번 정상에 오른 그는 78세를 일기로 타계할 때까지 정상에서 밀려난 적이 거의 없었다. 반세기를 통틀어 LG(1974)와 현대(1981, 1995)에 잠시 자리를 내어주었을 뿐, 줄곧 정상의 위치에서 최고의 리더로서 역사를 이끌었다.

더구나 오랜 세월 경제 영토를 확장해나가고, 또 맨 앞에 나서서 제국을 이끌어가면서 그는 어느 누구의 뒤도 추종하거나 좇지 않았다. 오로지 타고난 본성과 거기에서 비롯된 자신만의 사업 창작 문법으로 탄탄대로의 지평을 열어나갔다.

따라서 그에게 어떤 사업 창작의 중요 경험이나 이념, 스승이 따로 있을 리 만무했다. 이병철이 남긴 회고록『호암자전(湖巖自傳)』에 따르면 당대의 '움직이는 컴퓨터'로 불렸던 세계은행(WBG)의 로버트 맥나마라 총재, 박력 있고 건실한 일본 동경지포전기의 도고 사장, 그리고 자신감을 갖고 매사를 처리하는 일본 삼정물산의 미즈카미 사장 등을 존경한다고 밝힌 적이 있다. 하지만 그마저 이병철의 나이 70세를 넘긴 훗날의 덕담 수준이었을 따름이다.

대신 이병철은 자신의 운명론을 더 신뢰했다. 그가 보기에 재물이나 지위는 마음대로 얻을 수 있는 것이 아니라 운명적으로 따로 정해져 있는 것이었다.

더욱이 운명으로 정해져 있다 하더라도 단순한 불가항력이 아닌, 하늘의 도리나 우주의 섭리에 순응해 정해진다는 것이 그의 생각이었다. 고대의 천자나 제왕이 무력을 앞세워 패권을 장악한 뒤 자신의 권력은 하늘의 명을 받아서, 혹은 하늘의 뜻에 따라서 행한 것이라고 말했던 것과 비슷한 이치다.

여기에 덧붙여 이병철이 곧잘 강조한 말이 있다. 사람은 자신의 능력만으론 성공하지 못한다는 거였다. '기본적인 역량을 갖추되 운(運)을 타고나는 것은 물론, 때와 사람을 잘 만나야 한다'는 게 그의 운명론의 요체였다.

하지만 운이란 그렇게 자주 찾아오지 않는다. 오죽하면 운을 기다리는 건 곧 죽음을 기다리는 것과 같다는 말을 붙이기까지 하겠는가. 때문에 어떤 이에게 일생일대 기회가 될 특별한 운을 만난다는 건 결코 쉬운 일이 아니다. 자신의 생을 통틀어 고작 한두 번에 지나지 않을는지도 모른다. 따라서 운을 놓치지 아니하고 잘 타려면 운이 다가오기를 기다리는 자세가 필요하다고 말한다. 조금쯤은 둔한 성품이랄까, 운이 트일 때까지 버티는 인고라고 해도 좋을 것 같다.

요컨대 성공하기 위해서는 운을 바라는 굳은 신념이 반드시 있어야 한다는 게 이병철의 지론이자 주장이다. 더불어 조금쯤은 둔한 성품과 인고가 따르지 않으면 제아무리 좋은 기회가 찾아온다 하더라도 손가락 사이로 시나브로 빠져나가고 마는 물처럼 그만 놓치기 십상이라고 덧붙인다.

결국 이병철의 운명론은 두 가지 뚜렷한 성향이 상존함을 알 수 있다. 비록 어떤 운명이라 할지라도 이를 하늘이 주는 기회로 알고 묵묵히 받아들이고 순응하는 '무욕(無慾)과 무탐(無貪)에 기대는 자세'가 그 첫 번째라면, 나머지 두 번째는 주어진 운명의 명령에 순응하는 데 그치지 않고 보다 새로운 세계를 향해 창작하고 개척하는, 부단한 자기 노력을 기울여 역경에 처해서도 결코 굴복하지 않는 '용기 있는 자세'라고 볼 수 있다.

이병철의 성공에는 이 같은 현실적인 용기가 분명히 작용했을 것이다. 그런 현실적인 용기 가운데 하나로 젊은 시절 그가 만일 일본이 아닌 중국으로 유학을 떠났더라면, 그의 운명은 또 어떻게 전개되었을지 알 수 없는 일이다. 당대의 지식인들이 그랬던 것처럼 그가 중국에 더 애착을 둔 나머지 일본 와세다대학이 아닌 중국 베이징의 어느 대학에 입학했더라면 말이다.

아마 그 자신은 물론이고 지금의 삼성제국 또한 크게 다른 모습을 하고 있을지 모른다. 그가 제국의 초창기 새로운 사업을 시작할 적마다 일본에서 떠올린 영감은 물론, 기술과 설비 또한 일본에서 죄다 들여온 것을 보면 그런 차이는 보다 분명해진다.

어린 시절 부유했던 집안의 환경도 이병철을 설명하고 이해하는 중요한 키워드가 된다. 여기서 집안의 배경이라 함은 꼭 집어 단순히 많은 유산을 의미하진 않는다. 상대적으로 조금 더 여유로운 집안에서 자랐다는 정도이다.

　실제로 그가 첫 사업을 창업했을 때만 해도 부친으로부터 그저 먹고살 만할 정도의 유산(현재 가치 약 10억 원)을 물려받았을 따름이다. 가진 거라곤 고작 몸뚱이 하나뿐이었던 정주영보다는 조금 더 여유로웠다지만, 자신이 구상하는 어떤 사업을 벌이기에는 턱없이 부족했다. 공동 투자자 두 사람을 더 끌어들여야만 했던 것이다.

　그렇더라도 상대적으로 조금 더 여유롭게 자란 차이는 훗날 엄청난 영향을 미쳤다. 이병철이 자신의 사업 창작 철학을 구축해나갈 때 남다른 토대가 되었다.

　그가 상계에 첫발을 들여놓았을 무렵 같은 시대의 기업 리더들, 예컨대 현대의 정주영이나 금호의 박인천, 기아자동차의 김철호, 아남의 김향수, 동양의 이양구, 대림산업의 이재준, 종근당의 이종근 등은 예외 없이 전통적인 자본 축적 방식을 따른다. 예컨대 티끌을 모아 태산을 만들어가듯 개미처럼 부지런히 모아 자본을 축적해나갔다. 어린 시절 어렵게 자라면서 지배받은 환경의 영향을 고스란히 드러내어 보인 셈이다.

　그에 반해 이병철은 달랐다. 커다란 먹잇감을 그냥 맹수와도 같이 단번에 덜컥 사냥하는 통 큰 기질을 유감없이 보여준다. 첫 출발부터가 전통적인 방식과는 차이를 보인 것이다.

　단적인 예가 그의 나이 50세 되던 해에 설립한 한국비료이다. 6·25 전쟁의 참혹한 폐허와 공허가 휩쓸고 지나간 지 얼마 되지 않은 시점인 데다, 뒤에 상세히 살펴보겠지만 한국비료의 공장 건설에만 꼬박 8년(1958~1965)이 소요될 만큼 규모가 엄청났다.

이때 그는 벌써 대구의 조선양조를 비롯해서 삼성물산, 제일제당, 제일모직의 계열사를 거느렸다. 이병철의 존재가 이제 막 부각되기 시작한 시기였다.

그런데도 한국비료의 스케일은 남달랐다. 독일에서 차관을 끌어다 설립한 한국비료는 연간 생산량이 33만 톤에 달하는, 그 무렵 세계에서 가장 큰 비료 공장이었다. 당시의 경제 여건으로 미뤄볼 땐 상상을 초월하는 초특급 프로젝트였다. 그가 아니고선 누구도 꿈꿀 수 없는 통 큰 판이 아닐 수 없었다.

그러나 보다 이병철다웠던 건 큰 것만을 좇았던 건 아니라는 점이다. 모두가 큰 것만을 좇을 때 그는 그 위에 제일(第一)을 바라보았다. 크되 가장 큰 '통 큰 방식'이 곧 자신의 사업 창작 핵심 가치였다. 또 그 같은 문법이야말로 지금의 삼성제국을 일으키는 데 중요한 동력이 될 수 있다고 믿었다.

이병철의 남다른 성격 또한 그를 설명하고 이해하는 데 있어 빼놓을 수 없는 단면이다. 뒤에 좀 더 상세히 들여다보겠지만 우선 그를 표현하는 어휘들로 차갑다, 매섭다, 냉정하다, 엄격하다, 까다롭다, 예리하다, 예민하다, 재치있다, 이기기보다는 지지 않는다 등을 나열해놓고 보면 그의 강한 개성과 특성을 어느 정도 가늠해볼 수 있게 된다.

여기에다 그는 평생 완벽을 추구했던 인물로도 유명하다. 하다못해 식사 자리에서조차 이 같은 완벽은 철저히 지켜져야 했다. 식빵 하나까지 최고만을 고집할 정도였다. 유난스럽기까지 한 이런 고집과 기준은 제일주의의 모태이기도 했다.

당연한 말이겠지만 실생활에서 그의 이런 태도는 사업 창작 문법과도 무관치 않았다. 그가 굳이 제일의 제품만을 찾았던 건 '가장 좋은 걸 선호한다'는 개인의 취향도 있었지만, 일상생활 속에서조차 최고의 제품을 이용해봄으로써 '무엇이, 어떻게, 왜 다른지'를 자신이 직접 느껴보기 위함이었다. 그에 못잖은 최고의 제품을 만들어내겠다는 숨은 의지가 내포되어 있었던 셈이다.

끝으로 냉철한 자세 또한 그를 수식하는 키워드 가운데 하나다. 누구보다 침착하게 사물을 파악했다. 이는 그의 냉철한 자세에서 비롯된 거였다.

실은 그는 『삼국지』의 적벽대전이나 오장원 전투에서의 제갈공명이 유난히 오버랩되는 리더라고 볼 수 있다. 우선 치밀하고 날카로운데다 어떠한 상황에서도 냉정함을 잃지 않는다는 점에서 그렇다.

실례로 삼성의 '사업성 검토 지침'을 들 수 있다. 이 검토 지침은 삼성이 중요한 신규 사업에 진출할 때 반드시 적용해야 할 단계별 검토 내용 및 기준이 집약된 지침으로, 큰 항목 20개와 세부 항목 90개가 포함된 포괄적 업무 매뉴얼이라고 볼 수 있다.

"사업성 검토 지침이야말로 반세기에 걸쳐 삼성에 축적된 이병철 회장의 소중한 노하우 가운데 하나다. 단지 얼마를 만들어 이익을 내는가를 살펴보는 것에 그치지 않고, 사업의 목적부터 사업 환경, 요소별 추진 방법, 조직화, 성과에 이르기까지 모든 제반사항이 검토된다. 이처럼 이 회장의 사업 검토 방식은 실무적인 면까지 포함시켜 정형화시켰다 할까? 생전에 이 회장이 사업을 검토할 때 하나하나

따져나가던 엄격하고 치밀한 모습이 눈에 선하다…."

삼성의 회장 비서실에서 오랫동안 그를 보좌했던 전 유한 대학교 박세록 교수의 증언이다. 그를 일컬어 왜 냉철한 기업가라고 말하는지 그 이유를 알 수 있다.

하지만 이병철은 고독한 인간이었다. 아무나 섞일 수 없는 자기 세계가 견고했다. 누구도 초대할 수 없는 외골수 같은 면이 다른 욕망으로 살아가게 했다. 그는 어느 누구와도 나눌 수 없는 혼자만의 길을 나서야 하는 고독한 여행자였다.

물론 그의 이런 고독은 순전히 자의적인 면이 컸다. 고독이야말로 자신을 지킬 수 있는 유일한 성(城)이라고 여겼으며, 스스로 그 성문을 굳게 걸어 닫고서 누구에게도 쉽사리 열어 보이려 하거나 속내를 내비치지 않았다. 한사코 자신의 안으로 또 안으로만 걸어 들어간 모습일 따름이었다.

그 때문이런가. 그를 들여다보면 볼수록 대단히 난해한 인물로 여겨진다. 한마디로 정의하기 어려운 것도 따지고 보면 그처럼 성문을 굳게 걸어 닫고서 누구에게도 말하지 않는 자신의 견고한 고독 때문일는지 모르겠다.

또한 그런 모습이 어떻게 보면 그를 보다 신비한 인물로까지 부풀리게 한 점도 없지 않아 보인다. 그가 떠난 지 반세기가 지난 지금까지 여전히 세간의 입에 오르내리는 이유인 줄도 모르겠다.

그렇더라도 흩어져 있는 퍼즐을 맞춰가다 보면 그가 오롯이 그려져 화면 밖으로 나온다. 남다른 냉철함과 침착성, 지혜로우면서도 완벽한 제일의 정신, 사소한 부분까지도 최선을 다함으로써 큰일을 이뤄낼 수 있었던 인물로 비쳐진다. 나아가 인간을 예리하게 통찰할 줄 알았던 성숙한 리더였음이 어렵잖게 포착된다.

흔히 기업의 리더를 일컬을 때 불굴의 개척정신을 말하고는 한다. 또 어떤 기업의 리더는 공존의 합리성을 추구했다고 말하기도 한다.

이병철은 이 모두를 아우르면서 시대의 불투명까지도 꿰뚫어볼 줄 알았다. 차가운 이성으로 새로운 지평을 열어나갔던, 일찍이 우리 기업의 정서에선 유례를 찾아보기 힘든 리더였음이 분명해 보인다.

어떤가? 이쯤 되면 '최고의 전술은 먼저 적의 마음을 공격한 다음, 그러고 나서 성을 공격하는 것'이라고 외쳤던 제갈공명이 오버랩되지 않은가? '겁쟁이야말로 숲속의 진정한 명승부사다'라고 했던 여우를 연상케 하지 않은가? 숲속의 고슴도치형과 숲속의 여우형이라는 범주 안에서 그를 애써 후자에 두고자 하는 이유도 바로 여기에 있다.

고슴도치형 리더의
'무조건 나를 따르라'

정주영은 전형적인 숲속의 고슴도치형 리더다. 우선 그는 찢어지게 가난한 농부의 아들로 태어났지만, 거대한 경제영토를 정벌한 현대왕국을 이뤘다. 그가 사업 창작을 통해서 이뤄낸 수많은 신화들은 보통 사람이라면 상상도 할 수 없는 엄청난 공적이었음은 새삼 언급할 필요가 없다.

믿지 않을지 몰라도 정주영은 노벨 경제학상 후보(1996)로 추천되기도 했다. 유례를 찾아보기 힘든 파격적인 후보 추천이었다.

그는 또 나이는 단지 숫자에 불과하다며 모두가 은퇴할 77세 때 정치관에 뛰어들기도 했다. 그와 라이벌 관계였던 이병철의 표현을 빌리자면 "기업을 경영하면서 정치권력이라는 칼날 아래 혹은 정변 때마다 그때그때 겪는 고난과 고통이 결코 쉽지만 않아서"였다고 한다. 자신이 나서서 잘못된 세상을 바꿔보겠다며 불도저처럼 정당을 뚝딱 만들었다. 그리고 그 당의 대통령 후보로까지 직접 나섰다.

그러나 보기 좋게 참패했다. 패자가 되었으니 승자로부터 필연코 혹독한 업보를 치러야 했다. 한참이 지나서야 가까스로 복권되어 경영 일선으로 돌아온 지 얼마 되지 않은 시점이었다. 자신이 일으켜 세운 현대왕국을 둘째 아들인 정몽구에게 물려준 채 일선에서 물러나 있을 때였는데, 노벨상 후보 추천 소식이 날아든 것이다.

물론 국내 언론에 그런 사실이 간략하게나마 소개된 것은 그보다 훨씬 지난 시점이었다. 스웨덴의 국회의원과 경제학자 등 6명의 유력 인사들이 한림원에 그를 이미 경제학상 후보로 추천한 뒤였다.

당시 노벨 경제학상 후보 추천장에 밝힌 정주영의 주요 공적 사항을 요약해보면 이렇다. '맨손으로 세계 굴지의 기업을 이룩한 주역으로, 한국의 경제 부흥에 크게 이바지했다.'

그러나 정주영은 기업가이지 경제학자가 아니었다. 전 생애를 통해 자신의 경제적 공적을 증명해 보였지만, 독창적인 경제학설이나 이론을 만들지 못했던 게 한계였다.

결국 노벨 경제학상은 받지 못했으나 두둑한 배짱과 물러설 줄 모르는 집념, 더불어 누구도 따를 수 없는 돌파력으로 지평을 넘어 지구촌에 자신만의 현대왕국을 세웠다. 때로는 무모하고 돌격적이라는 비아냥도 들었을 만큼 그는 저돌적인 정복자였다.

정주영에게 붙여진 별명은 '경제 9단'이다. '경제 9단'의 면모는 세계적 위상을 갖춘 현대왕국의 풍경에서 어김없이 찾아볼 수 있다.

그런 그가 정복자의 진가를 유감없이 보여주었던 건 불모지나 다름없는 조선업에 처음 진출할 때였다. 그는 나이 쉰을 갓 넘긴 즈음부터 울산 미포만 개펄에 조선소를 세우겠다며 백방으로 뛰어다녔지만 1970년대만 하더라도 사정이 녹록지 않았다. 하다못해 조선 관련 기술과 경험을 가진 사람조차 찾아보기 어려웠다. 그가 말한 것처럼 '장난감 보트를 만들어본 경험조차 없는 사람들뿐'이었다.

그런 불리한 조건 속에서 배를 만들겠다고 하자 많은 이들이 콧방귀부터 뀌었다. 누가 봐도 현대조선소 설립은 불가능한 일처럼 보였다. 초대형 선박 건조 기술이 전무했던 것도 문제였으나, 무엇보다 천문학적인 설립 자금을 마련하는 것부터 난제였다.

그때 정주영이 영국으로 건너가 은행의 담보로 내놓았던 건 흑백사진 2장이 전부였다. 흑백사진 속의 울산 미포만은 황량한 개펄에 허리 굽은 소나무 몇 그루와 초가집 몇 채가 달랑 엎드려 있을 따름이었다.

그리스 선박왕 리바노스 회장으로부터 26만 톤급 초대형 유조선 2척을 수주 받을 적에도 다르지 않았다. 같은 흑백 사진을 내보였다.

"경제에 기적이라는 건 따로 있을 수 없다. 사업경영이란 냉혹한 현실이다. 오로지 행동함으로써 이루어지는 것이다. 똑똑하다는 사람들이 모여 앉아 머리로 생각만 해선 사업을 키울 수 없다. 우선 행동해야 한다…!"

현대조선소를 설립하기 직전에 현대자동차를 설립할 적에도 별반 다를 것이 없었다(1967). 현대자동차가 국내 최초로, 아시아에선 두 번째로 독자적으로 만든 모델인 '포니(PONY)' 개발에 성공한 건 그의 나이 예순이던 1976년 정월이었다. 세계에서 16번째 자동차 생산국으로 자리매김하는 순간이었다.

당초 현대자동차는 미국 포드와 기술 제휴를 맺어 '코티나'를 조립 생산하는 정도의 수준이었다. 그랬던 현대자동차가 자체 모델을 개발한 건 포드의 지나친 갑질에 대응하여 독자 생존을 선언한 지 불과 3년 만의 쾌거였다.

그로부터 반세기 동안 수많은 부침과 명멸 속에서도 현대자동차의 존재와 기세는 남달랐다. 지금의 미국 시장 점유율(2023년 기준) 10.6%로 전체 4위, 글로벌 자동차 브랜드 전체 5위, 연간 800만 대 생산을 자랑하고 있을 만큼 장족의 성장을 이뤘다.

현대왕국의 모체라고 일컬을 수 있는 현대건설의 눈부신 활약상 또한 조금도 뒤지지 않는다. 현대건설은 일찌감치 국내시장의 한계를 인지하고 해외 건설 정벌에 나섰다. 그의 나이 쉰이 되던 해였다(1965).

그렇게 한국 건설사 사상 최초로 일본, 독일, 이탈리아 등의 건설사와 겨뤄 태국의 파타니 나라티왓 고속도로 공사를 따냈다. 베트남의 캄라인만 준설 공사를 비롯하여 알래스카, 괌, 파푸아뉴기니, 호주 등지에서부터 사막의 나라 중동에 이르기까지 건설 붐을 일으켰던 것도 현대건설의 힘이었다.

무엇보다 '알라신의 도움 없이는 완성되기 어렵다'던 사우디아라비아의 주베일 산업항 심해 공사는 대표적인 난공사였다(1976).

'20세기 최대의 건설'로 꼽혔던 이 난공사는 그가 아니고선 불가능했을지 모른다. 정주영의 현대건설이 아니었더라면 결코 완공하기 어려운 초대형 프로젝트였다.

'국토는 넓을수록 좋다!'

서산 간척지 공사 역시 그가 남긴 큰 발자취이다. 굳이 이윤만을 따지고 본다면 간척 공사는 민간 기업이 도저히 시도할 수 없는 대규모 사업이었다. 수익을 내려면 같은 투자 금액으로 부동산을 사두거나, 새로운 사업을 벌이는 게 백번 나았다. 그 편이 자금 회전도 빠르고 수익률도 클 수 있었다.

한데 가난한 농부의 아들로 태어나 농토에 대한 애착이 유난히 남달랐던 정주영은, 그의 나이 예순을 갓 넘긴 1978년 겨울부터 간척사업에 착수했다. 공사비만 해도 당시 금액으로 6,400억 원이 투입된 이 초대형 간척 공사는, 광활한 바다를 막아 서해안의 지형을 바꾸어놓는 힘겨운 토목공사였다.

그러나 정주영 특유의 단순과 끈기, 대담함과 저돌성은 그 어떤 장벽도 가로막지 못했다. 정부로부터 간척 허가가 나자, 중동에 진출해 있던 현대건설의 중장비들을 대거 들여왔다.

그렇대도 최종 물막이 공사는 난제였다. 공사의 구간이 아침 저녁으로 간만의 차가 심할뿐더러, 썰물 때는 물오리의 다리가 부러질 정도로 물살이 거세 방조제 공사는 엄두조차 내기 힘들었다.

때문에 방조제 공사의 관건은 밀물과 썰물 때의 유실을 최소화하는 데 있었다. B지구(부남호) 방조제 최종 물막이 작업에는 4~5톤씩 나가는 바위들을 굵은 철사로 두세 벌씩 칭칭 묶어 바지선으로 실어다 바다에 투하했다.

문제는 A지구(간월호)의 최종 물막이 공사였다. 총 연장 8.4km의 방조제 공사에서 270m 길이의 마지막 물막이는 그때까지 현대건설이 닦은 토목공법과 경험만으론 해결할 수 없는 난제였다.

여름철 홍수 때 한강 유속의 위험 수위는 초속 6m이다. A지구의 급류는 초속 8m에 달했다. 보기만 해도 빨려 들어갈 것만 같은 무서운 속도였다. 자동차 크기만 한 바윗덩어리조차 물속으로 빨려 들어가는 순간 휩쓸려들었고, 굵은 철사로 칭칭 묶은 돌망태기를 아무리 쏟아부어도 속수무책인 상황이었다.

이번에도 정주영이 먼저 소매를 걷어붙이고 나섰다. 훗날 '정주영 토목공법'으로도 불리게 되는 역사적 사건의 증언이다.

"…그러다 어느 순간 번쩍 하고 떠오른 생각이 있었다. 해체해서 고철로 쓰기 위해 30억 원에 사다 울산에 정박시켜 둔 스웨덴 고철선 워터베이호를 끌어다 가라앉혀 일단 물줄기를 막아놓은 뒤, 바윗덩어리들을 투하시키면 될 것 같았다. 나는 즉시 현대정공과 현대중공업의 기술진들에게 폭 45m, 높이 27m, 길이 322m의 23만 톤급 초대형 고철 유조선을 최종 물막이 공사 구간에 안전하게 가라앉힐 수 있는 방법을 연구하도록 지시했다…."

결과는 대성공이었다. 고철 유조선을 활용한 최종 물막이 공사로 얻은 4,700만 평의 옥토는 자그마치 여의도 면적의 33배였다. 국토를 그만큼 더 넓혀놓은 셈이다. 또한 정주영의 토목공법으로 공사비를 290억 원이나 절감할 수도 있었다.

정주영의 토목공법은 이내 미국 시사 주간지 『뉴스위크』와 『타임』지에 기사화되었다. 동시에 영국 템스강의 하류 방조제 공사를 맡았던 세계적인 철구조물 기업에서 정주영의 토목공법에 대한 자문을 구했을 정도이다.

반세기 동안에 걸쳐 현대왕국을 일으켜오는 동안 숱한 어려움이 있었다. 그때마다 정주영은 언제나 일선 현장에 있었다. 어느 때나 앞장 서 돌파해나갔다. 모두가 두려워 멈칫거릴 적마다 홀로 뛰어들며 이처럼 소리쳤다.

"모든 것은 나에게 맡겨라! 그렇게 겁이 나거든 집에 가서 내가 다시 부를 때까지 조용히 기다려라!"

어떤가? 이쯤 되면 짐 콜린스가 말한 '숲속의 진정한 사냥꾼'이라고 한 고슴도치를 연상케 하지 않은가? 정주영을 굳이 숲속의 고슴도치형 리더라고 일컫는 이유의 답은 여기 있다.

조용한 외톨이 VS 시끌벅적 대가족

흔히 위인전을 읽다 보면 '될성부른 나무는 떡잎부터 알아본다'는 전제 속에 스토리가 전개된다. 실제로 범상치 않은 어린 시절을 보낸 위인들의 예는 수많다. 이순신은 전쟁놀이를 할 때마다 대장을 맡았다. 율곡 이이는 8세에 이미 수준 높은 시를 지어 주위 어른들을 깜짝 놀라게 했다. 이런 일화들은 위인전의 주인공이 장차 비범한 인물로 성장할 것임을 넌지시 내비친다.

그러나 세상의 모든 위인이 떡잎부터 남달랐던 건 결코 아니다. 평범하다 못해 심지어 보잘것없기까지 한 어린 시절을 보낸 위인도 수두룩하다.

인류 역사상 가장 넓은 영토를 정복했던 칭기즈칸만 해도 그렇다. 어린 시절 그는 개만 보면 울고 도망칠 정도로 소심한 겁쟁이였다.

위대한 스승으로 추앙받는 간디는 형의 금팔찌를 몰래 훔쳐내어 팔기도 했다.

우리의 주인공인 이병철과 정주영 역시 별반 다르지 않았다. 떡잎부터 알아볼 만큼의 타고난 인재는 결코 아니었던 듯싶다. 다만 한 가지 분명한 사실은 두 사람이 너무 달랐다는 점이다. 성격 또한 달라도 너무 달랐다. 두 사람은 출생 때부터 벌써 크게 엇갈리게 시작했다.

이병철은 부잣집 도련님으로 태어났다(1910). 풍년이 들면 2,000석, 흉년이 들어도 1,500석을 거둬들였다. 집안 대대로 큰 농사를 지어 먹을 걱정 입을 걱정 없는 4남매 중 막내로 태어나, 집안의 귀여움을 한 몸에 받으며 자랐다.

반면에 정주영은 찢어지게 가난한 농부의 6남 2녀 중 장남으로 태어났다(1915). 매일같이 동틀 무렵이면 부모가 새들보다 먼저 일어나 들판에 나갔다. 허리가 휘어지도록 농사일을 해도 식량 걱정이 끊일 줄 몰랐다.

가방끈에서도 두 사람은 차이가 컸다. 이병철이 당대에도 드문 일본 유학파였던 데 반해, 정주영은 고작 초등학교 문턱을 밟은 게 전부였다. 요즘 말로 전형적인 금수저와 흙수저가 따로 없었다.

정주영은 서당 훈장이었던 할아버지에게서 3년 동안 한문을 배웠다. 『천자문』부터 시작해서 『소학』 『대학』 『논어』 『맹자』 등을 할아버지 앞에서 줄줄 외웠다. 열 살이 되어서야 겨우 초등학교에 들어갈 수 있었지만, 나이가 있어선지 1학년에서 3학년으로 곧장 월반을 하면서도 우등생이었다. 타고난 성격이 불처럼 급해 오른쪽 왼쪽 신발을 번번이 바꿔 신고, 차분히 앉아서 해야 하는 붓글씨 쓰기가 형편없었을 뿐, 초등학교 졸업 때까지 줄곧 2등을 놓쳐본 적이 없다.

이병철 또한 다섯 살이 되자 유학자였던 할아버지가 설립한 서당에서 한문을 배웠다. 학습 능력은 신통치 못했다. 남들이 석 달이면 뗀다는 『천자문』을 1년 동안이나 힘들게 익혀야 했다. 진도가 늦은 탓에 훈장에게 자꾸만 꾸중을 듣기 일쑤였다.

열한 살이 되자 이병철은 정든 고향을 떠나야 했다(1922). 진주시에 자리한 지수초등학교 3학년으로 전학을 갔다. 낯선 도시에서의 생활은 어린 그가 감당하기엔 외로웠으나 신식 문물에 눈을 뜨는 계기가 되었다. 자신이 태어나고 자란 시골 마을이 얼마나 비좁고 답답한 세계였는가를 깨달을 수 있었다.

이듬해엔 친척형을 따라 서울로 상경했다. 신학문을 배우겠다는 의지가 강했다. 서울에서 그는 붉은 벽돌로 지어진 교사가 인상적인 수송초등학교 3학년에 다시 편입했다.

성적은 여전히 신통치 못했던 것 같다. 그런데도 초등학교 과정을 한시바삐 끝내고 싶었던 그는 4학년을 마치고 초등학교에서 배울 것이 없다며 중학교로 진학하고 싶다고 아버지를 졸랐다. 결국 속성과가 있는 중동중학교로 진학할 수 있었다.

공부에는 흥미를 느끼지 못했어도 비교적 소숙한 편이었던 이병철은 중동중학교를 마치기도 전에 새로운 세계를 찾아 일본으로 유학을 떠났다. 이듬해 와세다대학 전문부 정치경제학과에 입학하게 된다(1930). 그러면서 뒤늦게나마 학업에 열중하게 된다.

그러나 이런 그의 어린 시절은 늘 혼자일 수밖에 없었다. 아무런 부족함도 없었으나 어린 시절부터 고향을 떠나야 했던 진주에서도, 편입을 위해 상경한 서울에서도, 그는 늘 고독한 외톨이였다. 학교가 끝나고 집으로 돌아가봐야 반겨줄 부모님이 기다리는 것도 아니었다. 학교를 자주 옮겨 다니게 되면서 딱히 놀아줄 친구조차 사귀지 못한 채 낯설기만 한 타향에서 혼자 보내다시피 했다.

또 이런 성장 환경은 그를 늘 조용한 아이로 만들었다. 바깥으로 향하는 에너지보다는 자신의 안으로 향하는 에너지, 곧 내면의 세계로 이끌었다. 이른바 이성의 지배가 우세한 좌뇌형 인간, 곧 아폴론적(靜的) 인간형의 성격 고착에 결정적 토양이 되어주었다.

그런데 와세다대학 2학년 말이 되면서 때마침 유행하던 지독한 독감에 걸려 학업을 중단해야 했다. 말이 유행성 독감이지 당시로선 중세 유럽을 휩쓸었던 흑사병이나 다름없는 치사율을 기록했다. 결국 그는 와세다대학을 중퇴한 채 고국으로 돌아올 수밖에 없었다. 학업보다 당장 건강부터 추슬러야만 했다.

당시 이병철은 조혼의 풍습에 따라 19살 때 이미 결혼하여 처자가 딸린 어엿한 가장이었다. 이제는 당장 생활전선에 자신이 나서지 않으면 안 될 처지였다.

하지만 시국이 호락호락하지만 않을 때였다. 서슬 퍼런 일제강점기에 관리를 하자니 떳떳치 못할 것 같았다. 독립운동을 하자니 그보다는 빈곤에 허덕이는 국민을 구제하는 일이 더 시급하다는 생각이 들었다. 마침내 26살의 청년 이병철이 마음을 다잡은 길은 바로 사업이었다.

정주영 역시 보다 넓은 세상을 갈망하기는 마찬가지였다. 찢어지게 가난하고 적막하기만 한 고향을 떠나 좀 더 넓은 세상으로 나아가고자 하는 바람이 굴뚝같았다.

어린 시절 그의 꿈은 학교 선생님이었다. 하지만 아버지의 뜻에 따라 초등학교를 마치자마자 농부가 되어야 했다. 가난이 자신의 꿈을 앗아가 버렸다. 꿈이 깨어진 이후 정주영은 한동안 상실감에 휩싸였다. 꼭 선생님이 되지 못해서만은 아니었다. 그는 결코 아버지처럼 가난한 인생을 살고 싶지 않았다. 한데 어느새 자신 또한 그런 아버지를 닮아가고 있었던 것이다.

'고향을 뜨자. 더 나은 세상으로 나아가자.'

그런 어느 날 청진항에 있는 제철 공장에서 노동자를 구한다는 신문 기사를 우연히 보게 되었다. 고향에서 그리 멀지도 않은 데다, 많은 수의 노동자를 구한다고 했다.

정주영은 그 기회를 놓치지 않았다. 동네 친구와 둘이서 도망치듯 고향을 떠났다. 첫 번째 가출이었다. 첫 가출은 불과 며칠 만에 실패로 돌아간다. 아버지가 청진항까지 찾아왔던 것이다.

"너는 형제들 많은 우리 집안의 장손이다. 장손은 집안의 기둥이다. 기둥이 빠져나가면 집안은 쓰러진다. 형제가 아무리 많다 한들 너는 장손이 아니냐. 무슨 일이 있어도 너는 고향을 지키고, 네 동생들을 책임져야 한다. 다른 자식 중 하나가 집을 나갔다면 이 먼 데까지 찾아오지도 않았을 것이다…."

아버지의 간절한 설득을 뿌리치지 못한 그는 한동안 마음을 비우고 고향으로 돌아가 농사일에 전념한다. 한데 그만 흉년이 들었다.

당장 먹어야 하는 목숨에게 굶주림보다 비참한 것은 또 없었다.

결국 아버지 몰래 소 판 돈 70원(현재 가치 약 700만 원)을 훔쳐 들고 17살 때 다시금 가출해 서울로 올라왔다. 덕수궁 옆에 자리한 경성실천부기학원에 두 달을 다니다 그만 아버지에게 다시 덜미가 잡혔다. 부기학원을 다녀봤자 일본놈들 고즈카이(사환)밖에 더 하겠느냐며 우시는 아버지를 따라 속절없이 고향으로 돌아가야 했다.

그러나 찢어지게 가난한 고향은 어린 정주영을 오래 붙잡아두지 못했다. 새가 날갯짓을 할 때쯤이면 둥지를 떠나가듯 어쨌든 고향을 떠나 자신이 개척해나가야 할 미지의 세상으로 떠나고만 싶었다.

이윽고 19살이 되던 해 봄, 친구에게 돈을 좀 빌려 또다시 무작정 서울로 향했다. 꿈에도 그리던 서울이었다.

이처럼 정주영의 어린 시절은 꽤나 소란스런 분위기였다. 적어도 이병철의 어린 시절처럼 고독한 외톨이는 아닌 것이 분명했다. 집으로 돌아오면 마치 가난한 흥부네 집안같이 왁자한 식구들로 넘쳐났고, 또한 바깥으로 나가면 주변에 친구들이 적잖이 끓었음이 분명해 보인다.

어린 시절의 이 같은 환경은 정주영의 주변에 늘 사람들로 들끓게 만들었다. 외톨이로 내면의 세계를 지향해야 했던 이병철과는 달리 바깥으로 향하는 에너지가 한사코 그를 외면의 세계로 이끌었다. 이른바 감정의 지배가 우세한 우뇌형 인간, 곧 디오니소스적 인간형의 성격 고착에 결정적 토양이 되어주었던 것이다.

그렇더라도 기댈 곳 없는 낯선 서울에서의 삶은 녹록지 않았다. 가방끈조차 짧았던 정주영이 할 수 있는 일이라곤 기껏해야 공사장의 막노동뿐이었다. 그는 안암동 고려대학교 캠퍼스 신축 공사장에서 돌과 목재를 나르는 막노동 일을 두 달 가까이 했다.

이후 용산역 근처에 자리한 '풍전 엿공장(지금의 동양제과)'에 잔심부름꾼으로 들어갔다. 우연히 공장 앞을 지나다 정문 바로 옆 담장에 붙어 있는 '견습공 모집'이라는 벽보를 보고서 무턱대고 찾아 들어간 직장이었다.

하지만 엿공장에서의 일은 막노동보다는 수월했어도 보수가 별로였다. 일자리가 언제 어떻게 없어질지도 모르는 데다, 별다른 기술조차 배울 수 없었다. 장래가 보이지 않기는 막노동과 다를 게 없었다.

때문에 엿공장 일을 하는 틈틈이 짬만 나면 무작정 거리를 쏘다녔다. 좀 더 나은 일자리를 찾아 기웃거렸다. 그러다 신당동에 자리한 '복흥상회'라는 쌀가게의 배달원으로 취직했다. 자신의 처지로 보았을 땐 쌀가게 취직은 행운이 아닐 수 없었다. 무엇보다 안정적인 데다, 점심과 저녁을 제공하고 월급으로 쌀 한 가마니를 계산해주었기 때문이다.

사람의 성격은 운명처럼 바꾸기가 어렵다. 몸에 밴 어린 시절의 감정을 쉬 벗어버리지 못한다. 모든 것은 어린 시절로부터 비롯되기 때문이다.

다시 말해 사람의 성격은 어린 시절의 성장환경과 성장과정에서 이미 '결정'된다는 얘기다. 이 같은 '결정'을 정신병리학자 휴 미실다인(Hugh Missildine)은 이후에도 지속되는 어린 시절, 곧 '내재과거아(內在過去兒)'란 용어로 정의한다.

이병철과 정주영 두 사람 역시 다르지 않았다. 어린 시절의 성장환경과 성장과정에서부터 이처럼 크게 엇갈렸음을 알 수 있다.

　부잣집 도련님과 찢어지게 가난한 농부의 아들로, 학교 성적이 신통치 않았던 것과 우등생을 놓치지 않았던 것으로, 조용하기만 한 내면 지향의 고독한 외톨이와 대가족의 시끌벅적한 외면 지향의 아이로, 일본 유학파와 초등학교 문턱으로 나눌 수 있다.

　요컨대 이 두 사람의 스펙트럼이 그만큼 폭넓다는 점을 빼놓을 수 없다. 앞서 살펴본 것처럼 이 둘의 궤적은 마치 서로의 반대편 끝 지점에 서 있는 듯 보인다. 그렇듯 어떤 누구라도 두 사람의 범주 안에 들 수 있을 만큼 폭넓게 넉넉한 품이라는 점이 우리 모두에게 반갑기 그지없다.

간결한 말씨
VS
구수한 이야기

　사람의 말 속엔 불가사의한 힘이 있다. 말 한 마디로 사람을 죽이고 살리는가 하면, 세상을 바꾸기도 한다. 말은 내면의 기운을 언어로 표출하는 것이기 때문에 어느 때는 예상치 못한 결과를 가져오기도 한다.

　우선 이병철의 화법은 매우 신중했다. 말수도 많지 않았다. 충분히 생각하고 답을 구한 다음 입을 여는 완벽함을 추구했다. 비유하자면 돌다리를 두들겨가며 건너가는 사람을 확인한 뒤 그 또한 돌다리를 다시금 두들겨보며 건너가는 식이었다.

　반대로 정주영은 돌다리를 넝큼 건너가면서 나중에 생각해보는 쪽이었다. 할 수 있다는 작은 확신이라도 들면 그냥 밀어붙이는 식이었다.

때문에 정주영은 돌다리를 왜 넝큼 건너가면서 생각할 수밖에 없었는지, 할 수 있다는 작은 확신이 어떻게 들었는지 설명해야 했기에 자연스레 말이 많았다. 그렇다고 달변이었는가 하면 그렇지도 못했다. 호탕하게 내지르는 것도 아니었으며, 촌철살인의 화술을 구사하지도 못했다.

한데도 정주영은 상대로 하여금 자신의 말에 관심을 기울이게 하는 묘한 매력이 있었다. 많은 사람들이 진지하면서도 구수한 그의 얘기에 이끌렸다. 다음은 정주영의 증언이다.

"대화를 통한 폭넓은 인간 교류는 나에게 유머를 잃지 않게 하고, 편견에 사로잡히지 않게 하고, 인생을 따뜻한 시선으로 바라보게 하고, 공감대를 확대시키고, 그들의 정서를 흡수함으로써 사람이 쉽게 빠지기 쉬운 사고의 경직을 방지해주었다. 이 같은 인간 교류를 통해 나는 많은 소득을 얻었으며, 그것을 기업경영의 창의적 에너지로 활용했다…."

정주영의 이런 말솜씨가 일반 대중에까지 널리 선보이게 된 건 대통령 선거(1992) 때였다. '통일국민당'을 창당하고 대통령 후보로 직접 나선 정주영은 구수한 입담으로 치열하다 못해 살벌하기조차 한 선거 열풍 속에서도 온 국민으로 하여금 웃음을 자아내게 했다. 선거 기간 중에 그가 얻은 별명이 '애교 있는 영감쟁이'였을 정도이다.

반면에 이병철은 말솜씨가 그닥 뛰어나지 못했다. 워낙 말수가 적고 표현이 간결한 데다, 화제를 재빨리 건너뛰기조차 했기 때문이다. 더욱이 그의 경상도 사투리는 경상도 사람도 알아듣지 못할 정도였다.

하지만 이병철은 자신의 어눌한 말씨와 달리 상대의 말을 매우 정확히 꿰뚫었다. 화자의 발언을 분석해 요지를 정리하거나, 논점을 제시해 대화의 흐름을 주도하는 데 남다른 역량을 드러냈다. 그가 사장단 회의를 주재할 때나 업무상 직원들과 대화를 나눌 적에도 어눌한 말씨임에도 좌중의 흐름을 단번에 이끌어나갔다. 최고의 웅변은 말을 더듬는 것처럼 보인다고 했던 노자(老子)의 가르침처럼, 이병철의 말솜씨는 양면성을 띠었다.

강렬한 개성
VS
불같은 열정

　어떤 사람을 보게 되었을 때 마음에 새겨지는 느낌, 곧 인상은 그 사람의 생애를 밝혀주는 거울이 되기도 한다. 흔히 우리가 관상에 대해 그렇듯 잘은 모르면서도 그 사람의 외모만으로도 곧잘 '저 사람은 이럴 것이다, 저럴 것이다'라고 쉽사리 말할 수 있는 것도 그런 이유에서다. 더욱이 그 같은 상론(相論)이 대부분 맞아떨어지는 것에 대해 크게 놀라는 사람도 없다. 인상이란 그만큼 사람의 진면목을 밝혀주는 지름길이 되기 때문이다.

　한데 숲속의 여우형 리더 이병철과 숲속의 고슴도치형 리더 정주영은 이 대목에서부터 아주 달랐다. 두 사람은 기업가로서 한 치의 물러섬도 없는 라이벌의 길을 평생 걸었음에도 도무지 닮은 구석이라곤 손톱만큼도 찾아보기 어려웠다.

먼저 이병철의 인상을 보면, 그의 이름과 함께 나타나는 이미지가 언제나 다르지 않았다. 별반 크지도 않는 체격에 비교적 호리호리한 편이었다. 얼굴은 전체적으로 군살이 없고 윤곽이 갸름한 데다, 젊은 시절부터 얼굴 곳곳에 주름살이 많았다.

하지만 이병철의 얼굴 주름은 결코 밉살스럽지 않았을뿐더러, 아무에게나 쉽게 볼 수 있는 것도 아니었다. 특히 눈언저리에 진 잔주름은 그의 지성과 품위를 드러내는 '황금 주름살'이었다.

더욱이 얼굴의 이목구비는 조금의 하자도 없었다. 잘생긴 영화배우처럼 조각 같은 얼굴을 말하는 것이 아니라, 조목조목 뜯어봐도 좀처럼 흠잡을 데가 없는 그런 얼굴이었다는 뜻이다.

우선 그의 눈매는 크거나 가늘지 않았다. 늘 예리하며 깊숙한 시선을 담고 있었다. 오뚝한 코는 갸름한 얼굴과 조화를 이루어 보다 지적인 분위기를 연출했다. 입은 얼굴 윤곽에 비해 다소 큰 편이었으나, 얇으면서도 가지런했다. 헤어스타일은 나이 들면서 흰머리가 제법 희끗희끗 섞여 있긴 하지만 한 올도 흐트러짐이라곤 없이 깔끔했다. 또 그런 모습은 그가 늘 단정한 사람이었다는 걸 말해주었다.

옷차림 또한 예외는 아니었다. 언제나 정장 차림을 즐겨 입은 이병철의 단정함은 바지 길이에서 단적으로 드러났다. 길지도 그렇다고 짧지도 않은 일정한 바지 길이는 구두 위를 다 덮지도, 발목이 보일 만큼 짤막하지도 않았다.

사실 눈에 잘 드러나진 않아도 정장 차림에서 바지의 길이는 대단히 중요하다. 길이에 따라 정장의 맵시가 크게 달라져 보이기 때문이다. 이병철은 바지 주름을 구김 없이 항상 날 선 일자 모양으로 유지하되, 품 또한 꼭 들어맞게 입었다. 매우 절제된 식단으로 소식을 한 결과 중년의 군살이라곤 찾아볼 수 없는 데다, 항상 단정한 옷차림으로 빈틈없고 깐깐한 인상을 풍겼다.

반면에 정주영의 인상을 보면, 그 역시 이름과 함께 나타나는 이미지가 언제나 동일하다. 우선 크고 단단해 보이는 체격에, 빗어 넘겼는지 어땠는지 모를 짧은 머리, 희미한 눈썹, 약간 부은 듯 두툼한 눈꺼풀, 커다란 뿔테 안경이 하나의 소품이라면, 오른쪽 안면에 살짝 힘을 준 채 수줍게 웃는 특유의 미소는 그의 이미지를 잘 보여주는 트레이드 마크다.

정주영의 이런 소박한 웃음은 상대를 편안하고 기분 좋게 만들어준다. 그가 싱긋 웃고 있을 때면 그룹 회장의 이미지보다는 영락없이 맘씨 좋은 이웃집 아저씨를 떠올리게 한다.

정주영은 이처럼 소박한 외모에 걸맞는 수수한 옷을 즐겨 입었다. 사실 평소 옷차림에 신경쓰는 편은 아니었다. 소탈함이 뼛속까지 깊이 밴 그는 트렌치코트 한 벌을 사도 보통 10년 넘게 입고 다녔을 정도이다.

정주영이 해진 구두를 신고 다녔던 일화는 경제계에 이미 널리 알려져 있다. 유난히 발이 커 구두를 맞춰 신어야 했던 그는, 가죽이 닳아 너덜너덜해질 때까지 신기 일쑤였다.

그가 남긴 사진첩을 보면 정주영은 대개 점퍼 차림으로 정장보다는 점퍼가 훨씬 더 편하게 보인다. 그래서인지 그의 옷차림과 인상은 언제나 빈틈없고 깐깐한 인상을 풍겼던 이병철과는 다르게 조금은 헐렁해 보이는 스타일이었다.

생각하고 행동할 때의 성격 역시 두 사람은 판이하게 엇갈렸다. 이병철의 성격은 한마디로 내면의 절제다. 매사에 신중하고 치밀했으며, 무엇보다 빈틈없이 엄격했다. 멈춰야 할 때와 나아가야 할 때를 명확히 구분하려 애썼고, 놀라우리만치 감정 컨트롤이 냉철했다. 얼핏 보기엔 섬세한 여성성마저 엿보이는가 하면, 또한 누구도 따를 수 없는 대담함마저 공존하는 양면성을 보였다.

그에 반해 정주영은 청사진 속에 자신을 담아두거나 한정 짓는 법이라곤 없었다. 어느 때나 재깍 행동으로 옮기는 데 조금도 주저치 않았다. 또한 정해진 방향으로 팔로워(follower)를 끝까지 이끌어나갈 불처럼 뜨거운 열정과 두둑한 배짱을 지닌 남성성이 누구보다 뚜렷했다.

요컨대 이병철과 정주영은 곡선과 직선, 복잡과 단순, 방법과 목적, 재치와 끈기, 예민함과 우직함, 신중성과 저돌성, 치밀함과 대범함, 생각의 우선과 행동의 우선, 직관의 중시와 경험의 중시로 크게 대별할 수 있다. 또 이처럼 크게 엇갈리는 두 인물의 스타일과 성격은 곧 자신들의 기업경영의 창작에 지배적으로 배어들었음을 확인해 볼 수 있게 된다.

빈틈없는 톱니바퀴
VS
마카로니 웨스턴

　로마는 하루아침에 이루어지지 않는다. 이병철의 시작과 정주영의 시작 또한 다르지 않았다. 작은 씨앗이 대지 위에 뿌려져, 연약한 싹이 움트고, 거목으로 성장해서, 마침내 숲을 이루는 것처럼 두 사람 역시 천리 길을 한 걸음씩 걸어야 했다. 그 한 걸음인 하루의 일과 역시 다르지 않았다.

　이병철의 하루 일과는 그의 깐깐한 성격만큼이나 빈틈없는 톱니바퀴처럼 치밀했다. 그는 일어나 정확히 9시 5분 전 태평로의 삼성본관 집무실에 출근했다. 그를 태운 벤츠가 장충동 자택에서 출발하면 집사가 회장 비서실에 전화로 이를 통보했다. 비서실은 곧장 삼성본관 현관에 연락을 취해 주차 공간을 확보하고 엘리베이터를 대기시킨 뒤 그를 맞았다.

그는 삼성본관 5층에 자리한 회장 집무실에 도착하여 원두커피를 마시면서 당일 스케줄을 확인했다. 그에게 보고되는 서류들 가운데는 일기예보가 포함되어 있었다. 전국 각지 삼성 사업장 일정 확인은 물론 골프 약속도 차질이 없도록 하기 위함이었다.

신문도 매일 아침 빼놓지 않고 읽었다. 오전 일과 중 가장 중요한 게 신문 읽는 것이어서, 신문만 담당하는 직원이 따로 있을 정도였다. 담당자는 국내 주요 일간지에서부터 일본의 『아사히』『마이니치』『요미우리』『산케이신문』 등을 미리 체크해서 삼성 관련 기사가 있으면 빨간 줄을 그어놓았다. 또 반드시 읽어야 할 경제면에도 따로 표시를 해두었다. 그런 뒤 백지에 무슨 신문 몇 면의 어떤 기사가 중요하다고 일목요연하게 정리해서 책상 위에 올려놓았다. 짧은 시간 안에 여러 정보를 빠짐없이 살필 수 있도록 하기 위함이었다.

이병철의 오전 업무는 그룹 계열사의 사장단을 비롯해 합자, 기술제휴, 수출 등과 관련된 외부 방문객과의 면담이 주를 이뤘다. 바쁜 오전과는 달리 오후에는 골프 모임에 나가거나, 중앙일보와 관련된 업무를 챙겼다. 퇴근은 정각 6시를 지켰다. 퇴근 이후 귀가하면 식사를 하고 저녁 8시엔 항상 목욕을 했다. 잠자리에 드는 시간도 정해져 10시를 넘긴 적이 드물었다.

그의 하루 일과를 살펴보면서 결코 빼놓을 수 없는 한 가지가 있다. 그는 늘 책을 가까이 하고 독서를 선호했다. 감수성이 예민한 젊은 시절부터 훗날 바쁘고 분주한 업무 속에서도 짬을 내어 손에서 책을 놓지 않았다. 일본에 머물다 돌아오는 경우에도 늘 많은 책을 사가지고 와 틈틈이 읽고는 했다.

반면에 정주영의 하루 일과는 따로 정해져 있지 않았다. 분명한 건 매일같이 현장 중심으로 이뤄졌다는 점이다. 마치 어디로 튈지 모르는 럭비공처럼 동에 번쩍 서에 번쩍 나타나 실무자들을 긴장시키곤 했다. 30년 넘게 그를 보좌했던 현대백화점 고문 이병규의 증언에 따르면, '정주영 회장은 누구보다 현장을 잘 알고, 잘 이해하고, 사랑한 사람이었다'고 한다.

"시간만 되면 현장으로 달려가셨지요. 특히 자동차나 조선소가 있는 울산을 자주 가셨는데, 보통 새벽 4시에 서울에서 출발하면 금강휴게소까지 잠깐 눈을 붙이신 뒤, 이후 울산에 도착하실 때까진 울산에서 하실 일을 미리 머릿속에 그리셨죠. 물론 서울로 상경하는 길도 마찬가지였구요…."

이 고문에 따르면 정주영의 하루 평균 수면 시간은 4~5시간이었다. 매일 새벽 4시면 눈을 떠서 5시부터는 현장 상황을 보고 받기 시작했다. 현장을 한눈에 꿰차고 있어야 신속하고 정확한 의사결정을 내릴 수 있다는 게 그의 지론이었다.

그는 특히 '현장 직원들과 한 몸이 되어야 한다'고 생각해 현장 직원들과 많은 시간을 함께 했다. 같이 밥을 먹고 막걸리 잔을 기울이는가 하면, 이따금 씨름판을 벌이기도 했다. 이 고문의 증언에서도 알 수 있었다.

"비가 너무 쏟아져 앞을 분간할 수 없을 정도였던 날에도 새벽에 혼자 차를 몰고 현장을 돌아보시곤 했었죠…."

그는 왜 이토록 현장을 유난히 강조했던 것일까? 실무자들에게 맡기지 않고 자신이 직접 챙기려 했단 말인가? 이 점에 대한 정주영의 해명이다.

"그 옛날 수많은 근로자들을 일사불란하게 움직이도록 하려면 눈도 세모꼴로 떠야 하고, 목청도 고래고래 높여야 하고, 때론 정강이도 걷어차야 했으며, 더 심할 땐 따귀도 올려야만 했었다. 그렇게 일을 하다 보니까 현장에서나 사내에서나 저승사자보다 더 무섭고 끔찍한 사람이 되어버렸나 보다. 나는 기억할 수 없지만, 누군가는 결재 서류를 들고 들어왔다가 나한테 욕을 바가지로 듣고 나가는데 넋이 나가기라도 했는지 철제 캐비닛 문짝을 출입문으로 알고서 열고 들어가려 했다던가…."

아무렇든 얼마나 으르렁거리고 다녔던지 단양시멘트 공장 건설 현장에서 붙여진 그의 별명은 '호랑이'였다. 금요일 오후면 직원들 사이에서 벌써 "호랑이 오나, 안 오나?"했다고 한다. 정주영이 말하는 단양시멘트 현장은 이랬다.

"어느 주말이었는지. 야간열차 안에서 깜박 잠이 들었다 깼는데, 기차가 어느새 단양역을 출발해 달리고 있었다. 별수 없이 달리는 기차에서 몸을 날려 떨어졌는데, 툭툭 털고 일어나 어디가 어딘지도 모르는 캄캄한 밤길을 더듬거려 산골길을 넉넉히 30리는 걸었던 것 같다. 새벽녘에야 도착할 수 있었는데, 현장 사람들은 내가 현장에 오지 않는 줄 알고 편안하게 아침밥을 먹으러 식당에 들어서다 그만 나를 보곤 모두들 귀신 보고 놀란 얼굴들이었다. 모두들 참 열심히 일했으나 그래도 내가 현장에 있을 때와 없을 때가 크게 달랐다. 현장 사람들의 걸음걸이부터 벌써 달랐으니까. 내가 현장을 직접 챙기고 안 챙기고의 차이가 클 수밖엔 없었다…."

그는 덧붙인다. 기업이란 냉정한 현실이고, 행동함으로써 비로소 이루고 키워나가는 생물이다. 그저 가만 앉아서 똑똑한 머리만 굴려선 기업을 키울 수 없다. 똑똑한 머리만 굴리지 않고 몸소 행동해야만 한다고 했다.

정주영은 제아무리 어려운 일을 지시할 적에도 시간을 많이 주지 않았다. 언제나 "내일 아침까지 해놓으세요"였다.

"직원들은 모두가 바쁘기 때문에 시간을 줘봤자 다른 일을 하느라 지시한 일을 하루이틀 미룰 게 뻔했다. 그러다 발등에 불이 떨어져 아이고, 소리가 나야 그때 비로소 후다닥 콩 볶듯이 해치우기 마련이니 제대로 했을 리 없다. 모든 일은 최대한 빠른 시간 안에 총력을 다한 집중력 속에서 처리해야 결과도 좋다…."

한때 그는 원효로 4가에 자리한 중기계 공장을 매일같이 하루 한 번씩, 어떤 날은 하루에 두 번도 갔다. 때문에 '오늘은 회장님이 다녀 갔으니 내일이나 오겠지' 하고 방심했다 혼이 빠지기도 했다.

"내가 나타났다 하면 으레 으르렁거릴 줄밖에 몰랐으니. 나한테서 마음의 상처를 입은 직원들도 꽤 많은 줄 안다. 그 점은 미안하게 생각한다. 그러나 누가 뭐라 하든 그토록 철저한 확인과 훈련, 독려가 지금의 '현대'를 만들었다고 나는 확신한다…."

경제학자 마이클 포터는 정주영의 이 같은 현장주의를 일컬어 '마카로니 웨스턴(Macaroni Western)' 즉 서부극에 나오는 카우보이 총잡이라고 표현했다. 막연한 경영 이론보다는 현장에서 스스로 체득한 지식이야말로 기업 창작에 핵심 요소임을 실증해 보인 때문이다.

장인정신
VS
벼룩의 교훈

  8·15 해방을 맞은 지 얼마 되지 않은 1950년 2월 이병철(40세)은 천우사의 전택보, 대한전선의 설경동 등 당시 경제계를 이끌던 주요 인사 15명과 함께 아직 패전의 상흔이 채 가시지 않은 일본 도쿄로 향했다. 방문 목적은 일본 경제계 시찰로 일본 점령군 미사령부의 초청에 의한 것이었다. 하지만 실은 한국과 교역을 통해 경제 부흥을 도모하고자 하는 일본 경제계 인사들의 제안으로 이루어진 거였다.

  그 때문인지 이때까지만 해도 패전국 일본의 경제는 생각보다 훨씬 더 어려워 보였다. 하네다공항에서 도쿄 중심부에 이르는 길거리엔 판잣집이 즐비했고, 2차 세계대전 당시 일본제국의 갖가지 무기를 생산하던 가와사키중공업은 미공군의 집중 폭격을 받아 공장 건물의 거대한 골격만이 앙상한 채였다.

그런 어느 날 저녁이었다. 이병철은 가로등조차 켜져 있지 않은 도쿄의 아카사카 골목길을 걷다 한적한 이발소 안으로 불쑥 들어섰다. 자신의 머리를 가위질하는 중년의 주인에게 별다른 생각 없이 말을 건넸다.

"이 일은 언제부터 하셨나요?"

"3대쨉니다. 가업이 된 지도 어언 60년쯤 되나 봅니다. 자식 놈도 이어주었으면 합니다만, 어떨진 모르겠습니다…."

무슨 속뜻이 있는 것도 아니었다. 이발소 안이라면 흔히 있을 수 있는 평범한 관심 정도였다.

그러나 이병철은 이 평범한 대화를 예사롭게 듣지 않았다. 패전으로 좌절해 있을 법도 하건만, 오로지 외길을 걸어가는 이발사의 올곧은 장인정신에 적잖이 감명을 받았던 것 같다.

정주영이 19살 때 또다시 무작정 상경해서 왕십리 쌀가게에 아직 취직하기 전의 일이다. 서울에 아무 연고조차 없었지만 친구 오인보에게 50전(현재 가치 약 5만 원)을 빌려 개항장으로 떠들썩한 인천으로 향했다. 그는 부둣가에서 한동안 막노동을 전전하며 지냈는데, 바다를 건너온 선박에서 무거운 짐을 등짐으로 지어 나르는 하역 일을 하며 함바집(현장 합숙소)에서 숙식을 해결하고 있었다.

한데 밤이면 함바집에 들끓는 빈대 때문에 도무지 잠을 이루지 못할 지경이었다. 견디다 못한 몇몇이 빈대를 피해 방바닥이 아닌 식탁 위로 올라가 잠을 청했다. 그러자 빈대가 식탁의 다리를 타고 기어 올라가 사람들의 피를 빨았다.

함바집 노동자들은 다시금 머릴 짜냈다. 식탁을 받치고 있는 네 다리에 물을 담은 양재기를 하나씩 고여놓고 잠을 청하기로 한 것이다.

하지만 편안한 잠은 겨우 이틀 밤 만에 끝나고 말았다. 빈대가 여전히 함바집 노동자들을 못살게 굴었다. 식탁의 다리를 타고 기어오르려다 양재기 물에 몽땅 빠져 죽었어야 할 빈대가 또다시 극성을 부렸다.

도대체 빈대가 어떻게 식탁 위에서 잠을 자고 있는 노동자들을 또다시 물어뜯을 수 있었는지. 노동자들은 불을 켜고 살펴보다 그만 아연실색하고 말았다. 식탁의 다리를 타고 기어 올라가는 게 더 이상 불가능해진 빈대가, 이번에는 일제히 벽면을 타고 천장으로 새까맣게 기어오르고 있었다. 그런 뒤 높다란 천장에서 식탁 위에 잠들어 있는 노동자들의 몸을 향해 툭, 툭, 떨어져 내렸다. 이른바 정주영이 평소 강조한 '빈대의 교훈'이다.

"…하물며 아무 보잘것없는 빈대도 자신의 목적을 이루기 위해 그처럼 머리를 쓰고, 또 죽을힘을 다해 결국 원하는 바를 얻어내질 않는가. 한데 우리는 빈대와 같은 미물이 아닌 만물의 영장이 아니냐. 하지만 그런 미물에게서도 배울 점이 있다면 마땅히 배우도록 하자. 무슨 일이든 중도에 포기하지 말고 그야말로 죽을힘을 다해 끝까지 노력한다면 이루지 못할 게 없다는 걸 말이다…."

이병철과 정주영은 타계하기 직전에 각각 자서전을 펴냈다. 자신이 구술하고 아무개 언론인이, 아무개 방송작가가 기술하는 방식으로 이병철은 1986년에 『호암자전』을, 정주영은 『이 땅에 태어나서』

를 세상에 남겼다. 자신이 살아온 이야기를 책으로 펴낸 이유는 말할 나위도 없이 자신이 살아온 삶의 여정이 기록으로 널리 알려져 뜻있게 읽혀지길 바랐기 때문이리라.

한데 두 사람의 자서전 내용에는 마치 약속이라도 한 듯 꼭 한 번씩 교훈이 담긴 짤막한 에피소드가 등장한다. 앞서 얘기한 '이발사의 장인정신'과 '빈대의 교훈'이 그것인데, 직접 언급하지는 않았지만 그 같은 교훈을 통해서 가장 중요한 방점, 다시 말해 기업 창작에 대한 자신들의 철학을 밝히고자 애쓴 흔적이 역력하다.

요컨대 이발사와의 평범한 대화를 그냥 흘려듣지 않고 깊은 인상을 받아 재발견하는 것처럼 인지적으로 설명할 순 없지만 이병철은 그때 이미 기업 창작에 대한 자신의 철학을 정립했던 것으로 보인다. 어린 시절부터 외톨이로 고독하게 자라면서 바깥보다는 안으로의 세계를 지향했던, 이발사의 장인정신에서 볼 수 있듯이 기업 창작에 대한 해답은 평생 찾아도 끝내 도달하기 어려운 지점이라고 본다. 좋은 옥은 하루아침에 만들어지지 않기에 절차탁마(切磋琢磨)하는 '부정적(否定的) 심사숙고'를 신념화하고 있었음을 알 수 있게 한다.

한편 함바집에서 목격한 벼룩에 대한 사소한 시선을 그냥 흘려보내지 않고 주의 깊게 간직했던 것처럼, 정주영 또한 그때 비로소 기업 창작에 대한 확고한 해답을 찾았던 것으로 보인다. 어린 시절부터 **뼛속 깊이** 학습되고 육화되어온, 일찍 일어나는 새가 먹이를 찾는다는 '농경(農耕)사고적 얼리버드(early bird)'를 신념화하고 있었던 것이다.

미는 경영
VS
끄는 경영

 지금의 삼성제국을 건설하는 데 결정적으로 기여한 계열사는 누가 뭐래도 삼성전자이다. 마찬가지로 지금의 현대왕국을 건설하는 데 결정적으로 기여한 계열사는 다름 아닌 현대건설이었다.

 한데 당시 지구촌의 경제는 중동의 오일쇼크(1973)로 온통 패닉 상태에 빠져 있었다. 국내 사정 또한 마찬가지여서 정주영의 현대그룹에도 암운이 드리워졌음은 물론이고 외채 상환 결제마저 매일같이 쫓기는 가운데 한시바삐 위기를 벗어날 수 있는 타개책을 찾아야 했다. 그런 결과 1975년 현대건설이 바레인의 수리 조선소를 착공하면서 중동 진출의 첫 서막을 열 수 있었다. 물에 빠져 허덕이다 지푸라기라도 붙잡은 상황이었다.

 이듬해엔 몇 세기에 한 번 있을까 말까 하다는, 사상 최대 규모의 사우디 주베일 산업항 공사를 수주받는 데 성공했다. 9억 3,000만 달러에 달하는 공사 금액은 당시 환율로 4,600억 원에 달했다. 같은 해 우리나라 국가 예산의 절반에 해당하는 천문학적인 액수였다.

그러나 주베일 산업항 공사는 규모가 컸던 만큼 곳곳에 어려움이 있었다. 작업의 난이도는 말할 것도 없고, 경험이라곤 없었던 미지의 공사를 감행하면서 치러야 하는 과제가 산더미처럼 쌓여 있었다. 무엇보다 미국 국적의 건설 기업 브라운앤루트로부터 장비를 빌려다 쓰면서 겪는 서러움 또한 컸다.

이쯤 되자 정주영이 직접 나섰다. 그만의 뚝심으로 곧 1만 2,000km에 달하는 전대미문의 대양 수송 계획을 내놓았다. 주베일 산업항 건설 공사에 필요한 초대형 기자재를 울산조선소에서 제작해 사우디까지 가져가자는 기상천외한 발상이었다.

하지만 재킷이라는 철 구조물 하나만 해도 가로 18m, 세로 20m, 높이 36m, 무게 550톤으로 웬만한 10층 빌딩의 몸체였다. 이런 재킷이 89개나 있었다. 게다가 재킷 기둥의 굵기가 직경 2m였고, 기둥을 지탱시키는 파일 하나만 해도 비슷한 굵기에 길이만 65m가 넘었다. 그걸 바지선에 싣고서 세계 최대의 태풍권역인 필리핀 해양을 지나, 동남아 해상과 몬순의 인도양을 건너, 걸프만까지 운반하자고 하니 현대건설의 임원들은 물론 세계 유수의 건설회사들도 비웃었다.

그러나 선택의 여지가 없었다. 결국 정주영의 발상에 따랐다. 바지선을 바다 위에 띄웠다. 편도 1회 항해에 35일이 소요되는 대양 수송 작전은 모두 19회에 거쳐 중단 없이 실시되었다. 모두가 우려했던 기상천외한 대양 수송 계획은 결과적으로 대성공이었다.

성공은 명성으로 이어졌다. 이후에도 현대건설은 그때의 성공을 발판 삼아 중동에서 수많은 초대형 공사를 수주받게 된다.

그리하여 1975년 중동 진출 이래 1979년까지 현대건설이 벌어들인 외화만 자그마치 51억 6,400만 달러였다. 같은 기간 현대그룹의 총매출 이익 누계 가운데 무려 60%가 중동의 건설 현장에서 거둬들인 수확이었다.

현대중공업이 국내에선 처음으로 26만 톤급 초대형 유조선을 수주받아(1974) 울산조선소 도크에서 한창 선각 건조작업 중일 때였다. 선각 건조작업이란 배의 기본 형태를 만드는 과정을 일컫는다. 이땐 대형 철 구조물이 선체 위에 덩그러니 올라가 있는 상태일 뿐, 용접으로 안전하게 고정되어 있지 않은 경우가 대부분이다.

그런데 철 구조물 한 개가 보통 100~200톤씩 자체 중량이 있는 덕분에 선체 위에 올려놓아도 큰 문제가 없었다. 거대한 골리앗 크레인으로 철 구조물들을 선체 위에 가득 올려놓은 다음, 수많은 용접 작업자들이 매달려 용접을 해나가기 시작하면 그만이었다.

그렇대도 무려 26만 톤이나 되는 초대형 유조선을 만들어보기는 우리 역사 이래 처음이었다. 과연 그 거대한 철선을 만들어낼 수 있을지조차 장담하기 어려운 첫 도전이었다.

아무튼 그런 과정을 거친 초대형 유조선이 한창 건조 중일 때였다. 아직은 완전히 고정되어 있지 않은 철 구조물들이 선체 위에 가득 올라가 있었기 때문에, 어느 때보다 안전사고에 만전을 기해야 했다.

그럴 즈음 예기치 않은 사태가 발생했다. 하필 여름 태풍이 울산만을 강타한 것이다.

작업은 일체 중단되고 현장의 작업자들을 도크에서 모두 철수시킨 뒤 태풍이 무사히 지나가기만을 기다릴 수밖엔 없었다.

하지만 일이 기어이 터지고야 말았다. 브리지 부근에 올라가 있던 작은 철 구조물 하나가 태풍을 이기지 못해 흔들거리기 시작했다. 초대형 선박의 규모에 비하면 작은 철 구조물 하나에 불과하더라도 자체 무게만 수십 톤이 나가는 쇳덩이였다.

더구나 브리지는 가장 높은 곳에 위치하고 있어서, 자칫 쇳덩이가 태풍을 이기지 못해 떨어지기라도 하는 날엔 선체에 치명적 손상을 입히게 될 게 뻔했다. 또 그렇게 되면 선체가 크게 파손되어 배 만드는 작업은 도루묵일 수밖엔 없었다. 지금까지의 노력은 헛수고로 돌아가면서 처음으로 다시 돌아가야만 하는 위험천만한 상황이었다.

이때 현장주의자답게 울산조선소에 머물고 있던 정주영은 보고를 받은 즉시 비바람을 헤치며 현장으로 달려갔다. 그가 비바람을 맞아가며 잠시 브리지를 올려다보더니, 도크 쪽으로 무턱대고 뚜벅뚜벅 걸어나갔다.

모두가 놀라서 황급히 그를 막아보려 했으나 소용없었다. 그런 손들을 모두 뿌리치며 도크까지 기어이 걸어가, 마침내 선체 위로 올라가기 시작했다.

비바람은 미친 듯이 휘몰아쳤다. 그는 막무가내로 비바람을 뚫고 브리지까지 올라가 주변에 있는 와이어로프를 끌어당겨 흔들거리는 쇳덩이를 고정시키려 안간힘을 다했다. 미친 듯이 휘몰아치는 비바람에 미끄러지기도 하였으나 사투를 벌여나갔다.

그런 모습을 처음부터 지켜보고 있던 현장 작업자들이 너도나도 결연히 따라 나섰다. 누가 시키지도 않았건만 하나둘 도크로 달려나가 브리지 위로 올라갔다. 정주영 혼자서 사투를 벌이고 있던 작업에 일제히 달라붙기 시작했다.

"사투가 따로 없었지요. 말이 철 구조물 고정 작업이지 그건 생사를 건 무모한 모험이나 다름없었어요…."

당시 현장 상황을 낱낱이 지켜본 현대중공업 전무이사 이정일의 증언이다.

우여곡절 끝에 26만 톤급 초대형 유조선을 마침내 완성시키고 난 뒤에도 그는 다시 한 번 현장으로 갔다. 그가 아니고선 누구도 해결할 수 없었기에 다들 그가 오길 원했다.

그러니까 1974년 6월 28일은 한국 조선 산업사에 커다란 획을 그은 날이었다. 현대중공업 울산조선소의 제1도크 준공과 함께, 그동안 2년3개월에 거쳐 26만 톤급 초대형 유조선을 건조 진수시켜, 세계 선박건조 역사상 전무후무한 기록을 남긴 뜻 깊은 날로, 황량한 갯벌 위에 조선소의 도크 공사를 하면서 동시에 한 번도 만들어본 일이라곤 없는 초대형 선박을 건조해낸 역사적인 순간이기도 했다.

하지만 말이 좋아 26만 톤급 선박이지 이건 뭐 거의 괴물이었다. 거대한 선체가 균형을 잡고 도크 안에 서 있는 것도 아슬아슬하였지만, 과연 물 위에 뜰 수 있을지조차 확신하지 못했다.

의심을 거두지 못한 현대중공업 임직원들은 내심 두렵고 긴장하지 않을 수 없었다. 만에 하나 어떤 사태가 발생할지 아무도 모를 일이었다. 그리고 그의 눈에 긴장한 임직원들의 모습이 비쳤다.

그쯤 되자 이번에도 그가 앞장을 섰다. 현대중공업이 건조한 26만 톤급 초대형 유조선을 도크에서 바닷물에 띄우는 작업을 현장에서 직접 지휘했다. 두려워 주저하는 임직원들을 향해 이렇게 호령하고 있었다.

"이유는 없다! 모두 나를 따르라!"

정주영은 늘 이런 식이었다. 그가 위기 때마다 앞장서 현대에 뼛속 깊이 심어놓은 정신이었다. 전형적인 정복자의 자세였다.

'삼성에는 의사 결정권자가 단 한 사람밖에 없다.'

이병철의 생전엔 이런 이야기가 심심찮게 들려왔다. 그리고 모두 기정사실로 받아들였다. 2세 이건희에 이어 이미 3세 이재용의 경영으로 들어간 지금이야 크게 달라졌다지만, 그가 왕국을 이끌던 시절(1938~1987)에 삼성의 모습은 오직 한 사람, 다름 아닌 그의 의사 결정에 따라 거대 왕국이 굴러갔었던 것만은 확실했던 것 같다.

실제로 거대 왕국인 삼성의 CEO(임원 포함)로 몸담았다는 인사들이 남긴 기록을 두루 살펴보았지만, 그들은 대부분 관리자 역할에만 충실했다. 자신만의 리더십을 소신껏 발휘할 수 있었다는 CEO는 찾아보기 어려웠다.

마치 누구도 헤어날 수 없는 신통한 집단 최면에라도 걸리고 만 듯 오로지 그만을 충실히 쫓았던 것 같다. 그 시절의 그들은 이병철이 결정해서 내린 지시를 빈틈없이 철저히 실행에 옮긴 것 말고는 그다지 내세울 만한 게 없어 보인다.

이병철이 왕국을 이끌 땐 그룹 계열사의 '사장단 교육'이 1년에 두 차례, 봄과 가을에 실시되었다고 한다. 하지만 평상시에도 그는 계열사 사장들에게 곧잘 질문(문제)을 던짐으로써 끊임없이 공부하도록 만들었다.

그도 그럴 것이 그저 단순한 질문이라면 별것 아닌 것으로 흘릴 수도 있다. 하지만 질문에 합당한 대답을 내놓지 못했을 땐, 게다가 그런 상황이 몇 번씩 반복된다면 사장은 역량이 미치지 못한다고 평가되기 일쑤였다. 또 평가가 결과적으로 사장 본인의 신상에도 고스란히 반영되는 탓에, 그가 질문할 때를 대비해서 평소 충분히 공부해두지 않으면 누구라도 그런 처지가 될 수 있었다.

어쨌든 그룹 계열사 사장단 교육이 끝난 직후였다. 그가 갑작스레 계열사 사장 가운데 한 명을 지목해 이번 교육에서 무엇을 배우게 되었는지 물었다. 지목받은 사장은 입을 열어 대답했다. 자신의 부족함을 다시 한 번 느꼈다고 인사처럼 말한 뒤, 그동안 회사의 비전을 제시하지 못한 점을 깊이 깨닫게 되었노라고 덧붙였다.

이병철 역시 다르지 않았다. 사장이 자신이 맡고 있는 계열사에 대해 보다 명확한 비전을 제시하지 못한 데 대해 불만을 가지고 있는 듯했다. 자신이 보기에는 현재 진행하고 있는 사업이 머지않아 사양길에 들어설 것이 확실한 데도 사장은 아무런 대책도 내놓지 않은 채 그저 종전대로 끌어가기만 했다. 더구나 부하 직원들이 계열사를 이러저러한 방향으로 끌고 가야 하지 않겠느냐고 제안을 해도 묵살해버리기 일쑤라는 소문을 듣고서 못마땅하게 여기던 참이었다.

그래서인지 이병철은 반가운 기색이었다. 이제야 비로소 자신의 불만을 제대로 깨달았구나 하는 표정으로 재차 물었다.

"그래, 앞으론 어떻게 할 작정인데?"

그러자 사장은 잠시 생각을 정리하고 나더니 이렇게 답변했다. 먼저 한 달에 책 한 권씩 읽을 것과 부하 직원들의 의견에도 귀를 기울여 계열사 경영에 적극 반영토록 하겠다고 했다.

그러자 이병철이 특유의 억양으로 반문했다.

"그래서?"

순간 움찔한 사장은 자신의 답이 정답이 아니었다는 생각이 들었는지, 음성을 조금 더 높여 다시금 이렇게 덧붙였다.

"한 달에 한 권씩이 아니라 일주일에 책 한 권씩을 읽을 것이며, 반드시 세미나에 참석해서 계열사의 비전을 세우도록 하겠습니다."

이병철이 또다시 반문했다.

"그래서…?"

사장은 정답이 아니로구나 하는 생각이 들었는지, 바짝 긴장된 자세로 정면을 바라본 채 좀처럼 입을 열지 못했다.

이병철이 다시 재차 입을 열었다.

"자네 나이가 환갑이 되어가제?"

사장은 한껏 풀이 죽어 겨우 말끝을 흐렸다.

"환갑이 다 되어가는 사람이, 지금까지 세우지 못한 비전을 책 몇 권 읽고 세미나에 참석한다고 해서 금방 세워지겠나? 자네 책 읽고 세미나에 참석해서 비전을 만들 때까지 회사는 크지도 못하고 계속 고생만 하고 있으란 건가? 자네는 대표이사가 아닌가? 대표이사면 자네가 직접 하지 않아도 할 수 있는 것이 있어. 자네 밑에 비전을 세울 수 있는 사람을 데려다 써. 그러면 될 것 아이가!"

애가 터질 만도 했다. 상황만 놓고 본다면 이병철이 아니라 어떤 오너라 할지라도 그 정도의 질책은 충분히 나올 법한 분위기였다.

하지만 잠시 질책을 제외해놓고 본다면 또 다른 그림이 보이지 않는가? 전체 그림에서 또 다른 무언가가 연상되는 것이 있지 않은가? 마치 TV 사극드라마에서나 볼 수 있음직한 왕조시대의 어전회의와 같은 분위기가 연상되지 않는가 말이다.

이병철은 훗날 타계할 때까지 황제경영의 전권을 결코 포기하지 않았다. 일사불란한 피라미드 조직의 체제, 곧 황제경영만이 거대 왕국을 키워나가고 또한 지킬 수 있으며, 낙오자 없이 이끌고 나갈 수 있는 유일한 문법이라고 생각했다는 점이다.

이런 그가 삼성전자를 설립하겠다고 결정한 것은 1960년대 초였다. 그의 나이 50대였다. 전자 산업을 준비하는 단계가 아직 구체화되기 이전부터 그는 세계 최대 규모의 한국비료를 세우는 데 온통 정신이 팔려 있었고, 그 과정에서 이른바 '한국비료 밀수사건'에 휘말리게 되면서 사업계획이 전면 중단되기도 했다.

그러다 다시금 전자 산업을 해보겠다며 본격적인 움직임을 보인 게 그의 나이 50대 후반인 1968년이었다. 그해 삼성그룹은 전자사업 부서를 꾸미고, 발전 가능성이 큰 산업으로 여겨 투사 결정을 내린다. 오래 전부터 전자 산업에 관심을 보여온 그가 마침내 결심을 굳힌 것이다.

문제는 예나 지금이나 기술력이었다. 당시 국내 기술로는 자체적인 산업 체계를 만드는 데 무리가 있었기 때문에, 미국과 일본 등지로 눈을 돌렸다. 선진 기업과의 합자 투자 말고는 길이 없었다.

하지만 당시 일본은 전자 산업 세계 1위였기 때문에 아쉬울 거라곤 하나도 없었다. 합자 투자조차 달갑게 여기지 않았을뿐더러, 한국의 불안한 정세를 문제 삼고 나섰다. 결국 삼성은 우여곡절 끝에 기술을 나누어 합자하는 형식의 삼성산요와 삼성NEC로 분할해서 설립해야만 했다.

국내에서의 내부 반발도 컸다. 삼성전자가 출범하던 1969년 당시 국내 전자 산업의 연간 전체 수출액은 고작 4,200만 달러 수준이었다. 그중에서도 저렴한 인건비를 노린 미국계 기업들의 조립 수출이 전체 70%를 차지하고 있을 만큼 산업 기반이 취약한 실정이었다. 이런 상황에서 삼성이 전자 산업에 발을 들여놓겠다고 하자 기존 업체들이 일제히 반발하고 나섰다.

정부는 삼성전자 설립을 반대하는 업계의 반발이 거세어지자, 설립 허가를 미루다 결국 조건부 허가를 내주었다. 생산 제품 전량을 해외로 수출해야 한다는 조건이었다. 삼성전자로선 후발 주자의 족쇄를 차고서 출발선상에 서야 했다.

삼성전자는 이처럼 힘겹게 첫발을 내디뎌야 했다. 생산 시설 또한 보잘것없었다. 바람만이 황량한 허허벌판에 퀸셋 가건물 4동과 식당, 500여 평 남짓한 단층짜리 공장이 고작이었다. 공장 주변은 온통 황무지인 데다 비포장도로였다.

무엇보다 전망을 낙관할 수 없었다. 전량 수출이라는 엄혹한 굴레를 과연 어떻게 헤쳐나가야 할지. 일본과의 합작 기술이라지만 텃세를 뚫고 과연 세계 기술의 장벽에 오를 수 있을 것인지. 어느 누구도 장담할 수 없는 암울하고 불안한 출발이었다. 1971년 정월, 삼성전자는 그렇게 탄생되었다.

삼성전자에 이어 1983년 이병철의 '동경선언'으로 처음 시작한 반도체 산업 또한 다르지 않았다. 무려 8년여 동안이나 분석하고 들여다본 치밀한 심사숙고 끝에 마침내 그가 입을 연, 삼성제국으로 가기 위한 미래 성장 동력이었다.

이처럼 황무지에서 처음 시작한 전자 산업과 반도체 산업도, 사우디아라비아 주베일 산업항과 1만 2,000km의 대양 수송도 오직 두 사람이었기에 가능했다는 평가다. '이유는 없다, 명령은 내가 한다'는 황제경영 곧 미는 경영(push strategy)과 '이유는 없다. 무조건 나를 따르라'는 정벌경영 곧 끄는 경영(lead strategy) 또한 다름 아닌 이병철과 정주영이었기에 가능한 창작 문법이다.

마이 시크릿
VS
정치권력

    흔히 돈과 권력은 불가분의 관계라고 말한다. 기업가는 정치권력에 너무 가까이해서도, 그렇다고 너무 멀리하여 자칫 눈밖에 벗어나 밉보여서도 안 된다는 얘기다. 구분(九分)은 모자라고 십분(十分)은 넘친다는 매우 알쏭달쏭한 백지장 한 장 차이랄 수 있다.

    이병철은 이 알쏭달쏭한 백지장 한 장 차이와는 나름 일정한 거리를 두고자 했던 것으로 보인다. 과거 권위주의 시대에 특혜를 받기 위해서, 혹은 기업을 지키거나 몸집을 키우기 위해서와 같은 이러저러한 이유로 정치권력에 줄을 대지 못해 안달하는 다른 기업들과는 달리 일체 그런 움직이라곤 보이지 않았다는 전언이다.

    이를 입증하듯 삼성가에서 아들과 딸, 사위 중에 그 흔한 국회의원 한 명쯤 나올 법도 한데 전혀 찾아볼 수 없다. 마음만 먹는다면 자금과 조직, 탄탄한 지역의 연고 등을 갖추고 있어 언제든지 금배지를 달 수 있었을 텐데도 말이다.

사실 이병철은 일찍이 정치권력에 발을 들여놓은 적이 있다. 선친과의 인연으로 이승만 정권으로부터 고향 의령에서 집권당의 출마를 권유받기까지 했다.

하지만 이병철은 정중히 사양한다. 정치권력에 일체 뜻이 없었던 그는 이승만의 요청에 못 이겨 당에 이름을 올려두는 선에 그쳤다.

그러나 이 한 번의 실수(?)로 훗날 그는 엄청난 곤욕을 치르게 된다. 자신은 물론 삼성제국의 운명마저 백척간두에 서게 되는 위기에 처한 것이다.

이른바 값비싼 경험을 하게 된 '시중은행 민영화' 사건(1957)이었다. 이승만 정권 때 부실 은행이었던 한일·상업·조흥은행을 떠안다시피 인수했다가, 4·19 혁명(1960)과 5·16 쿠데타(1961)를 연이어 거치면서 국민들의 기대심리에 부응하기 위한 부정 축재자 척결을 벌이는 과정에서 그를 희생양으로 지목하고 나섰다.

보다 상세히 얘기할 기회가 있겠지만, 이병철은 억울했지만 어쩔 도리가 없었다. 당시 그의 운명은 바람 앞에 선 등불이었다. 기업가는 정치와 직접 인연을 맺어서는 안 된다는 그의 '철벽의 금기'가 자리 잡게 되는 순간이기도 했다.

이 철벽의 금기를 따라가다 보면 그와 삼성이 왜 그토록 기술을 강조하게 되었는지 보다 명료해진다. 정치권력의 힘을 절대로 빌리지 않는다는 철벽의 금기를 맹세한 마당에, 이제 남은 길은 오직 경쟁에서 밀리지 않는 것뿐이었다. 끊임없이 기술 연마에 집중하는 마이 시크릿 외에 다른 길이 없었다.

따라서 누구보다 기술의 가치에 대해 일찍부터 눈을 뜰 수밖에 없었다. 특히 남들이 좀처럼 따라올 수 없는 첨단기술만이 생존의 길이라는 걸 자신은 물론 왕국 전체에 본능처럼 육화시켜 왔다. 그리하여 누구도 넘볼 수 없는 왕국, 곧 경소단박(輕小短薄)형의 작고 가벼운 첨단 제품으로 무장코자 한 것이다. 제국으로 나아가기 위한 1971년 삼성전자의 탄생 또한 그 같은 뿌리에서 시작되었음은 말할 나위가 없다.

그에 반해 정주영은 정치권력과 직접 맞섰다. 왕국의 승부수를 내던졌다. 한때 그는 자신의 모든 역량을 동원하여 정치정벌의 칼날을 높이 치켜든 적이 있다. 정벌 불패의 장수답게 그는 정치권력에 정면으로 맞선 도전장을 던지기도 했다.

촌놈은 그저 땅이 최고라는 농경사고적 신념에 따라 현대를 누구도 넘어뜨릴 수 없는 중후장대(重厚長大)한 왕국으로 키워냈음에도, 똘똘하다는 6남 정몽준을 수십 년째 국회에 앉혀놓았음에도, 못내 정지권력에 대한 억울함(?)이 가시지 않자 마침내 칠순의 나이도 훨씬 지나 정치권력을 직접 정벌하기로 나섰다. 1992년 통일국민당을 창당하여 31석의 의석을 가진 데 이어, 여세를 몰아 대통령 선거에 출마하기에 이르렀다.

"(전두환)5공화국 아래에서 힘들지 않은 기업이 또 없었겠지만, 아우 인영이가 옥고까지 치르면서 1전 한 푼도 건지지 못한 채 창원중공업을 강탈당했던 기막힌 사건은 지워지지가 않는다…."라는 게 그의 정치정벌 출사표였다. 비록 민자당의 김영삼과 민주당의 김대중에 이어 3위로 밀려나면서 대권의 꿈을 이루진 못했으나, 정치권력에 대한 그의 이율배반이 얼마만큼이나 컸는지 짐작이 간다.

이병철과 정주영의
재와 평의 사이

　사람이 모두 다 같다고 할 수 있을까? 사람의 재주나 역량이 모두 다 똑같다고 말할 수 있을 것인가? 동의할 사람은 없을 줄 안다. 사람은 결코 같을 수 없다는 데 딴죽을 걸 사람은 또 없을 것이다.
　여기 만개한 꽃다발이 있다고 하자. 얼핏 보면 꽃잎이 무더기로 피어 모두 다 같은 꽃잎으로 보일 수 있다. 하지만 조금만 주의 깊게 들여다보면 그렇지 않음을 알게 된다. 꽃다발에 피어 있는 수많은 꽃잎 가운데 어느 것 하나도 같은 꽃잎이란 찾아보기 쉽지 않다. 완전히 똑같은 꽃잎이란 있을 수 없다.
　하물며 복잡한 체계와 기능을 가진 사람이 어떻게 다 같을 수 있겠는가. 사람의 재주나 역량이 어떻게 다 평등하다고 말하겠는가.
　하기는 사람의 재주나 역량이 선천적으로 차이가 나지 않는다고 말하긴 어렵다. 갓 출생한 최초의 출발점에선 대개 엇비슷하더라도, 이후 각자 선천적으로 부여받은 재주나 역량을 스스로 키워나가게 되면서 분명 저마다의 능력에 차이가 드러나기 마련이다. 결과에 차이를 드러내는 이상 당연히 평등하다고 말할 순 없는 일이다.

경영칼럼리스트 김형곤은 저자의 오랜 친구다. EBS교육방송을 진행할 때 처음 만나 지금껏 교류해오고 있다.

그는 사람이 결코 평등할 수 없다고 단언한다. 사람이 평등하기 위해서는 각기 저마다 선천적으로 부여받은 재주나 역량에 관계없이, 더구나 첫 출발점 이후 스스로 키워온 능력을 부정할 때만이 가능할 뿐이라고 손사래 친다.

그러면서 사람은 결코 평등할 수 없다는 전제 아래 사람을 일곱 단계로 분류한다. 이른바 열(劣) → 우(愚) → 용(庸) → 평(平)→ 지(智) → 재(才) → 현(賢)이 그것이다.

여기서 열은 곧 능력에 미치지 못한 좀 '모자란 사람'을 일컫는다. 우는 곧 능력을 평가받기 어려운 '어리석은 사람'이다. 용은 곧 능력이 쓸 만한 정도이긴 하나 단순한 성과밖에는 기대할 수 없는 '대다수의 사람'을 일컫는다. 평은 곧 능력이 용보다는 한 단계 위의 수준인 사람을 일컫지만, 자신에게 주어진 미션 이상의 '세계를 갖지 못한 사람'이 여기에 해당된다. 지는 곧 능력이 평의 수준을 넘는 '지혜로운 사람'을 일컫는다. 재는 곧 능력에 '비상한 재주'가 있는 극소수의 사람을 일컫는다. 현은 곧 비상한 재주를 뛰어넘어 어질기까지 한 사람을 일컫는 수준으로 '역사에 남을 정도의 리더'쯤으로 보면 된다.

여기서 주목하는 부분은 단연 평(平) → 지(智) → 재(才)의 사이다. 우리의 관심사가 온통 집중되는 부분이기도 하지만, 무엇보다 이병철과 정주영을 설명하고 이해하기 위해서는 반드시 통과할 수밖에 없는 지점이기도 하다.

한데 평과 재 사이의 지는 일단 열외로 쳐도 좋다. 이 수준의 직업군을 보면 작가나 교수와 같은 사람이 될 수 있겠지만 남다른 깨달음이나 부단한 학습, 자기 단련쯤으로 가능한 세계로 보아 넘겨도 무방하기 때문이다.

다시 말해 평의 사람이라면 어떤 누구라도 남다른 깨달음이나 부단한 학습, 자기 단련에 따라선 다음 단계인 지의 수준에 이를 수 있다는 얘기가 된다. 그런 조건이 충족된다면 지의 단계를 건너뛰어 그 다음 재의 수준까지도 기대해볼 수 있다는 거다.

그럼 재의 수준이란 대체 어떤 걸까? '비상한 재주'란 과연 어떤 속살을 말하는 세계란 말인가?

우선 평은 곧 평면의 세계다. 설명이 가능한 세계를 뜻한다.

반면에 재는 입체의 세계다. 설명하기 어려운 세계를 뜻한다.

바꾸어 말해 평과 재의 사이는 설명이 가능한 부분과 설명하기 어려운 부분으로 나누어진다. 마치 고양이가 높은 데서 뛰어내리는 것과 같은 현상이다. 고양이는 다른 동물들과 달리 높은 데서 뛰어내려도 사뿐하다. 네 다리가 부러질 만도 하련만 멀쩡하다. 순전히 타고난 재 때문이다.

결국 세상의 모든 승부는 두 간극의 사이, 평과 재의 사이에서 엇갈린다. 평의 단계까지는 누구나 도달할 수 있으나, 지의 수준을 넘어 그 다음 수준인 재의 단계에 이르기 위해서는 반드시 어떤 전제가 따른다는 설명이 된다.

요컨대 평에서 재의 수준에 이르기 위해서는 반드시 지의 수준, 어떤 남다른 깨달음이나 부단한 학습, 자기 단련의 과정이 있어야만 가능하다. 그런 조건이 충족되어야 비로소 설명이 가능한 세계에서 설명하기 어려운 세계로까지 이를 수 있게 된다.

한데 이 같은 분류나 세계가 어찌 사람만이 해당된다 하겠는가. 사람들이 모여 있는 조직이나 기업이라고 해서 어디 크게 다르겠는가. 어떤 조직, 어떤 기업이라도 이 같은 일곱 단계의 분류에서 자유롭다 할 수 있겠는가. 아니 적어도 용 → 평 → 지 → 재에 이르는 네 단계쯤으로 분류가 가능할 수도 있잖겠는가.

짐작하였겠지만, 이병철과 정주영은 결코 평의 수준이 아니다. 두 사람은 마치 고양이가 높은 데서 뛰어내리는 것과 같은, 지를 넘는 재의 수준인 게 분명하다. 누구나 쉽사리 넘보기 어려운, 설명하기 쉽지 않은 입체의 세계임에 틀림없다.

단서는 두 사람의 도처에서 목격된다. 일찍이 1940년대 삼성과 현대가 이제 겨우 송사리였을 때, 중앙의 경성엔 이미 고래만 한 거대 자본과 경험을 축적한 기업들이 적지 않았다. 삼성과 현대가 이제 겨우 정미소와 쌀가게 간판을 내건 채 출발점에 섰을 때, 그들과 함께 어깨를 나란히 하며 출발선에 섰던 고만고만한 기업과 기업가들 또한 수두룩했던 게 사실이다.

그러나 어깨를 나란히 한 채 출발선에 섰던 그들의 존재는 지금 찾아보기 어렵다. 달빛에 젖고 햇볕에 바랜 시간 속에서 대부분 스러지고 말았거나, 설령 살아남았다 하더라도 존재감이 사라진 지 이미 오래다.

오직 삼성과 현대뿐이다. 이들의 조직, 문화, 경영, 성취만이 살아남아 우뚝 섰다.

요컨대 별다른 자본도, 경험도, 기술도 없이, 보잘것없는 평에서 출발했다 할지라도, 기어이 지를 뛰어넘어 재의 수준을 열어 보인 두 사람의 역량과 성취는 결코 가볍지 않다. 어떤 남다른 깨달음이나 부단한 학습, 자기 단련으로 다음 단계인 지의 수준을 넘어, 마침내 설명하기 어려운 입체의 세계 곧 '재의 확장'을 구축할 수 있었다.

그럼 평의 사람이 지를 넘어 재의 단계엔 결코 이를 수 없단 말인가? 아니다. 재는 곧 결정된 운명이 아니다. 만인의 가능성이다.

단지 평의 사람이 재의 사람으로 되고자 한다면 '5배의 노력'은 아끼지 않아야 한다. 그쯤은 되어야 평의 사람이 지를 넘어 재의 수준에 이를 수 있게 된다. 어떤 조직이나 기업 또한 결코 다를 게 없다.

그렇다면 이병철과 정주영의 '재(才)의 세계'는 어떤 풍경이었을까? 해답을 찾아가기 전에, 먼저 기업의 CEO는 과연 어떻게 정의할 수 있을지부터 궁금하다. 물론 그 정의는 여럿이다. 기업의 최고 경영자, 최고 책임자, 업무 1인자, 사장, 회장 등으로 불리고 있다. 또 누구나 그렇게 생각하고 있기 마련이다.

한데 이 같은 사전적 의미 말고 실존적 정의를 듣고 싶었다. 기업의 현장에선 과연 어떻게 생각을 하고 있는지 궁금했다.

그러던 중 우연한 기회에 현장의 대답을 접할 수 있게 되었다. CEO로 기업경영을 해오다 연로하여 일선에서 물러난 S그룹의 K고문이었다. 주저 없이 입을 연 그의 CEO에 대한 정의는 이랬다.

"기업의 CEO란 다른 게 아니다. 황금(money)이 되는 산업을 찾아내어 자기 기업에 효율적으로 접목시켜내는 자다."

어떤가? 동의할 수 있는가?

솔직히 예상치 못한 답변이었다. 하지만 점차 생각이 바뀌어갔다. 본질에 가깝다는 생각으로 기울어져갔다. 시간이 흐를수록 이보다 명쾌한 정의도 또 없다고 믿게 되었다. CEO에 대해 이보다 더 현실적인 정의는 없을 거라고.

무엇보다 이병철과 정주영을 떠올리면서 그랬던 것 같다. 두 사람을 돌이켜보며 그처럼 생각하게 되었다.

두 사람은 황금이 되는 산업을 찾아내어 자기 기업에 효율적으로 접목시켜 내는 데 탁월한 역량을 보여주었다. CEO로서 자신의 역할

이 어디에 있는지 누구보다 뚜렷하고 명확했다. 설명하기 어려운 입체의 세계, 곧 재의 수준을 펼쳐 보였던 것이다.

그러나 이 둘의 설명하기 어려운 입체의 세계는 또한 서로가 달랐다. 본질은 같되 전개 방식은 완전히 다른 세계였다. 이들이 보여준 재의 수준은 각기 '일등정신'과 '도전정신'으로 사뭇 다른 풍경으로 나타났다.

일제의 식민지배에서 벗어나 마침내 해방된 이듬해(1946), 정주영은 미군정에서 적산(敵産, 적이 남기고 간 재산)을 불하할 때 서울 초동 인근에 200여 평의 땅을 불하받을 수 있었다. 거기에다 '현대자동차공업사'라는 간판을 내걸었다. 그 이전에 자동차 수리 공장(아도서비스)을 운영했던 경험을 밑천 삼아 다시금 자동차 수리 공장을 시작한 것이다.

현대자동차공업사 초기 그는 미군의 병기창을 드나들며 엔진을 바꿔 단다든가 하는 작업을 청부받아 하고는 했다. 다시 이듬해부터는 낡아빠진 일제 고물차를 용도에 따라 개조하는 일까지 맡아 했다. 다행히 해방 이후 교통량이 급증하면서 그의 현대자동차공업사도 매일 번창해나갔다.

그처럼 자동차 수리의 일거리를 찾아 관청이며, 미군부대를 부지런히 쫓아다닐 즈음이었다. 그날은 견적을 넣고 수금을 하던 날이었다. 곁에서 건설업자들이 공사비를 결산받는 걸 보고 깜짝 놀랐다. 자동차 수리를 힘겹게 해낸 뒤 받아가는 자신의 수금액이 한 번에 고작 30~40만 원인 데 반해 건설업자들은 1,000만 원씩이나 받는 것이다.

정신이 번쩍 들었다. 일하는 업종이 좀 다를 뿐 땀 흘리는 노력은 같은데 기왕이면 자신도 좀 큰돈을 받아가는 일을 해야겠다는 생각이 순간 들었다.

한데 주위의 반대가 심했다. 자본도 경험도 쥐뿔이라곤 없으면서 건설업이라는 알지도 못하는 낯선 업종에 뛰어드는 건 무모한 짓이라며, 그냥 자동차 수리 공장이나 열심히 하라고들 손사래 쳤다.

정주영은 아랑곳하지 않았다. 주위의 반대에도 현대자동차공업사 건물 한켠에 '현대토건사'라는 간판 하나를 더 달았다. 훗날 현대자동차와 함께 현대왕국의 모태가 되는 현대건설이 탄생되는 순간이었다.

CEO로서 자신의 목적이 어디에 있는가를 여실히 보여준 에피소드였다. 설명하기 어려운 입체의 세계, 곧 정주영의 '도전정신'이 보여준 재의 수준이었다.

이병철의 '일등정신' 또한 사업 초기부터 과감히 드러난다. 갓 마흔 살이 되던 해에 6·25 전쟁(1950)으로 말미암아 그간 쌓아온 모든 것을 잃고 속절없이 피난길에 올랐지만 그는 피난지인 부산에서 가까스로 재기에 성공한다.

재기에 성공하면서 한 가지 결단을 내린다. 전쟁이 채 끝나기 전의 어수선한 사회 분위기 속인데도 제조업에 투신하기로 결의를 굳힌다. 당연히 임직원들은 만류하고 나섰다. 관계 당국의 의견 또한 부정적이었다.

하지만 제조업에 대한 그의 결의는 확고했다. 어떤 제조업을 어떻게 할 것인가만 남겨두었을 따름이다.

그렇게 탄생한 것이 1953년 설립된 제일제당이다. 제조업에 투신하더라도 그중 제일이 되겠다는 의지를 처음부터 밝히고 나선 셈이다.

제일제당은 8·15 해방 이후 건설된 국내 최초의 현대식 대규모 플랜트를 갖추어 설립했다. 삼성이 근대적 면모에서 벗어나 현대적 생산자로서의 면모를 구축한 첫 걸음인 동시에, 마침내 상업자본에서 탈피하여 산업자본으로 전환한 최초의 선구자본이랄 수 있었다.

그러나 뭐니 해도 그의 일등정신을 유감없이 보여준 사례는 한국비료를 설립할 때였다고 할 수 있다. 뒤에 보다 자세히 살펴볼 기회가 있겠지만, 건설비만도 4,600만 달러가 소요되는 당시 세계 최대 규모였다. 당시 100달러가 현재 가치 약 5억 원가량으로 환산된다는 점을 감안하면 실로 엄청난 규모가 아닐 수 없었다. 다음은 이병철의 증언이다.

"한국비료 울산공장을 완성하는 데 10년 가까운 세월이 걸렸다. …증가 일로인 국내 비료 수요를 충족시키기 위해서는 세계 굴지의 최신식 대규모 공장을 건설해야 하며, 그 규모는 연산 30만 톤 정도는 되어야 한다. 이 규모라면 장차 수출할 경우에도 국제 경쟁력을 가질 수 있다…."

반응이 분분했다. 상업자본에서 이제 갓 산업자본으로 전환하기 시작한, 그것도 달랑 제일제당과 제일모직을 계열사로 거느리고 있을 뿐인 그가 언감생심 누구도 꿈꾸지 못한 세계 최대 규모의 비료공장을 덜컥 건설하겠다고 통 크게 나섰으니 말이다.

어떤가? 황금이 되는 산업을 찾아내어 자기 기업에 효율적으로 접목시켰는가? CEO로서 자신의 목적이 어디에 있는지 누구보다 뚜렷하고 확고했는가? 설명하기 어려운 입체의 세계, 곧 재의 수준을 펼쳐 보였는가?

결국 이병철과 정주영의 재(才)란 다른 게 아니었다. 단언컨대 '일등정신'과 '도전정신'이었을 따름이다. 설령 자신이 평의 수준에 머물러 있었다 할지라도 일등정신에서 혹은 도전정신에서 '5배의 노력'을 아끼지 않겠다는 남다른 자세, 깨달음, 결기 같은 것이 있었기에 설명하기 어려운 입체의 세계, 곧 그 같은 재의 수준을 펼쳐 보일 수가 있었던 것이다.

생각그물로 '2인 비교 스토리' 간추려보기

이병철	정주영
부잣집 도련님으로 태어났다.	가난한 농부의 아들로 태어났다.
유학자였던 조부로부터 5살 때부터 한학(漢學)을 배우며 자랐다.	새벽부터 농사일로 분주한 아버지의 얼리버드(early bird)를 일찍부터 보고 자랐다.
어린 시절 부모와 떨어져 지내면서 조용한 외톨이로 자랐다.	어린 시절 대가족과 함께 왁자지껄하게 자랐다.
말수가 적고 차분하고 조용한 성격이었다.	급한 성격 때문에 왼발 오른발 신발을 밤낮 바꿔 신을 정도였다.
곡선.	직선.
복잡.	단순.
내적 지향.	외적 지향.
예민함.	우직함.
섬세함.	대범함.
간결한 말씨.	구수한 말솜씨.
얼음같이 차가운 물.	타오르는 불.
신중한 수렴형.	거침없는 발산형.
강렬한 개성과 냉혹한 성격.	두둑한 배짱과 불같은 열정.
지적이고 품위 있는 모습.	헐렁하고 수줍은 인상.
길을 확실히 알고 난 뒤 걸었다.	길을 부지런히 서둘러 걸었다.
부친으로부터 물려받은 토지 대금(현재 가치 약 10억 원)을 종잣돈 삼아 역사의 시작 앞에 서다.	무일푼의 맨손으로 역사의 시작 앞에 서다.

생각의 힘.	끈기의 힘.
입체적.	평면적.
부단한 학습.	자기 단련.
선택과 집중.	극성과 뚝심.
방법.	목적.
재치.	끈기.
직관의 중시.	경험의 중시.
사고의 우선.	행동의 우선.
사람에 대한 끊임없는 탐구.	끝까지 노력하는 사람.
'신중한 겁쟁이야말로 숲속의 진정한 사냥꾼이다'는 여우형 리더.	'용기 있는 자가 숲속의 진정한 사냥꾼이다'는 고슴도치형 리더.
이성의 지배가 우세한 좌뇌(左腦)형의 아폴론적(靜的)인 인간형.	감정의 지배가 우세한 우뇌(右腦)형의 디오니소스적(動的)인 인간형.
'이유는 없다. 명령은 내가 한다'는 황제경영.	'이유는 없다. 무조건 나를 따르라'는 정벌경영.
일등정신.	도전정신.
미는(push strategy)경영.	끄는(lead strategy)경영.
경소단박(輕小短薄)형의 가볍고 작은 것을 잘 만든다.	중후장대(重厚長大)형의 무겁고 큰 것을 잘 만든다.
협동정미소에서 반도체까지.	쌀가게 경일상회에서 자동차까지.
삼성(SAMSUNG).	현대(HYUNDAI).
자신의 호 호암(湖巖)과 같이 곧 호숫가에서 끊임없이 생각하고 고뇌하는 바위와도 같은 생애.	자신의 호 아산(峨山)과 같이 곧 높이 솟은 우람한 산과 같은 생애.

자본도 경험도 없이 역사 앞에 서다
첫 시련 속에 힐끗 엿본 가능성
대륙 기차여행 VS 운명처럼 만난 자동차
삼성물산공사 VS 현대토건사
전쟁의 혼란 속에 달빛을 밟다
한겨울의 '푸른 잔디' VS '20배 성장'
길이 끝난 곳에서 새 길을 열다

제2부

삼성이 되다, 현대가 되다

자본도 경험도 없이 역사 앞에 서다

　어떤 누구의 역사도 첫 시작은 결코 장대하지 않았다. 다수에 의해 만들어지고 또 다져지는 것이라고 한다지만, 그 시작점은 으레 바람에 떨어진 겨자씨 한 알처럼 아주 작고 소박한 것으로부터 비롯되기 마련이다. 바람에 떨어진 겨자씨 한 알에서 싹이 움트고 대지를 뚫고 일어서, 마침내 수목으로 자랐다. 그리고 그 수목이 비로소 거대한 숲을 이뤄나간 것이다.

　이병철과 정주영 또한 다르지 않았다. 비록 첫 시작은 보잘것없는 한 알의 겨자씨에 불과했더라도 이들은 결코 주눅 들지 않았다. 지금으로부터 백여 년 전 바람에 떨어진 겨자씨 한 알이 대지 위에 뿌려졌고, 싹이 움터 올라 대지를 뚫고 일어서 수목으로 자랐다. 마침내 지금의 삼성과 현대라는 거대한 숲을 이뤘다.

정주영은 24세 때 '경일(京一)상회'로 역사의 시작 앞에 섰다. 보잘것없는 쌀가게라는 겨자씨를 대지 위에 내던졌다.

이병철은 형편이 좀 나았다. 26세 때 지인 세 사람과 자본을 합자해서 마산이라는 지방에 설립한 '협동(協同)정미소'로 역사의 시작 앞에 섰다. 변변찮은 정미소라는 겨자씨를 대지 위에 내던진 것이다.

이처럼 이병철과 정주영은 무슨 큰 자본을 가지고서 역사의 시작 앞에 섰던 게 아니다. 별다른 기술이나 남다른 경험이 있었던 것도 아니다. 인맥이나 학맥이 따로 있을 리 만무했다. 미래는 소심하게 머뭇거리는 자의 것이 아니라 용기 있게 일어서는 자의 것이라는 신념 하나만으로, 아직 가보지 않은 세상의 바다에 자신을 내던진 셈이었다.

물론 이들의 시작이 지금의 환경과 같은 조건이라고 말할 순 없다. 그동안 비교도 할 수 없을 만큼 환경이 크게 달라졌다는 지적을 피하긴 어렵다.

하지만 이런 지적에 이병철과 정주영이 선뜻 동의하리라고 보는가? 분명 두 사람은 그때나 지금이나 여건이 어렵긴 마찬가지였을 거라고 손사래 칠 게 틀림없다. 굳이 다른 게 있다면 경일상회에는 정주영, 협동정미소에는 이병철이라는 일찍이 볼 수 없었던 사업 창작의 리더가 실존했다는 점이 아닐까?

그렇더라도 망설일 필요가 또 무엇이겠는가. 이들의 사업 창작은 그저 먼발치에서만 바라보아야 한다거나, 범접하기 어려운 금단의 역사가 결코 아니기 때문이다. 이들 또한 바람에 떨어진 겨자씨 한 알과 같은 아주 작고 소박한 첫 시작에서부터 싹을 틔워내고, 대지를 뚫고 일어서, 수목으로 자라나 마침내 지금의 '100년 경영'에 이르렀다는 점이다. 요컨대 어떤 누구라도 그 같은 사업 창작의 지평을 열어갈 수 있다는 실존의 사실이다.

우선 찢어지게 가난하고 적막하기만 한 고향은 정주영에게 반드시 떠나야 마땅할 땅이었다. 앞서 살펴본 것처럼 그는 모두 4번의 가출을 시도한 끝에 마침내 고향땅을 떠나 서울 생활을 시작할 수 있게 되었다.

그러나 무슨 연고가 있을 리 만무했다. 의지할 데라곤 없는 서울 생활은 순탄치 못했다. 인천 개항장 부두와 안암동 고려대학교 신축 캠퍼스 공사장에서의 막노동, 용산역 근처에 자리한 풍전 엿공장에서의 직공 등으로 2년여를 전전한 끝에, 신당동에 자리한 쌀가게 복흥상회의 쌀 배달원으로 취직이 되면서 그나마 안착케 되었다. 19살 때였다.

그랬던 정주영이 4년여가 지났을 땐 경일상회(京一商會)라는 쌀가게 주인이 되어 있었다. 이런저런 밑바닥 생활을 전전하다 복흥상회의 쌀 배달원으로 취직했던 그가, 결국 그 가게를 물려받아 경일상회로 가게 이름을 바꾼 것이다.

물론 그가 쌀가게 주인으로부터 쌀가게를 물려받을 수 있었던 건 오로지 '끝까지 최선을 다하는' 성실함 때문이었다. 비록 남의 집 배달원에 불과하고 가진 것은 불알 두 쪽뿐이었지만, 매일 새벽이면 누구보다 일찍 일어났다. 쌀가게 앞을 깨끗이 쓸고 먼지가 일지 않도록 물까지 뿌려놓는가 하면, 몸을 사리지 않고 열심히 배달했다. 그러면서 부지런히 쌀의 되질과 말질 또한 배워나갔다.

게으른 난봉꾼 외아들 때문에 골머리를 썩던 쌀가게 주인은 그런 정주영을 기특해 하고 좋아했다. 돈은 좀 있어도 배운 게 없어 거래 장부조차 제대로 작성할 줄 모르는 쌀가게 주인을 대신해서, 그는 쌀가게 배달원 생활 반년 만에 거래 장부까지 맡아 할 정도로 신임을 얻었다.

정주영은 장부 정리를 맡은 이후부터 뒤죽박죽 수년째 어지럽게 뒤섞여 있어 엄두조차 나지 않던 창고마저 말끔히 정리 정돈했다. 쌀은 쌀대로 10가마씩 한군데로 모아 줄을 지어 쌓고, 잡곡은 잡곡대로 정리해 따로 쌓아두어, 한눈에 창고의 재고를 파악할 수 있도록 해놓았다. 소 판 돈 70원을 훔쳐 들고 세 번째 가출하여 서울에서 두 달여 다니다 만 부기학원에서 배운 공부를 요긴하게 써먹었다. 쌀가게 주인의 입이 떡 벌어졌음은 물론이다.

그렇게 4년여가 후딱 지나갔다. 쌀가게 주인으로부터 '복흥상회'를 인수할 의향이 없느냐는 전혀 뜻밖의 제의를 받았다. 경성바닥이 비좁다며 만주까지 들락거리며 가산을 탕진하는 아들 때문에 울화가 든 주인이 그만 의욕을 잃어 쌀가게를 내놓고 싶다고 했다.

정주영은 졸지에 쌀가게를 물려받았다. 단골을 그대로 물려받고, 쌀은 월말 계산으로 얼마든지 대준다는 정미소의 공급을 약속받은 뒤, 사글세로 쌀가게를 인수했다. 그의 나이 23세, 일제의 식민지배에 모두가 숨 막혀 하던 1938년 섣달이었다. 고향을 떠난 지 4년여 만에 마침내 '현대 100년 경영'을 위한 역사의 시작 앞에 서게 된 것이다.

한편, 일본 와세다대학을 중퇴하고 돌아온 이병철은 잠정적이고 불안정하기만 했다. 그때 벌써 20대 중반이었는데, 당시 조혼 풍습에 따라 이미 19세에 결혼한 그는 세 아이의 아빠였다. 언제까지나 골패 노름에나 빠져 소일할 순 없는 노릇이었다. 당장 무엇인가 하지 않으면 안 될 절박한 심정이었다.

조심성 많고 신중한 이병철은 고민한다. 자신이 선택할 길을 두고 연일 숙고에 들어갔다.

그렇잖아도 일본 유학 시절 도쿄로 오가는 오사카의 철로 연변에 즐비하게 늘어선 거대한 공업단지를 목격하면서 부국의 힘을 절감한 그였다. 와세다대학 정치경제학과에 입학할 무렵부터 장차 기업가가 되어 '부강한 조국'을 꿈꾼 적이 없지 않은 터였다. 결국 사업의 길이 자신의 성격에도 맞다고 판단하여 사업에 뛰어들기로 결심하기에 이른다.

결심을 굳힌 이병철은 부친에게 자신의 뜻을 밝혔다. 부친도 '스스로 납득이 가는 길이라면 결단을 내리는 것도 좋다'며 흔쾌히 막내아들의 몫인 600석 지기의 토지(현재 가치 약 10억 원)를 물려주었다.

자본을 수중에 쥔 그는, 사전 시장조사에 벌써 마음이 부풀었다. 마음 같아서는 서울을 사업의 근거지로 하면, 업종 선택의 폭이 넓고 친구들도 있어 손 쉬울 것 같았다. 하지만 처음부터 그렇게 하기에는 아무래도 손에 쥔 자금이 부족한 것 같았다. 대구나 부산, 평양과 같은 대도시는 어떨까 하고 알아보았지만, 그곳 역시 이미 큰 상권은 일본인들이 독점한 터였다. 자신의 자금력으로는 끼어들 여지가 없어 보였다. 이런저런 이유로 끝내 고향과도 가까운 마산(지금의 창원)

을 우선 후보지로 골랐다.

당시 마산은 물이 맑고 기후가 온화한 아담한 지방의 항구도시였다. 경남 지역 농산물의 집산지로 그곳에 모인 쌀이 연간 수백만 석에 이르렀다. 대부분 도정을 한 다음 일본으로 수출되었다. 반면에 만주로부터 대두나 고량(高粱) 등이 유입되어 물자와 돈의 흐름도 제법 컸다.

한데 연간 수백만 석에 이르는 쌀이 모여드는데도 도정 능력이 모자란다는 사실에 주목했다. 마산 시내 일본인들이 경영하는 정미소는 제법 큼직큼직한 규모였으나, 조선인들의 정미소는 보잘것없었다. 결국 하주(荷主)는 도정료를 선급하고도 한동안 차례를 기다리는 것이 예사였고, 정미소의 공터에는 어딜 가나 도정을 기다리는 볏단이 산더미같이 쌓여 있기 일쑤였다.

'그래, 바로 이거다! 정미사업이다….'

이병철은 주먹을 불끈 쥐었다. 조심성 많고 신중한 성격과는 다르게 남달리 통이 컸던 그는, 마산에서 제일 큰 규모로 한다면 일본 자본과 맞붙어도 경쟁력을 가질 수 있겠다고 확신했다.

하지만 부친으로부터 물려받은 토지 자금만으로는 턱없이 부족했다. 그러기 위해선 자본을 좀 더 키워야만 했다.

그는 지인 두 명을 만나 공동사업을 제의했다. 두 사람도 때마침 무엇인가 해볼 생각이어서 곧바로 의기투합했다. 세 사람은 각기 1만 원(현재 가치 약 10억 원)씩 선뜻 투자하기로 했다.

물론 당시만 해도 자본주의 역사가 일천했던 시기라 3자 동업이란 내부적으로 상당한 어려움을 안고 있었다. 상법이나 자본 참여 규모에 따른 발언권(결정권)이 존중되기보다는 나이, 인정, 의리 따위에 무게가 더 실리는 상계의 분위기였다.

그걸 알면서도 굳이 동업을 택했던 이유는 정작 딴 데 있었다. '조선 사람은 단결심이 없다. 그러므로 공동사업 같은 것은 바랄 수 없다'고 비아냥거리는 일본인들의 고정관념을 보기 좋게 깨주고 싶었다. 일본인들에게 조선 사람도 동업이 가능하다는 사실을 일러주고 싶었던 것이다.

마침내 일제 식민지배를 받던 1936년 봄, 북마산에 부지를 마련하고 설비를 들여왔다. 셋이 자본을 댄 공동사업인 만큼 '협동(協同)정미소'라는 상호의 간판을 내걸었다. 그의 나이 26세 되던 해였다. '삼성 100년 경영'을 위한 역사의 시작 앞에 서게 된 것이다.

첫 시련 속에
힐끗 엿본 가능성

　송나라 때 장괴애(張乖崖)라는 이가 늘그막에 한가로움을 이렇게 시로 읊었다.

　"홀로 태평하여 일 없음을 한탄하니. 강남땅에서 한가한 늙은 한량이로다."

　그걸 보고 소초재(蕭楚梓)라는 이가 못마땅한 기색을 짓더니. 앞 구의 '한탄(恨)'을 '행복(幸)'으로 고쳤다. 그런 뒤 입을 열었다.

　"지금 나라가 태평하고 그대의 공명이 높고 무겁거늘, 홀로 한가함을 한탄스러워 한다니. 어디 될 말이오?"

　글자 한 자만 '행' 자로 고쳐도 '홀로 태평하여 일 없음을 기뻐하노라'라는 뜻이 되었다. 장괴애는 진땀을 흘리며 사과했다.

　이처럼 한 글자를 고쳐 시의 차원을 현격하게 높여주는 걸 흔히

'일자사(一字師)'라 일컫는다. 이 같은 일자사에 청나라 때 원매가 한마디 덧붙인다.

"시는 한 글자만 고쳐도 하늘과 땅의 차이만큼이나 판이해진다. 겪어본 이가 아니라면 알 수 없는 세계다."

그러나 글자가 차이를 만들어내는 게 어디 시의 세계뿐이겠는가. 세상의 일 또한 글자 몇 자 때문에 뒤집히고 용솟음쳐 한바탕 울고 웃는 기막힌 순간이 얼마이던가.

이병철의 협동정미소 또한 이와 별반 다르지 않았다. 그의 첫 사업은 단지 글자 몇 자 때문에 성공하지 못한다.

물론 처음에는 경험 부족에서 오는 손실 문제부터 해결해야 했다. 젊은 의욕만을 앞세워 시작한 정미소는 생각만큼 경영 성과가 나지 않았다. 첫해에 이미 자본금의 3분의 2를 잠식당할 만큼 엄청난 적자를 면치 못했다.

실패의 원인 분석에 들어갔다. 미곡의 가격 변동을 잘못 예측했기 때문이었다. 그저 들리는 풍문에 따라 쌀값이 오를 때 사들이고, 내릴 때 판 때문이라는 사실을 뒤늦게야 알게 되었다.

하지만 딱히 미곡의 가격 변동을 잘못 예측했다거나, 경영이 미숙했다는 점만도 아니었다. 그보다는 동업자 상호 간에 표출된 의견 대립이 상당한 원인으로 작용했음을 부인할 수 없었다.

결국 동업 1년 만에 한 사람의 동업자가 떨어져 나갔다. 그때부터 정미소는 2인 체제로 전환되고, 이병철이 경영을 주도하고 나섰다.

아무렇든 첫해의 실패를 거울 삼아 미곡의 가격 변동에 따른 전략을 새로이 짰다. 첫해와는 정반대 전략이었다. 쌀값이 오를 때 쌀을 팔고, 내릴 때 쌀을 사들이는 방식으로 전략을 전환했다.

아울러 50여 명에 달하는 정미소 종업원들의 관리 문제도 새로이 해야만 했다. 질서 없이 일한다는 사실이 현안으로 떠올랐다.

따라서 입출 전표를 쓰는 사람은 오직 입출 전표 업무만을 맡도록 전담시켰다. 저울, 하역, 포장과 같은 업무 또한 각기 책임 영역을 정하는 등 작업 현장에 책임제와 같은 분업의 원리를 도입하여 경영을 일신시켰다.

성과가 이내 눈에 비쳤다. 우왕좌왕하던 현장은 점차 물이 흐르듯 돌아갔다. 이듬해부터 단숨에 흑자경영으로 돌아섰다.

이병철은 자신감을 얻었다. 때마침 일본인이 경영하던 운송회사가 매물로 나오자 두말 않고 사들였다. 트럭 10대를 보유하고 있던 마산 '일출자동차회사'를 인수한 데 이어, 다시금 새 트럭 10대를 더해 모두 20대의 트럭을 가진 운송회사를 경영하게 되었다. 당시 트럭 1대 값이 요즘으로 치면 비행기 1대 값과 맞먹는 것이어서 그의 야망이 얼마나 통 큰 것이었음을 짐작케 한다.

조심성이 많은 신중한 성격과 함께 유달리 스케일이 크다는 양면성을 지닌 이병철이, 이번에는 토지 사업에 눈을 돌린다. 쌀의 도정에서 시작하여 쌀을 실어 나르는 운송회사에 이은 세 번째 사업이었다.

1930년대 후반 경남 일대의 논 한 평은 25전, 한 마지기(약 200평)가 50원(현재 가치 약 500만 원) 정도였다. 한데 논 한 마지기를 소작으로 주면, 소작료로 벼 한 섬 값인 15원(현재 가치 약 150만 원)이 들어왔다. 당시 은행 금리는 연 7부여서, 50원에 대한 연간 금리가 3원 50전(현재 가치 약 35만 원)이었다.

그는 수치 감각을 동원했다. 은행 대출로 논 한 마지기를 사서 소작 주었을 때를 가정한 대차대조표를 그려보았다.

소작료 수입은 앞서 말한 15원이었다. 이 가운데 은행 이자로 3원 50전, 세금 1원, 관리비 50전을 제외하고도 논 한 마지기 당 10원(현재 가치 약 100만 원)의 순익이 남았다.

그는 당장 식산은행 마산지점에서 융자를 받았다. 융자받은 자금으로 인근 토지를 사들이기 시작했다. 자기 자본 한 푼 없이 순전히 은행 대출을 이용해서 1년여 만에 김해평야의 200만 평이나 되는 광활한 땅을 소유한 대지주가 될 수 있었다. 그리고 가을 추수가 끝나자 소작료도 한꺼번에 쏟아져 들어와 자금 사정은 더욱 좋아졌다. 대성공이었다. 이때가 정주영이 성실성을 인정받아 쌀가게를 막 물려받았을 즈음이다.

그러나 순풍에 돛 단 것마냥 순항하던 그의 사업이 뜻하지 않게 역사라는 암초에 걸려 멈추고 말았다. 김해평야의 광활한 토지 사업이 그만 글자 몇 자 때문에 실패작으로 끝난다. 보다 멀찍이 껍질 바깥의 세상까지도 미처 다 헤아리지 못한 게 원인이었다.

사태의 발단은 전혀 엉뚱한 데서 터졌다. 김해평야에선 도저히 상상조차 할 수 없는 수천 km 떨어진 먼 만주 땅에서, '루거우차오(蘆溝橋) 사건'을 시작으로 중국과 일본 사이에 이른바 중일전쟁(1937)이 발발했다. 전쟁이 나자 조선총독부는 즉각 전시체제령을 내렸다. 은행들이 돌연 대출을 중단하고 대출금 회수에 들어갔다.

은행의 설명은 간단했다. 중일전쟁 때문이라고 했다. 다른 이유가 있을 수 없었다.

은행의 요구에 속절없이 따라야 했다. 200만 평에 달하는 광활한 토지는 시가보다 싼 헐값에 팔 수밖에 없었다. 정미소와 운송회사까지 남의 손에 넘겨주고 나서야 부채를 청산할 수 있었다. 수중에 남은 거라곤 미처 팔리지 않은 토지 10여만 평과 함께 현금 2만 원(현재 가치 약 20억 원)이 전부였다. 일장춘몽이 따로 없었다.

한순간의 막대한 성공과 허무한 좌절을 동시에 겪게 되면서, 그렇잖아도 조심성이 많은 신중한 그의 성격은 더 깊고 더욱 견고해져 갔다. 비로소 사업 창작의 어려움을 깨닫게 되었다고 고백한다. 이후 그는 자신이 벌여나가는 사업에 이때의 경험이 적잖은 영향을 끼쳤음을 자신의 『호암자전』에서 이렇게 실토하고 있다.

"사업은 반드시 시기와 정세를 맞춰야 한다. 이것부터 우선 인식할 일이다. 사업을 벌일 때는 국내외 정세 변동을 정확하게 통찰해야 하며, 과욕을 버리고 자기 능력과 한계를 냉철하게 판단해야 한다. 투기는 절대 피해야 하며, 직관력의 연마를 중시하는 한편 항상 제2, 제3의 대비책을 강구하여 실패라고 판단이 서면 깨끗이 청산하고 다른 길을 택해야 한다는 걸 절감했다…."

뼈아픈 실패의 반성 속에 얻은 건 또 있었다. 새로운 가능성을 발견한 것이다. 또한 그 같은 가능성의 발견으로 말미암아 젊은 이병철은 비로소 자신의 사업 창작에 대한 자신감을 아울러 갖게 된다. '내 방식대로 하니까 할 수 있더라'는 거였다.

예컨대 자본 잠식에 빠진 정미소를 자신이 경영을 주도하게 되면서 흑자로 전환시킨 거랄지, 전쟁이라는 전혀 뜻하지 않은 변수로 말미암아 은행에서 돌연 대출금을 회수하는 바람에 공염불이 되고 말앉지만 자기 자본 없이도 은행 대출로 광활한 토지를 소유할 수 있었던 경험이 그것이다.

다시 말해 거듭되는 실패를 통해서 사업 창작의 어려움을 깨닫게 되고, 그 같은 깨달음 속에서 자기만의 어떤 신념이랄까, 자신만의 철학이 확실히 자리 잡게 되었다는 점이다. 어느 사이엔가 자신만의 새로운 경영력, 자신이 경영을 주도하는 '황제경영'이 신앙처럼 뿌리내리기 시작한 것이다.

또 그처럼 '내 방식대로 하니까 할 수 있더라'는 황제경영이 시작되면서, 예의 자신만의 강렬한 개성과 냉혹한 성격이 점차 맨 앞으로 나오게 되었거나 보다 강화되었을 것으로 보인다. 그리고 사업 창작의 에토스가 이후 이병철의 숨은 문법으로 구축되었을 것으로 비춰진다.

정주영 역시 자신의 첫 사업인 쌀가게 경일상회에 모든 걸 쏟아 부었다. '끝까지 최선의 노력을 다하는' 자신만의 자세로 임했다.

고향에서 사촌동생을 불러들여 쌀 배달을 하면서도, 이미 확보되어 있는 단골 말고도 더 큰 고객을 만들기 위해 부지런히 새 거래처를 찾아다녔다. 덕분에 대량으로 공급할 수 있는 배화여고와 서울여상 기숙사까지 단골로 만들어나가면서 쌀가게는 날로 번창일로였다.

하지만 첫 사업은 정주영에게도 예외가 아니었다. 단지 글자 몇 자 때문에 하늘과 땅 차이가 생겨나는 역사의 비운에 휩싸이고 만다. 자신의 의지와 아무런 상관도 없는 '중일전쟁'이 발발하면서, 정주영 역시 조선총독부의 전시체제령에 속절없이 따라야 했다. 미곡 통제와 더불어 쌀 배급제가 전면 실시되고 전국의 쌀가게가 일제히 문을 닫아야 했다. 경일상회를 시작한 지 불과 2년여 만이었다.

그도 어쩔 수 없이 경일상회를 정리할 수밖에 없었다. 얼마 되진 않아도 힘들게 번 돈을 챙겨 그만 고향집으로 돌아갔다. 부모님께 논 10마지기 2,000평을 사드렸다. 촌놈에겐 그저 땅이 최고였다.

여기까지만 놓고 본다면 그래도 실패는 아니었다. 일제의 의해 도중에 강제로 쌀가게를 정리당했지만 정주영 또한 자신의 가능성을 발견할 수 있었다. 자신의 방식이 통할 수 있다는 자신감을 갖게 된 것이다.

요컨대 자신만의 어떤 신념이랄까? 예의 '내 방식대로 하니까 할 수 있을 것 같다'는 자신만의 철학이 확실히 자리 잡게 되었다는 점이다. 아주 작은 확신이라도 보이기만 한다면 앞뒤 가릴 것 없이 끝까지 최선의 노력을 다하는 자신만의 새로운 경영력으로, 자신의 영토를 얻을 수 있다는 '정벌경영'이 신앙처럼 뿌리내리기 시작한 것이다.

또 그처럼 '내 방식대로 하니까 할 수 있을 것 같다'는 정벌경영이 시작되면서, 예의 자신만의 불같은 열정이 점차 맨 앞으로 나오게 되었거나 보다 강화되었을 것으로 보인다. 그리고 사업 창작의 에토스가 이후 정주영의 숨은 문법으로 구축되었을 것으로 비춰진다.

대륙 기차여행
VS
운명처럼 만난 자동차

　마산에서 한순간의 막대한 성공과 허무한 좌절을 동시에 겪은 이병철은 실의에 젖을 수밖에 없었다. 아직 30세가 채 안 된 젊은 가슴 속엔 만감이 교차했다. 하지만 그대로 물러서기에는 너무도 젊은 청춘이었다. 더구나 실패를 통해서 경영의 어려움을 새삼 깨닫게 되었다지만, 또 그런 깨달음 속에서 어떤 가능성을 힐끗 엿보았던 것도 사실이다.

　오래지 않아 그는 신발 끈을 고쳐 맸다. 새 출발을 다짐하는 대륙으로의 기차여행길에 올랐다. 부산역을 출발해서 서울, 원산, 흥남, 평양, 신의주 등 여러 도시를 두루 돌아다녔다. 내친김에 대륙으로 향했다. 만주의 창춘, 펑톈 등 여러 도시를 거쳐 중국의 베이징, 칭다오, 상하이까지 내달리는 머나먼 대륙 기차여행을 돌았다.

이병철의 기차여행 목적은 분명했다. 새로운 사업을 찾기 위함이었다. 대구에 새로이 간판을 내걸 삼성상회에서 과연 어떤 사업을 벌일 것인가를 탐색하는 데 있었다.

그렇게 떠난 대륙으로의 기차여행은 미처 생각지 못한 또 다른 신세계였다. 일제의 마수는 벌써 대륙 깊숙이 뻗쳐 있었고, 크다는 상권은 이미 일본의 거대 자본이 대부분 장악한 뒤였다.

그렇더라도 기차여행에서 마주한 대륙의 풍경은 미처 생각지 못한 신세계였다. 무엇보다 눈길을 사로잡았던 건 상거래의 규모가 우리하곤 비교가 되지 않을 만큼 엄청나게 크다는 점이었다.

일례로 마산에서의 경험을 상기해볼 때 거래 액수가 꽤 크다는 어음이 20만 원(현재 가치 약 200억 원)을 넘지 못했다. 한데 대륙에서는 300~400만 원의 어음이 예사로이 오가고 있음을 목격하고 놀라지 않을 수 없었다.

겉으로 보기에는 규모가 별 대수롭지 않아 보이는 중국의 허름한 상점마다저도 우리와는 비교가 되지 않았다. 상점의 안쪽에는 하루에도 트럭이 수십 대씩 드나드는 커다란 창고가 몇 개씩이나 서 있고, 쌓아둔 상품 또한 산더미 같았다.

갖가지 농산물에서부터 공업용 원자재며 식품, 의류 등 상품의 종류도 헤아리기 어려울 정도였다. 그 가운데 어느 한 품목을 가지고 우리와 무역을 한다 하더라도 도저히 감당할 수 없을 것만 같았다.

결국 기나긴 탐색여행 끝에 마침내 단안을 내렸다. 청과물을 비롯해서 건어물과 잡화 등의 무역이 상대적으로 적합하다고 보았다. 더구나 그런 상품들은 일상생활에서 결코 없어서는 안 될 필수품인 데다, 소비까지 늘어 수요가 클 것으로 점쳐졌다. 한데도 그런 분야에 아직 전문가 한 사람 찾아보기 어려웠던 게 당시 실정이기도 했다.

마침내 대륙에서의 기나긴 기차여행을 마치고 돌아온 그는, 대구에 상점을 열었다. 가슴 속 깊이 혼자 다짐하고 주먹을 불끈 쥐었던 결심 그대로였다. 건평 250평 남짓한 2층 점포를 사들여 주식회사 삼성상회라는 커다란 간판을 내걸었다(1938). 처음으로 '삼성(三星)'이라는 상호를 내세웠다. 그의 나이 28세 때였다.

자본금은 마산에서 부채를 청산하고 남은 3만 원(현재 가치 약 30억 원)이 전부였다. 그래도 2년 전 부친으로부터 토지를 물려받아 첫 사업을 시작할 때보다 두 배가 불어난 금액이었다.

그렇게 대구 일대에서 생산되는 청과물과 포항 등지에서 나는 건어물을 만주와 중국으로 수출하는 무역업을 시작했다. 마산의 곡물 거래에서 얻은 일천한 경험을 살려, 청과물의 작황이나 건어물의 어황도 끊임없이 조사해서 보냈다.

그처럼 끊임없이 작황과 어황을 조사하고 유통의 흐름을 살펴나간 보람이 없지 않았다. 급격한 가격의 폭락에도 삼성상회는 흔들리지 않았다. 거래량도 점차 늘어만 갔다.

그러면서 어느 정도 자금의 여유가 생기자, 예의 새로운 투자 대상을 물색했다. 그러다 마산에서의 쓰라린 실패를 다시 밟지 않기 위해서라도 판매만을 고집할 것이 아니라, 제조를 겸하는 것이 좋겠다는 생각이 들었다.

당시 대구엔 제법 규모가 큰 양조장이 여덟 군데 있었다. 한국인과 일본인이 경영하는 곳이 각각 네 군데씩이었다. 청주의 상권은 일본인이, 막걸리나 민속주는 한국인이 독점한 양상이었다.

한데 때마침 일본인이 경영하던 '조선양조'라는 회사가 매물로 나왔다. 연간 양조량이 7,000석에 달하는, 대구에서 첫째 둘째를 다툰다는 가장 큰 청주 양조장이었다. 따라서 조선양조의 매입가만 하여도 무려 10만 원(현재 가치 약 100억 원)을 호가했다.

이병철은 두말 않고 조선양조를 사들였다. 삼성상회를 창업한 지 불과 1년 뒤의 시점이었다.

그러나 시국은 여전히 불안의 연속이었다. 한 치 앞을 내다보기 어려웠다. 중일전쟁(1937)이 장기화되면서 전시체제가 강화된 채 좀처럼 해소될 기미가 보이지 않았다. 갖가지 통제가 가중되면서 시중의 경제는 곤두박질쳤다.

그런 가운데서도 양조업계만은 불경기를 몰랐다. 굳이 시장 개척에 나설 필요를 느끼지 못할 정도로, 그저 만들어내기 바쁘게 속속 팔려나갔다. 세수 확보를 위해 일제의 밀주 단속이 철저해지면서, 양조업계는 앉아서 호황을 누렸다. 그는 어느덧 대구 지역에서 알아주는 굴지의 고액 납세자로 부상해 있었다.

하지만 중일전쟁은 마침내 태평양전쟁(1941)으로까지 확대되어 나갔다. 자금, 자재, 설비, 노동력 할 것 없이 모든 건 군수용으로 총동원되었다. 양조업계 또한 예외가 아니어서, 업자가 자유재량으로 판매할 수 있는 건 전체 분량의 겨우 5%뿐이었다. 나머지 95%는 모두 군수용으로 납품해야만 했다.

그런 가운데 심각한 식량난마저 뒤따랐다. 만주에서 수입한 콩깻묵마저 식량으로 배급되는 형편이었다. 술뿐 아니라 일용품까지 암

거래가 성행할 지경에 이르렀다.

한데도 일제는 큰소리만 쳤다. '성전수행(聖戰遂行)'에 공헌한다고 일본군, 관료, 또한 연고자들 사이에선 온갖 허울 좋은 구실을 붙여가며 '특별 배급'이라는 부정부패가 공공연히 자행되었다.

반면에 한국인 사업가나 상인들에겐 찬밥이었다. 걸핏하면 공정 가격을 어겼다는 생떼를 부려 경제범으로 구속시키는 일이 비일비재했다.

그러나 결국에는 쌀 배급량마저 줄어들자 사정이 급변했다. 부식인 건어물은 물론 채소류조차 구하기 어려워졌다. 그쯤 되자 일본인 관료들마저 그에게 도움을 간청해오기 일쑤였다.

전시체제 아래에선 밀가루나 청과물, 건어물을 취급하는 회사들에게 보유 물량의 5%만 자유 판매를 허용하고 있었다. 그 자유 판매량을 자신들에게 나누어달라는 일본인 관료들의 청탁을 들어주는 대신, 무고한 이웃이나 지인들을 경찰서나 감옥에서 석방될 수 있도록 한 일도 적지 않았다.

그럴 무렵 이병철은 대구 북쪽 왜관 인근에 1만평 남짓한 과수원을 사들여 닥쳐올 식량난에 대비했다. 그리고 삼성상회와 조선양조의 경영 일체를 관리인에게 맡긴 뒤, 자신은 고향으로 돌아와 들어앉았다.

국민의 생활은 갈수록 핍박해져가고, 이른바 '성전수행'을 외치는 일본인 관료들조차 한국인 자신에게 곤경을 호소하는 절박한 상황을 직시하면서, 그는 이미 그때 일제의 패망을 확신했던 것 같다. 머지않아 도래할 새로운 세상을 맞이하기 위한 칩거에 들어갔다. 그리고 불과 몇 달이 지나지 않아 가슴 벅찬 8·15 해방(1945)을 맞이한 것이다.

한편 쌀가게 경일상회를 정리한 뒤 고향으로 돌아가 부모님께 논 10마지기 2,000평을 사드린 정주영은, 하지만 고향에 오래 머물진 않았다. 이듬해 다시금 서울로 올라와 이곳저곳으로 할 일을 찾아다녔다. 수중에 남아 있는 7,800원(현재 가치 약 7억 8,000만 원)을 밑천 삼아 무언가 할 만한 사업이 없을까 궁리 중이었다.

그러다 우연히 안면이 있던 이을학을 만나게 되었다. 이을학은 엔진 기술자였다. 두 사람은 이내 의기투합했다.

정주영은 수중에 있던 돈에다, 쌀가게를 할 때 신용을 얻은 삼창정미소 오윤근 사장에게 빚을 얻어 보탰다. 그 자금으로 아현동 고개에 자리한 아도서비스라는 자동차 수리 공장을 3,500원(현재 가치 약 3억 5,000만 원)에 인수했다(1940). 생각지도 않은 자동차를 운명처럼 처음 만나게 된 것이다.

자동차 수리 공장 아도서비스를 인수한 정주영은, 처음 20여 일 동안은 밤잠도 자지 않으면서 신명 나게 일했다. 자동차를 수리하는 일이 재미도 있었지만, 이을학이 워낙 소문난 기술자라 일감 또한 끊이질 않았다.

그렇게 이제 겨우 밥술이나 뜨게 되자, 정주영은 부모님을 비롯해서 8남매 동생들을 차례대로 고향에서 불러들였다. 늘어난 식구들로 아현동의 셋방이 비좁아 돈암동에 새로이 집을 얻었으나, 20여 평 남짓한 집에 20명이나 되는 대가족은 돌아눕기조차 힘들 지경이었다. 그야말로 대가족이 한데 어울려 살았던 돈암동 집은 언제나 장터 바닥처럼 시끌벅적하기만 했다.

그럴대도 아무 문제될 게 없었다. 가난한 어린 시절부터 줄곧 시끌벅적하게 어울린 탓에 다소 비좁다는 불편함이야 어쩔 수 없겠지만, 식구들에겐 그저 일상의 연장일 따름이었다. 또 그런 속에서 고향에서와 마찬가지로 저마다 자신의 꿈을 키워나갔다.

한데 뜻하지 않은 불운이 겹쳤다. 화재가 일어나 공장이 몽땅 불타고 말았다. 수리해달라고 맡겨놓은 트럭 5대와 당시 최고 권력자인 윤덕영(중추원 부의장)이 타던 올즈모빌 고급 세단까지 모두 불타버리고 말면서 그만 빚더미에 올라앉게 되었다. 하지만 그대로 주저앉기에는 너무나 젊은 청춘이었다. 다시 한 번 무릎을 꿇기로 했다. 삼창정미소 오윤근 사장을 찾아가 3,500원을 빌렸다. 담보도 없이 신용만으로 빌린 금액이었다.

그렇게 다시금 빚을 얻어 화재로 발생한 빚을 모두 탕감하고 나자 수중에 얼마 남지 않았다. 그 돈을 털어 이번에는 신설동 빈터에다 자동차 수리 공장을 다시 시작했다.

이 무렵 그의 아침밥상 반찬은 김치 한 가지와 국 한 대접이 전부였다. 공장에서 일하는 직원들 또한 모두가 가족이고, 그들마저 자신이 책임져야 한다는 신념에서였다. 그의 어머니와 아내는 공장 직원들의 식사를 돈암동 집에서 만들어 매일같이 신설동 공장까지 머리에 이고 날라야 했다.

이런 때문에서인지 비록 무허가 수리 공장이긴 하였으나, 특유의 성실함으로 단골이 늘어갔다. 오윤근 사장에게 빌린 돈도 오래지 않아 이자까지 쳐서 깨끗이 갚을 수 있었다.

그러나 시국이 문제였다. 불안감이 여전히 가실 줄 모르는 가운데, 이듬해 여름에 접어들자 조선총독부에서 기업정비령을 내렸다. 정주영의 자동차 수리 공장 아도서비스 또한 예외가 아니었다. 종로에 자리한 일진공작소에 강제 병합되고 말았다.

졸지에 백수가 된 정주영은 자동차 수리 공장을 할 때 알게 된 유화광천의 사장을 찾아갔다. 사장의 아들이 조선제련과 관계를 맺고 있었기 때문에 유화광천의 사장에게 통사정을 했다. 조선제련의 광산 어디라도 일 좀 할 수 있게 해달라고 생떼를 쓰다시피 매달렸다.

결국 황해도 수안군에 자리한 홀동광산의 광석을 운송하는 일을 맡게 되었다. 홀동광산에서 평안남도 진남포 제련소로 옮겨지는 구간 중 그는 평양 선교리까지 운송하는 하청계약을 맺을 수 있었다. 말이 하청이지 자그마치 트럭 30대가 동원되어야 하는 대규모 운송사업이었다.

한데 텃새가 여간 아니었다. 도저히 버티기가 쉽지 않았다. '굴러온 돌' 정주영을 쳐내기 위해 홀동광산의 현장소장과 동기생인 관리책임자가 사사건건 생트집을 잡기 일쑤였다.

참는 데도 한계가 있었다. 2년여 정도가 지난 1945년 여름, 정주영은 관리책임자에게 끝내 하청계약을 넘겨주고 말았다.

보증금 3만 원과 하청계약을 넘겨주는 조건으로 받은 2만 원을 합쳐 5만 원(현재 가치 약 50억 원)을 쥔 채 홀동광산을 미련 없이 떠났다. 이익을 본 것도 그렇다고 손해를 입은 것도 없다지만, 아무런 가진 것도 없이 오직 성실함과 신용만으로 쌀가게를 인수받아 경영을 시작한 지 8년여 만에 그 같은 금액을 손에 쥘 수 있었다.

그리고 석 달여가 지났다. 일제가 패망하면서 감격스런 8·15 해방을 맞이하게 되었다.

삼성물산공사
VS
현대토건사

8·15 해방(1945)으로 일제의 식민지배가 종식되었다지만, 나라 안은 어수선하기 짝이 없었다. 구심점을 찾지 못한 인파는 거리마다 표류하고 있었다. 너무나 오랜 세월 동안 식민지배의 억압과 공포 속에 갇혀 있다가 갑작스레 맞이한 해방 공간에서 길을 잃은 미아처럼 저마다 우왕좌왕했다.

정주영(30세)은 8·15 해방 이듬해 미군정청이 적산(敵産) 재산 일부를 불하할 때 서울 초동의 대지 200평을 용케 불하받았다. 거기에다 '현대자동차공업사'라는 간판을 내걸었다. 처음으로 '현대(現代)'라는 상호를 내세웠다. 현대라는 상호는 자신의 사업이 사회와 함께 현대화의 길로 나아가는 미래를 개척하자는 의미였다. 과거에 자동차 수리 공장인 아도서비스를 운영했을 때의 경험, 그러니까 자동차에 들어가는 갖가지 기계와 부속들의 기능을 거의 완벽하게 이해한 것을 밑천 삼아 다시금 자동차 수리 공장을 시작한 것이다.

최선의 노력을 다하는 남다른 열정으로 이룬 창업이었다. 쌀가게 경일상회 → 자동차 수리 공장 아도서비스 → 홀동광산에서의 운송업 → 현대자동차공업사 → 현대토건사로 이어지는 '왕국으로 나아가는 창업기'였다. 비록 처음 시작은 보잘것없었으나 처음 쌀가게를 열어 학습하고 단련시켜 토대를 닦은 뒤, 그런 작은 경험 위에 과감히 외연을 넓혀나가 단숨에 몸집을 불려나가는 방식이었다. 마치 몽골의 초원에 나타난 칭기즈칸이 소수의 기병부대를 이끌고 서쪽으로 또 서쪽으로 거침없이 내달던 것과 같은 '정벌경영'이 본격적으로 막을 열기 시작한 것이다.

8·15 해방이 되자 이병철도 돌아온다. 고향에 칩거하던 그도 자신의 사업장으로 곧장 복귀했다. 한동안 문을 닫았던 조선양조의 설비를 확충하고 다시금 영업을 재개했다.

청주의 상표를 '월계관'으로 정하고, 영남 일대는 물론 서울에까지 시장을 넓혀나갔다. 공급이 절대 부족한 상황이었기 때문에 조선양조의 청주 월계관은 그야말로 날개 돋친 듯이 팔려나갔다.

삼성상회 역시 빠르게 안정을 되찾아갔다. 해방 이후 중국이나 북한 쪽의 판로가 막히긴 하였으나 국내 판매는 연일 신장되어 갔다.

하지만 이병철은 뭔가 마음 한구석이 채워지지 않았다. 늘 허기져 있었다. 양조 사업 또한 한계가 뚜렷했다. 무엇인가 새로운 사업을 모색해야만 했다.

고민은 계속되었다. 해방 정국은 아직 정치도 경제도 갈피를 잡지 못한 채 극심한 물자 부족과 살인적인 인플레이션으로 국민의 생활은 궁핍하기만 했다. 과연 이런 궁핍한 시대에 그저 삼성상회나 청주 월계관을 지키고 있어야 하는지 회의에 빠져들었다.

그렇다고 새로이 생산 시설을 갖추려 해도 자본과 기술이 전무한 상태였다. 무엇보다 전력 사정이 절대 부족했다. 단기간에 물자 생산이 확대될 전망이란 전무했다. 물자 부족에 대처하기 위해선 무역이 시급하다는 결론에 이르렀다.

더구나 무역이라면 낯선 영역도 아니었다. 중국과 만주를 상대로 이미 몇 해 동안 경험이 쌓인 터였다. 중국이나 만주에서 좀 더 다른 나라로 확대시켜 나가는 것쯤으로 여겨도 다르지 않을 것 같았다. 회사 간부들을 불러 모았다.

"우리의 양조업이 오늘과 같이 발전하게 된 것은 우리가 단결하여 열심히 노력한 덕분입니다. 여러분의 협동과 단결심이 살아 있는 한 이 분야에서 경쟁에 지는 일이란 절대로 없을 겁니다. 이 기회에 그 동안 축적된 이익을 국가와 사회의 급선무랄 수 있는 새로운 사업에 투자하고 싶습니다. 현 사업의 경영은 모두 여러분에게 일임토록 할 것입니다…."

조선양조의 경영을 직원들에게 맡긴 뒤, 이병철은 사업 무대를 대구에서 서울로 옮겼다. 서울로 올라온 그는 예의 조심성 많고 신중한 성격으로 국제 무역의 동향과 신생 독립국가인 한국의 산업이나 국민 생활에서 가장 먼저 무엇이 필요한지부터 면밀히 살펴나갔다.

그리고 이듬해 가을, 종로 2가 화신백화점 옆 영보빌딩 근처에 자리한 2층 건물 100여 평을 빌렸다. 삼성물산공사라는 간판을 내걸고서 무역을 시작했다(1948). 그의 나이 38세였다.

　무역은 홍콩과 싱가포르 등 동남아로 우리나라에서 끌어모은 오징어와 우무(寒天) 등을 수출했다. 수입은 면사(綿絲)부터 들여왔다.

　사업은 이내 확대되어 갔다. 취급한 수입 상품만 해도 철강 등 원자재까지 포함하여 수백 종에 달했다. 무역 상대국도 미국 등 선진국으로 점차 확장되어 나갔다.

　수입한 상품은 일용 잡화와 같은 자질구레한 것이라도 통관되기가 무섭게 도매상으로 넘어갔다. 긴급히 필요한 상품을 사전에 정확히 예측해서 들여온 결과였다.

　당시만 해도 수입 상품의 발주에서 입하까지 거의 2개월 정도가 걸렸다. 그 기간을 어떻게 단축시켜 자금 회전을 빠르게 할 수 있는가가 선결 조건이었다. 그러기 위해선 유동적인 국내외 시장을 손바닥 들여다보듯 꿰뚫어볼 수 있어야 했다.

　회사 경영의 기본 방침도 분명히 했다.

　첫째, 일정한 자금의 규모를 정하지 않고, 사원이면 누구나 응분의 투자를 할 수 있으며, 이익의 배당을 투자액에 비례해서 모두 공평하게 받을 수 있게 한다.

　둘째, 사장이나 평사원이나 공존공영의 정신으로 일에 몰두하는 것은 물론 능력에 따른 대우와 신상필벌의 기풍을 확립한다.

　셋째, 사원의 생활 안정을 도모하기 위하여 운영에 지장이 없는 범위 내에서 가능한 한 우대해 가족적 분위기가 항상 유지되도록 한다.

　일찍이 협동정미소에서 시작하여 삼성상회와 조선양조를 거치면서 쌓았던 학습과 단련이 총동원된 경영이었다. 때문에 출범 당시 거의 무명에 가까운 삼성물산공사는 설립 이듬해부터 곧바로 두각을 나타내기 시작했다.

설립 이듬해(1949)부터 벌써 500여 업체가 넘는 국내 무역업계에서 랭킹 7위에 오르며, 경제계의 시선을 한 몸에 받았다. 당시 자본금 275만 원(현재 가치 약 2,750억 원)에 유럽과 아프리카까지 진출한 화신산업을 비롯해서, 거대 무역회사였던 천우사, 동아상사, 대한물산 등과 불과 1년여 만에 어깨를 나란히 할 수 있었다. 1년 반 만에 정상의 무역기업으로 놀라운 성장세를 보였다.

이때의 소회를 이병철은 자신의 『호암자전』에서 이렇게 적고 있다.

"사업이란 우연히 이루어지는 것이 아니다. 의욕만으로 되는 것도 아니다. 제아무리 수익성이 높은 사업일지라도 그것을 발전 확장시켜나갈 능력이 없다면 성공할 수 없다. 때와 사람, 자금의 3박자가 갖추어지지 않으면 성공을 기약할 수 없다…."

처음 사업을 벌였을 때 자본이 부족해 합자로 시작했던 그가 순전히 '내 방식대로 하니까 할 수 있더라'는, 조심성 많고 신중한 성격으로 이룬 창업이었다. 협동정미소 → 일출자동차회사 → 200만 평 토지사업 → 삼성상회 → 조선양조 → 삼성물산공사로 이어지는 '제국으로 나아가는 창업기'였다. 처음 시작은 미약했으나 정미소를 창업해서 학습하고 단련시켜 토대를 닦은 뒤, 그런 작은 경험 위에서 조금씩 외연을 넓혀나가 몸집을 착실하게 불려나가는 방식이었다. 자신만의 새로운 경영력, 자신이 경영을 주도하는 '황제경영'이 본격적으로 막을 열기 시작한 것이다.

전쟁의 혼란 속에
달빛을 밟다

　전쟁이 문제였다. 이병철이 대구에서 서울로 무대를 옮겨 본격적인 국제무역을 개척한 끝에, 이제 막 정상에 오를 즈음이었다. 사업 창작의 참뜻과 남모를 희열로 한창 부풀어 있던 1950년 여름, 뜻하지 않은 6·25 전쟁은 그야말로 하늘이 무너지는 커다란 충격이었다. 멀리 해외로까지 촘촘히 벌여놓은 사업은 어떻게 되며, 무엇보다 사람의 신변 안전은 또 어떻게 될지. 모든 것이 불확실한 가운데 전쟁의 기운은 삼성물산공사를 한순간 혼란의 도가니 속으로 빠트렸다.
　사태가 심각하기는 정주영이라고 다르지 않았다. 현대자동차공업사에 이어 현대토건사로 사업 영역을 넓히면서 한창 동분서주하던 그 역시 날벼락이었다.
　전쟁이 터지고 이틀 뒤였다. 동생 정인영이 장충동 집으로 헐레벌

떡 정주영을 찾아왔다. 북한군이 탱크를 앞세워 이미 미아리 고개까지 쳐들어왔다고 했다. 정인영은 당시 동아일보 외신부 기자였다.

정주영은 동생과 함께 지프를 타고 단숨에 현대자동차공업사로 달려갔다. 그 사이 벌써 북한군 탱크가 서울 시내를 무람없이 내달리고 있었다. 정신이 아득해졌다.

정주영은 그만 집으로 돌아왔다. 동생을 우선 피난시키는 것이 급선무였다. 동생에게 먼저 피난을 가라고 했지만, 가만 생각해보니 전쟁통에 아우 혼자서 떠나보내는 것도 걱정스러워 하는 수 없이 자신도 같이 떠나기로 작정했다.

대신 여자들은 서울 집에 남았다. 집에 쌀이 얼마나 남았는지 확인해보니 보리쌀 반 가마에 쌀 두 말 정도가 전부였다. 일단 당분간 먹을 만큼의 양은 되는 것 같았다. 그때까지만 해도 불과 1~2주 정도면 서울이 다시 수복되지 않겠느냐고 누구나 단순히 생각할 정도였다.

결국 정주영은 동생 정인영과 한강을 건넜다. 그동안 서울에서 이룬 모든 것을 내버린 채 서둘러 남쪽으로 기약 없는 피난길에 올랐다. 한 치 앞을 내다볼 수 없는 불안과 공포 속에 눈앞이 캄캄하기만 했다.

일기일회(一期一會)라는 옛말이 있다. 일생에 한 차례 딱 한 번의 만남을 뜻한다. 백년에 단 한 번, 천년에 한 차례뿐인 소중한 만남이다. 이 한 번, 이 한 순간을 위해 우리는 몇 겁의 생을 기다려왔는지.

소동파의 '승천사(承天寺) 밤나들이'란 글이 있다.

"겉옷을 벗고 잠자리에 들었는데 달빛이 창문으로 넘어왔다. 기쁨을 주체하지 못해 그만 자리에서 일어났다. 생각해보니 함께 시간을 보낼 이가 딱히 없었다. 때문에 승천사로 가 장회민을 찾았다. 그 친구 또한 아직 잠자리에 들지 않고 있었다. 둘이서 함께 뜰을 거닐었다. 뜰아래에 아주 작은 연못이 있었는데, 물속에 수초가 엇갈려 있는 것 같았다. 대나무와 잣나무의 그림자였다. 하기는 어느 날의 밤중인들 이 같은 달빛이 없었겠는가. 어디인들 대나무와 잣나무가 또 없었겠는가. 다만 우리와 같이 찾는 사람이 없었을 뿐이리라…."

달은 어느 날 밤중이나 떠오르고 진다. 나무 그림자는 어디서나 볼 수가 있다.

하지만 그날 밤 창문으로 넘어온 달빛, 그 달빛에 이끌려 벗을 찾은 발걸음, 뜰아래 작은 연못에 어린 대나무와 잣나무 그림자, 말 없이 바라보던 두 사람이 있었기에 그 달빛의 그림자는 일생에 하나뿐이다. 단 한 번뿐인 것이 되었다.

그렇다. 모든 만남은 딴은 첫 만남이다. 매 순간순간이 최초의 순간이다. 소동파와 장회민은 그날 밤 그런 경이 속에 서 있었.

전쟁의 혼란 속에 자신들이 이룬 모든 것을 내버린 채 속절없이 피난길에 오를 수밖에 없었던 이병철과 정주영 역시 어느 날 밤 피난지에서 달빛을 밟게 된다. 하지만 그 달빛은 그냥 달빛이 아니었다. 그들이 일생에 처음 밟는 달빛이었다. 일기일회의 단 한 번뿐인 소중한 만남, 마침내 자본을 축적할 수 있는 절호의 기회였던 것이다.

한겨울의 '푸른 잔디' VS '20배 성장'

8·15 해방 이후 정주영은 현대자동차공업사 한켠에 현대토건사 간판을 내건다. 그러나 꿈에도 생각지 못한 6·25 전쟁이 터지면서 모든 것을 뒤로해야만 했다. 삼성물산공사의 이병철 역시 예외가 아니었다. 그때까지 자신이 이룬 모든 것을 포기한 채 남쪽으로 기약 없는 피난길에 올라야 했다.

정주영은 동생 정인영과 함께 천신만고 끝에 부산에 당도할 수 있었다. 하지만 피난지 부산은 형제에게 결코 절망의 땅은 아니었다. 예기치 못한 또 다른 기회가 형제를 기다리고 있었다.

하지만 처음 한동안은 신세가 말이 아니었다. 피난 내려올 때 입고 온 단벌의 노동복에 무일푼이었던 형제는 거지 중에 상거지가 따로 없었다. 하루 밥 두 끼를 먹으면 다시 깡통을 들고 나서야 할 판이어서, 차고 있던 손목시계를 잡히러 전당포로 향해야 했다.

시계 값을 개똥 값도 안 되게 쳐준다기에 부아가 났다. 그냥 돌아 나오는데, 미군 사령부에서 붙인 통역 장교 모집 광고가 우연히 눈에 들어왔다. 동생 정인영이 서면 로터리에 자리한 미군 사령부로 갔다. 동아일보 외신부 기자 신분증을 내보이고 취직을 했다.

일이 순조롭게 풀리려고 그랬던지, 정인영이 미군 사령부 건설 담당 맥칼리스터 중위의 통역으로 배치되었다. 맥칼리스터 중위는 통역인 정인영에게 자신은 아무런 정보도 갖고 있지 않다며, 일할 만한 건설업자를 찾아서 데려오라고 했다.

그때 피난지 부산엔 전쟁 특수가 수많이 쏟아져 나왔다. 건설 물량도 예외가 아니었다. 무엇보다 꾸역꾸역 밀려드는 미군의 숙소며 군수물자 집하장, 군사 지원 사령부 건설이 발등에 떨어진 불이었다.

정주영은 동생 정인영을 따라 미군 사령부로 달려갔다. 맥칼리스터 중위는 그런 정주영을 보고 물었다.

"당신이 할 수 있는 게 어떤 분야인가?"

"건설이라면 무엇이든지 다 할 수 있소."

"그럼 미군 병사 10만 명의 임시 숙소를 한 달 안에 만들 수 있겠소?"

"물론 할 수 있고말고요."

임시 숙소를 만드는 작업이란 다른 게 아니었다. 전쟁으로 휴교 중인 학교 교실을 소독한 뒤 페인트칠을 하고, 바닥에 길이 36자(1자는 약 30.3cm) 폭 18자짜리 널빤지를 깔아, 그 위에 천막을 쳐서 교실을 임시 숙소로 만들어내는 거였다. 무려 10만 명에 달하는 어마어마한 규모였다.

더구나 한 달 안에 만들어내야 한다는 빠듯한 시한 때문에 눈코 뜰 새 없이 바쁘게 움직여야 했다. 하루에 3시간이나 겨우 눈을 붙일 수 있을까 말까 한 강행군이었다.

그렇게 정주영의 뚝심은 결국 해내고 말았다. 약속한 한 달 만에 미군 병사 10만 명의 임시 숙소를 도깨비 방망이처럼 뚝딱 만들어내자, 맥칼리스터 중위는 엄지손가락을 척 치켜세웠다.

이어진 다음 공사에서도 정주영에게 맡겨졌다. 부산 유엔군 묘지 단장 공사였다. 이번에도 예외 없이 시간을 다투는 작업이었다. 아이젠하워 미국 대통령 당선자와 함께 각국의 유엔 사절이 방한하여, 부산 유엔군 묘지를 참배할 계획이 갑자기 잡혔던 것이다.

미군 사령부는 곧바로 정주영을 불렀다. 한겨울의 을씨년스러운 유엔군 묘지를 푸른 잔디로 단장하라는 다소 황당한 주문을 했다.

"할 수 있고말고요."

정주영은 이번에도 흔쾌히 큰소리쳤다. 막상 할 수 있다고 자신했지만, 참배 일자가 기껏 닷새밖에 남지 않은 상황에서 난감하기만 했다. 고심에 고심을 거듭해보았지만, 한겨울에 푸른 잔디로 단장하라는 주문은 생떼 같았다. 신이 아닌 이상 불가능한 노릇이었다.

그럼에도 정주영에게 중도 포기란 있을 수 없었다. 그러기엔 너무도 아까운 기회였다. 일생에 처음 밟는 달빛, 단 한 번뿐인 일기일회를 결코 놓칠 수 없었다. 어떻게든 끝까지 최선의 노력을 다해야 했다.

그러다 문득 계시처럼 날카롭게 머릿속을 스쳐 지나가는 생각 하나가 있었다. 어릴 적 가난한 고향의 겨울 들판에서 바라보았던 푸른 보리밭을 떠올렸다.

'바로 그거다!'

정주영은 득달같이 달려나가 트럭 30대를 동원했다. 트럭을 몰고서 부산 인근의 농촌으로 내달려갔다. 낙동강 근처에 지천으로 널려 있는 보리밭에서 이제 막 파랗게 움터 오른 보리 새싹 포기들을 떠다가 유엔군 묘지에 옮겨심기 시작했다.

그건 마술이었다. 기적이었다. 유엔군 묘지의 을씨년스러운 풍경은 온데간데없이 어느새 푸른 잔디로 변해 있었던 것이다.

"엑셀런트(excellent)!"

황량하고 을씨년스럽던 한겨울의 묘지가 보리 새싹의 푸른 빛깔로 뒤덮이기 시작하자 미군 관계자의 입에서 탄성이 터졌다. 앞으로 미군의 건설 공사는 언제든지 정주영의 '현대건설(부산 피난 시절 개명됨)'에게 맡기겠다고 약속했다. 정주영이 아니었더라면 결코 불가능했을 '콜럼버스의 달걀'과도 같은 기상천외한 창작이 아닐 수 없었다.

전쟁의 혼란 속에 길이 끝나는 곳에서 절망이 아닌 '일기일회의 길'을 스스로 열어가기는 이병철 또한 다르지 않았다. 어렵사리 구한 트럭에 실려 피난 행렬을 따라 대구까지 내려간 이병철은, 먼저 조선양조로 향했다. 사장 김재소, 지배인 이창업, 공장장 김재명 등을 만나 신세를 지게 되었다고 부탁했다. 한데 그들의 대답은 뜻밖이었다.

"회장님, 걱정하실 것 없습니다. 3억 원가량이 비축되어 있어요. 이 자금으로 다시 사업을 시작하십시오."

당시 3억 원은 거액이었다. 지금의 환율과는 비교도 할 수 없을 만큼 컸다. 한 치 앞을 예측하기 어려운 전쟁의 혼란 속에서 조선양조를 굳건히 지켜준 것만으로도 대견한데 거액을 비축해두었다니 놀라운 일이었다. 생각지도 못한 거액을 받아 든 이병철은 감격해서 목이 메었다.

그는 곧 재기에 나섰다. 피난지 부산의 동광동에서 옛 임직원들과 함께 출자금 3억 원으로 삼성물산주식회사를 새로이 창립했다.

사업은 급진전을 보였다. 창립 한 해 만에 결산을 해보자 3억 원의 자본금이 20배인 60억 원으로 늘어난 기적과도 같은 성장을 이뤄냈다.

어떻게 된 걸까? 이병철의 증언이다.

"우선 서울에서 무역하던 경험을 살려 피난지 부산에서 공급이 가장 달리는 생필품을 하나하나 조사했더니, 달리지 않은 물자란 하나도 없을 정도였다. 전쟁과 함께 국내 물자가 잿더미가 되고 생산 능력이 마비된 데다, 전시 인플레이션으로 물가가 엄청나게 치솟은 상태였다. 정부에서도 관·민수 할 것 없이 당장 수입을 촉진하지 않을 수 없는 실정이었다. 당시 부산에서의 사업 경쟁이란 다른 게 아니었다. 자금 동원 능력과 기동력 싸움이나 다름없었다. 자금 동원 능력은 우리를 능가하는 상사가 적지 않았을 것이다. 그러나 기동력만큼은 삼성물산이 타사의 추종을 불허했다고 자부한다. 경황없이 1년을 보내고 결산해보니, 3억 원의 밑천이 장부상으로나마 무려 20배 넘게 불어나 있었다…"

일찍이 대구에서의 삼성상회 이래 서울에서의 삼성물산공사를 거치면서 학습되고 단련된 결과였다. 일생에 처음 밟는 달빛, 단 한 번

뿐인 기회를 결코 놓치지 않았다. 그렇듯 앞을 가로막는 풀을 뽑고 새 길을 열자 이제는 바람을 우러를 수 있을 것 같았다. 또 다른 지평을 바라볼 수 있게 된 것이다.

　이쯤 되자 이병철은 다시금 생각이 깊어졌다. 스스로 택한 사업의 길 위에서 좀 더 의미 있는 일은 없는지 자신에게 물었다. 단순한 무역업만으로는 그의 가슴이 채워지지 않았다. 결국 오래 전부터 꿈꾸어 오던 제조업에 투신하기로 결의를 굳혀가고 있었다.

길이 끝난 곳에서
새 길을 열다

　한때 북한군에게 낙동강까지 밀려났던 전쟁은 유엔군의 참전으로 소강상태에 접어들었다. 판문점에선 연일 휴전 교섭이 진행되었다. 그런 진척 상황에 마음 졸이면서도 결국 이병철은 제조업에 투신하기로 결의를 다졌다.

　하지만 이병철의 구상에 대해 삼성물산의 임직원들은 물론이고 관계 당국의 의견 또한 부정적이었다. 초기 투자비용이 막대하게 들어가는 제조업을 벌이기엔 아직 전쟁 중인 불안정한 시국, 좀처럼 수습될 기미가 보이지 않는 전시 인플레이션을 꼽았다. 그 같은 상황에서 자금의 회임 기간이 긴 생산 공장에 막대한 자금을 투입하는 일은 무모하다는 게 그 이유였다.

　게다가 공장의 건설과 운영이 제대로 풀린다 하더라도, 거기에서 생산되는 상품의 질이 외국 선진제품에 뒤떨어질 것이 분명한 일이었다. 그러면 판로가 걱정이라고 손사래 쳤다. 모두가 아직은 시기상조라며 고개를 내젓기 일쑤였다.

그렇대도 그의 결의는 바위 같았다. 제조업에 대한 열망을 거두지 못했다.

'그렇다면 대체 어떤 제조업을 할 것인가…?'

조심성 많고 신중한 성격의 이병철은 과연 어떤 생산 공장을 지을 것인가부터 결정하기 위해 예의 사전조사에 임했다. 그 결과 제지, 제약, 설탕의 국내 생산 능력이 거의 전무한 상태였다. 국민 생활이나 산업 활동에 당장 요긴한 중요 물자이면서도 전량 수입에만 의존하고 있는 실정임을 알 수 있었다.

일단 제지, 제약, 설탕 세 가지 업종으로 압축해낸 이병철은, 일본 통답게 일본의 삼정물산에 기획과 견적을 의뢰했다. 유달리 스케일이 컸던 그답게 일본의 선진 사례를 도입해서 일거에 수준을 끌어올린다는 계획이었다.

3개월 만에 먼저 설탕 공장 건설에 대한 마스터플랜이 도착했다. 이어 제약과 제지 공장 건설 계획서가 속속 들어왔다.

이병철은 평소에 사고에도 골똘히 잠기곤 한다지만 자신의 직관력을 더 믿는 편이었다. 하지만 이때만은 좀 달랐다. 세 가지 계획서를 놓고 한동안 결단을 내리지 못했다고 한다. 세 가지 모두가 당장 요긴한 산업 물자이면서, 수입대체 효과가 컸기 때문이다. 결국 고심고심한 끝에 마지막 순간에 설탕을 집어 들었다.

'조사 자료의 숫자만 갖고선 가부간의 결론이 나지 않는 경우가 많다. 그럴 때 문제되는 것이 곧 최고경영자의 직관력이다. 다만 그 직관은 평소 치밀한 계획과 풍부한 경험, 그리고 철저한 자료 조사를 바탕으로 한 것이어야 한다. 최고경영자에게 요구되는 것은 그 같은 직관력이 아니라 직관에 따른 통찰을 실천에 옮기는 결단이 있어야 한다는 점이다….'

회사명은 제일제당공업주식회사로 정했다. '이발사의 교훈'에서 깨달은 투철한 장인정신, 제조업에 투신하더라도 그중에서 제일이 되겠다는 의지가 다분히 묻어나는 회사명임을 어렵잖게 짐작케 한다.

제일제당이 설립되던 해(1953) 국내 설탕 수입량은 2만 3,800톤에 달했다. 그때까지 수입 의존도 100%였던 설탕은 제일제당의 가동으로 이듬해엔 절반 가량인 51%로 크게 줄었다. 그 이듬해엔 27%, 1956년에는 불과 7%까지 떨어졌다. 수입을 국내 생산으로 대체하자는 당초 목표를 3년 만에 달성한 셈이다.

제일제당은 수요 증대에 따라 시설을 계속 확장했다. 원가 절감을 위해 최신 시설도 도입해나갔다.

자신감을 얻으면서 제일제당 설립 이듬해에 제일모직주식회사와 대한정당판매주식회사를 잇달아 설립했다. 다시 3년에는 뒤에는 제일제당에 제분공장까지 세워(1957) 소맥분 생산을 추가하면서 기간식품, 가공식품을 생산하는 식품 메이커로서의 발판을 구축했다.

이때 이병철은 삼성물산, 조선양조, 제일제당, 제일모직, 대한정당판매 등 5개의 계열사를 거느리며 벌써 재계의 정상권에 올라섰다. 그의 나이 어느덧 불혹의 중반에 들어선 시점이었다.

한편 미군 사령부를 감동시킨 정주영은, 전선을 따라다니며 주문 받은 공사를 계속해나갔다. 한겨울에 유엔군 묘지를 푸른 잔디로 단장해낸 마술(?) 덕분이었다. 그땐 국내 건설업체 중에서 현대건설이 유일하게 미군 사령부의 발주 공사를 독점했다. 미군 사령부 건설 공사는 '손가락질만 하면 다 현대건설의 것'이었다. 정주영은 공사 현장마다 뛰어다니며 붙어 살다시피 했다.

여세를 몰아 우리 정부가 발주하는 대형 공사도 잇따라 수주했다. 남북 간에 휴전 협정이 조인되었던 1953년 봄, 한국조폐공사 동래 사무실 건설과 대구 고령교 복구 공사가 그것이었다. 총 공사비 5,478만 환(1953년 화폐 개혁이 됨), 공사 기간 26개월로 계약한 고령교는 당시 정부 발주 공사로는 최대 규모였다.

한데 복구 공사는 처음부터 심상치 않았다. 당시만 해도 건설 장비 자체가 없어 거의 인력에 의존할 수밖에 없는 상황에서, 60m짜리 트러스(철강 구조재) 2개를 수심 10m 깊이에 설치하고, 콘크리트 교량을 놓기 위해 교각 13개를 박아야만 하는 공사는 지지부진하기만 했다. 더욱이 간신히 박아놓은 교각이 홍수에 휩쓸려 떠내려가 버리기 일쑤였다.

그런데도 숨 가빴던 건 정작 따로 있었다. 살인적인 인플레이션으로 인해 자고 나면 치솟아 오르는 물가 폭등이었다. 예를 들어 착공 당시 책정한 설계상의 기름 단가가 700환이었던 것이 공사가 들어갈 즈음엔 4,500환이었고, 40환 하던 쌀 한 가마 값이 4,000환으로 껑충 뛰어오를 정도였다.

어떻게 해볼 도리가 없었다. 결국 한국조폐공사 건설도, 대구 고령교 복구 공사도, 마찬가지 사정으로 7,000만 환이라는 감당키 어려운 적자를 보고 말았다. 미군 사령부 건설 공사에서 알뜰살뜰히 벌어놓은 돈을 돈 찍어내는 한국조폐공사에다 털어 넣다시피 했는데, 대구 고령교 복구 공사마저 또 그 지경이었으니 걷잡을 수 없었다.

노임을 제때 주지 못하자 공사장 인부들은 파업을 했다. 사무실이며 집이며 지옥이 따로 없었다. 빚쟁이들이 집까지 찾아와 도끼로 마루를 꽝꽝 찍어대며 당장 돈을 내놓으라고 아우성치는 가운데, 정주영은 매일같이 빚을 얻으러 미친 듯이 뛰어다녀야 했다.

결국 동생 정순영의 삼선동 20평짜리 기와집을 팔았다. 매제 김영주의 돈암동 집도 팔아야 했다. 그래도 모자라 초동의 자동차 수리공장 부지의 일부마저 팔아 대구 고령교 복구 공사에 매달렸지만, 다시 6,500만 환의 적자를 내야 했다. 한국조폐공사 건설과 대구 고령교 복구 공사에서 생긴 감당키 어려운 부채는 이후로도 꽤 오랜 세월 동안 발목에 쇠뭉치를 매달고 뜀박질을 해야 하는 것처럼 그를 힘들게 만들었다.

물론 세상을 탓할 수 없었다. 자신의 책임이 컸다. 공사를 수주 받는 것에만 집착했지, 눈에 드러나지 않는 다른 구석을 치밀하게 계산하고 내다보지 못한 탓이었다. 비싼 수업료를 내고 학습한 셈이었다.

그래도 대구 고령교 복구 공사에선 잃은 것도 많았으나 얻은 것 또한 없지만 않았다. 감당키 어려운 적자를 감수하면서도 끝까지 공사를 마무리했던 현대건설의 신용을 정부에서 높이 평가해주었다. 이후 정부 공사를 수주하는 데 상당 부분 용이했던 것도 사실이다.

더구나 이듬해부터 미국 원조 자금으로 전후 복구 사업이 활발히 진행되면서, 침체에 빠져 있던 현대건설은 갑자기 할 일이 많아졌다. 가창댐 확장 공사, 내무부 중기(重機) 공장 신축 공사, 부산항 제4부두 신축 공사 등을 연이어 맡아 서서히 재기하기 시작했다.

정주영의 현대건설이 단연 두각을 나타냈던 건 1957년 가을에 착공했던 한강 인도교 복구 공사를 수주받으면서부터였다. 공사 기간도 얼마 되지 않은 비교적 단기 공사였음에도, 총 계약금만 2억 3,000만 환에 달했다. 대구 고령교 복구 공사 이후 단일 공사로는 전후 최대 규모였던 터라, 현대건설의 수주 계약에 건설업계가 발칵 뒤집혔음은 물론이다.

이때부터 조흥토건, 대동공업, 삼부토건, 극동건설, 대림산업에 이어 현대건설까지 일컬어 소위 '건설 5인조'니 '6인조'니 하며 세간의 입방아에 오르내리게 되었다. 1,000여 국내 건설업체들 가운데 단연 선두 그룹에 낄 수 있게 되었다.

현대건설은 거기에 안주하지 않았다. 건설업은 장비 확보가 필수라고 고령교 복구 공사에서 이미 뼛속 깊이 학습했던 그는, 같은 해 여름 초동의 자동차 수리 공장 부지에 중장비 사무소를 차렸다. 자동차 수리 경험을 십분 살려 구입한 장비와 부속품들을 수리·조립·개조시켰을뿐더러, 아직 국내에 없는 중장비는 직접 만들어 쓰기도 했다.

다른 경쟁 업체보다 한 발 앞서 장비의 현대화를 이뤄내면서, 장차 탄생되어 왕국의 대들보가 될 중공업 산업을 세우기 위한 워밍업이 그때 이미 시작되었다. 정주영은 현대건설과 함께 울고 웃는 가운데 어느덧 불혹의 나이로 접어들고 있었다.

정벌에 나선 자동차와 조선
허허벌판에서 탄생한 삼성전자
'절대로 못한다' VS '히기 단디이 해래이'
정치권력을 기웃거린 정주영
반도체를 눈여겨본 이병철
여든 노구의 정치 패배는 참혹했다
건곤일척의 명운을 건 반도체 사업

제3부

그 이상이 되다

정벌에 나선
자동차와 조선

1960년대는 이병철과 정주영 두 사람 모두에게 가장 중요한 시간이었다. 제일제당과 현대건설을 통해 자신의 경영력을 확신케 된 두 사람은, 어느 때보다 보폭을 크게 넓혔다. 사업의 다각화를 통하여 마침내 경제영토 확장에 돌입한 시기이기도 했다. 또 사업의 다각화를 통하여 두 사람은 자신이 세운 왕국의 색깔을 보다 뚜렷하게 채색시켜 나갔다. 지금의 삼성과 현대의 운명을 결정지은 변곡점이었던 셈이다.

그리고 그 변곡점에서 이병철이 선택한 길이 경소단박(輕小短薄)한 '전자'였다면, 정주영이 선택한 길은 중후장대(重厚長大)한 '자동차와 조선'이었다. 두 왕국 모두가 순전히 '할 수 있을 것 같다'는 예감에서 시작된, 100년 경영으로 나아가기 위한 또 다른 승부수였다.

말할 나위도 없이 자동차공업은 한 나라의 경제지표가 될 만큼 경제적 중요도가 높은 산업이다. 자본과 기술, 문화가 집약되어야 하는 자동차공업은 경기를 주도하는 산업일뿐더러, 방위 산업으로도 큰 몫을 한다.

더구나 1960년대 이후 경제개발 5개년 계획이 당초 목표를 크게 웃도는 고도성장으로 마무리된 시점이었다. 수송 화물이 엄청나게 팽창하며 자동차공업의 육성을 필연적으로 만들었다.

정주영이 나섰다. 청년 시절 자동차 수리 공장 아도서비스로 운명처럼 자동차와 인연을 맺었던 그는 쉰을 갓 넘긴 나이에 자본금 1억 원으로 현대자동차를 창립했다(1967). 회장은 자신이 맡고, 사장은 미국 마이애미대학에서 석사를 마친 동생 정세영을 앉혔다. 오랜 꿈이었던 자동차 사업에 본격적으로 뛰어든 것이다.

당시 국내엔 현대자동차보다 2년 앞서 '딸딸이'라 불리던 삼륜차를 주로 생산하는 아시아자동차(기아자동차)와 함께 반제품 조립 생산 수준의 신진자동차공업사(대우자동차)가 승용차를 만들어내고 있었다. 현대자동차는 아시아자동차나 신진자동차공업사와 달리 일본이 아닌 미국 포드와 기술 제휴를 맺으며 출범했다. 당시만 해도 현대자동차는 기술이 전무했기 때문에, 사실상 포드의 차량을 부분 조립 생산(semi-knock down)하는 형태였다.

현대자동차는 창립 이듬해 울산에 20만 평의 부지를 확보하고, 연간 3,500대를 생산할 수 있는 공장을 착공했다. 모두가 공장 준공에 3년은 걸려야 생산이 가능할 것으로 믿었으나, 그는 특유의 뚝심으로 밀어붙였다. 1년도 채 되지 않은 이듬해 곧바로 첫 모델인 '코티나' 생산을 시작했다.

현대자동차의 첫 모델인 코티나는 첫해(1968)에 533대가 판매되었다. 이듬해에는 수량이 10배로 늘어나 5,567대가 팔렸다. 성공이 눈에 보이는 듯했다.

한데 성능에 대한 논란이 그치지 않았다. 잦은 고장에 원성이 높았다. 코티나를 '코피나'로 부를 지경이었다.

아직 익숙지 않은 조립 기술력도 문제였지만, 아스팔트 포장도로를 기준으로 만들어진 승용차가 비포장도로에서 영업용으로 마구 혹사당하자, 부품 마모가 심했던 것이다. 게다가 수리 부품을 미국에서 일일이 들여와야 했기 때문에 수리 시간마저 지체되었다.

정주영은 분통을 터뜨렸다. 포드의 인색한 기술 이전이 원인이라고 생각했다. 순수 우리 기술로 우리 차를 만들어야 한다고 목청을 돋웠다.

"업체에서 설렁탕 한 그릇도 접대 받지 마라. 업체에 약점이 잡히면 우린 다 죽는다!"

정주영, 정세영 형제는 용감했다. 자칫 작은 꼬투리라도 잡혀 부품의 결함으로 이어질까 끝까지 원칙을 고수하며 타협을 외면했다. 일찍부터 A/S 사업부를 분리하고(1973) 나설 정도였다.

형제의 남다른 노력으로 코티나 생산이 어느 정도 정상 궤도에 올라서자, 형제는 포드의 글로벌 판매망을 통해 현대자동차를 수출할 계획을 세웠다.

포드는 딴 생각을 하고 있었다. 포드가 이미 진출해 있는 시장엔

완성차 수출이 절대 불가능하다는 입장이었다.

형제는 결단을 내려야 했다. 자동차를 독자적으로 생산해 수출하지 못한다면 영원히 부품 조립 생산 형태에서 벗어나지 못한다고 생각했다.

결국 포드와 결별을 선언했다(1973). 독자 생존의 길을 찾아 나서기로 한 것이다. 정주영은 장담했다.

"독자적인 우리 기술로 우리 차를 만들자. 우린 반드시 성공할 수 있다!"

그러나 형제의 독자적인 신차 개발 추진은 내부에서부터 반대의 목소리가 컸다. 코티나와 같은 부품 조립 생산 방식만으로도 큰 비용을 들이지 않고 충분히 돈을 벌어들일 수 있는데, 왜 굳이 불확실한 길을 가려 하느냐고 아우성이었다.

외부의 시각도 싸늘했다. 당시 국내 승용차 시장 전체 수요가 1만 대 미만이었는데, 무려 5만 6,000대 양산 계획은 무리라고 보았다.

하지만 그쯤에서 물러설 형제가 아니었다. 예상 수요를 측정해보자 1976년 4만 6,000대에서 1980년 19만 8,000대까지 국내 수요가 늘었다. 원가 역시 정부 기준인 2,000달러 아래 선인 1,932달러로 '한국형 자동차' 생산이 가능하다는 결론이 나왔다.

막대한 공장 건립 자금도 넘어야 할 산이었다. 공장 건립 자금은 설득 끝에 정부가 보증을 서 차관을 들여와 어렵사리 마련할 수 있었다.

그러나 자동차의 심장이랄 수 있는 엔진 제조 기술은 단기간에 확보한다는 게 도저히 불가능했다. 자동차 엔진 기술만은 선진 기술을 도입해야만 생산 시기를 앞당길 수 있었다.

정세영이 일본으로 날아가 일본 미쓰비시자동차를 찾아갔다. 그리고 가솔린 엔진(1,238CC급) 등 제조 기술 제휴를 맺는 데 성공했다.

엔진 문제까지 해결한 형제는 미쓰비시의 '랜서' 모델과 코티나를 참고해 첫 번째 차를 기획했다. 디자인은 세계적인 자동차 디자이너 주지아로에게 의뢰했다. 디젤 엔진은 영국의 퍼킨스로부터 받았다. 그렇게 어렵사리 첫 도전에 나선 신차 이름은 조랑말을 뜻하는 '포니(pony)'로 정해졌다.

한데 다시금 문제가 생겼다. 포드가 이미 포니라는 이름의 상표권을 등록해놓았던 것이다.

정주영은 피하지 않았다. 예의 두둑한 배짱과 뚝심의 정공법을 택했다. 포드로부터 포니의 상표권을 사들이기로 한 것이다.

그 같은 우여곡절 끝에 탄생한 포니는 세계적으로 권위 있는 토리노 국제모터쇼에 첫선을 보였다(1974). 지구촌의 자동차업계는 깜짝 놀랐다. 아시아의 변방인 한국과 같은 작은 나라의 자동차회사가 만들었다고 믿기 어려운 예상 밖의 깜찍한 자동차를 보곤 신기해했다.

포니는 그로부터 15개월 뒤 현대자동차 울산공장에서 양산에 들어갔다. 세계에서 16번째, 아시아에선 일본에 이어 두 번째로 고유 모델의 자동차를 생산해냈다.

우려와 달리 포니는 인기 폭발이었다. 양산에 들어간 첫 해 동안에 1,726대가 팔렸다. 미국 GM과 제휴한 신진자동차의 카미나와 아시아자동차의 브리사를 제치고 국내 시장 점유율 43.6%를 차지했다.

현대자동차는 이때 벌써 국내 최대 자동차 회사로 발돋움해 있었다.

소망하던 첫 수출도 오래지 않아 이뤄졌다. 남미의 과테말라와 에콰도르에 5대를 처녀 수출하는 감격을 맛보았다(1976). 현대자동차 설립의 첫 삽을 뜬지 9년여 만에 올린 쾌거였다.

'반드시 성공할 수 있다'는 정주영의 장담처럼 포니는 대성공이었다. 초기 생산 능력은 1만 대 수준이었으나, 1970년대 말에는 10만 대까지 늘었다. 중간에 누구도 예상치 못한 제2차 오일쇼크(1978)를 겪으며 잠시 판매가 주춤거리기도 했지만, 대체 차종으로 출시한 '포니2(1982)'의 인기는 원년 포니를 능가할 정도로 폭발적이었다.

기세가 오른 현대자동차는 마침내 자동차의 나라로 불리는 북미 시장 공략에 들어갔다. 첫 번째 진출 국가는 캐나다였다.

결과는 성공적이었다. 진출 첫 해(1983)에 1,500대가 팔려나간 데 이어, 이듬해에는 2만 5,000대, 그 이듬해에는 무려 8만여 대가 팔려나갔다. 같은 해 현대자동차의 포니2는 캐나다에서 일본 자동차를 누르고 소형차 부문 판매 1위에 올라서는 기염을 토하기도 했다.

국내 시장 점유율도 꾸준히 상승해 마침내 60% 고지를 넘어섰다. 1985년도엔 단일 차종으로 자그마치 28만 대가 넘는 판매량을 기록하는 등 선풍적인 인기를 누렸다. 포니의 이런 인기는 이후 현대자동차의 인기 차종으로 자리매김하는 '그랜저(1987)'와 '소나타(1988)'의 고유 모델 확대에 밑돌이 되어주었다. 현대자동차가 왕국의 강력한 선두 군단으로 자리 잡을 수 있게 된 것이다.

그렇다면 자동차에 이어 왕국을 창건하는 데 운명을 건 또 다른 축, 작은 경험을 밑돌 삼아 '할 수 있다'는 예감에서 시작된 '조선'을 해보겠다는 야망은 또 언제부터였을까? 정주영의 자서전 『이 땅에 태어나서』에선 이렇게 증언한다.

"조선소라는 밥풀 한 알이 언제 내 마음속에 씨앗으로 자리 잡았는지는 정확히 모른다. 어쨌든 1960년대 전반에 이미 내 마음속에서 조선소가 머지않아 미래의 꿈으로 들어앉아 있었던 것은 확실하다. 청년 시절에 현대 식구가 되어 지금도 현대가족인 이춘림 회장을, 어느 해인가 해외 출장 중에 들른 일본 동경에서 우연히 만난 적이 있다. 그와 이틀에 걸쳐 요코하마조선소, 가와사키조선소, 고베조선소 시찰을 했다. 이춘림의 기억에 의하면 그때가 1966년도였다는 것이다. 조선소 시찰을 끝내고 돌아오면서, 내가 때가 되면 국내에 조선소를 만들어 큰일을 하겠다는 구상을 피력했다고 한다…."

마침내 정주영은 때가 무르익었다고 생각한다. 최초로 해외 건설 시장을 개척(1965)하면서 탄탄한 기반을 다진 현대건설에 이어, 현대자동차에서 승용차를 생산(1967)하는 데 성공한 그는, 다음 목표로 조선소 현대중공업을 점찍었다.

그러나 이번에도 마찬가지였다. 주위의 반대가 극심했다. 딴은 그럴 만도 했다. 경험도, 기술도, 자본도, 시장도 전무한 상태였다. 쥐뿔도 없는 처지에 무슨 수로 큰 배를 만들어낼 수 있겠느냐고 모두가 고개를 내저었다.

정주영은 아랑곳하지 않았다. 조선 산업 역시 건설이나 자동차와 크게 다를 게 없다고 확신했다. 남은 문제는 오직 대규모 조선소를 건설하기 위한 막대한 자금을 어떻게 조달하느냐였다.

그는 유럽으로 날아갔다. 프랑스와 스위스 은행에 4,300만 달러의 대출을 요청했다. 당시 현대그룹의 총 자산보다 많은 거액이었다.

프랑스와 스위스 은행은 일언지하에 거절했다. 이유는 간단했다. '작은 배조차 만든 경험이 없는 아시아 국가의 한 기업에 어떻게 그 많은 거액을 빌려줄 수 있겠느냐'는 거였다.

정주영은 영국으로 건너갔다. 그리고 선박 기술 제휴를 얻어냈다. 그런 다음 조선소 건설 자금을 빌리기 위해 영국의 은행을 찾아 나섰다. 영국의 은행들은 선박 수주 계약서부터 요구했다.

정주영은 다시 그리스로 날아갔다. 무턱대고 세계적인 선박왕 선엔터프라이즈의 조지 리바노스 회장을 찾아갔다. 그가 리바노스 회장에게 내보였던 건 임시변통으로 마련한 영국의 조선소에서 얻은 유조선의 설계 도면과 함께 울산 미포만의 백사장 사진, 그리고 축적 5만 분의 1 지도였다.

리바노스 회장은 싱긋 웃기만 했다. 그의 열정에 흥미롭다는 듯이 다음 얘기 정도는 들어줄 요량이었다.

그런 리바노스 회장에게 정주영이 싱긋 웃으며 500원짜리 우리 지폐를 꺼내놓았다. 지폐 속에 그려진 거북선을 가리키며 담판을 벌여나갔다.

"배가 뭐겠습니까? 안에 엔진이 있고, 바깥은 철판으로 만들어진 것이 아니겠습니까? 우리나라에선 이미 16세기에 '거북선'이라는 철갑선을 만들었습니다. 반드시 좋은 배를 만들어드리겠습니다."

정주영은 그 자리에서 초대형 유조선 2척을 수주받았다. 첫 고객으로부터 선박 수주 계약서를 얻어낸 그는 다시금 영국으로 건너갔다.

"자, 이거면 되겠습니까? 이것이 26만 톤 급 초대형 유조선 2척을 수주받은 계약서입니다."

영국 바클리스 은행 부총재를 다시 만나 선박 수주 계약서를 내밀자, 그는 놀랍다는 듯이 물었다.

"도대체 당신은 무엇을 전공했기에 어렵다는 조선소를 애써 건설하려고 합니까?"

정주영은 초등학교 졸업장이 전부다. 그는 자신에게 던져진 질문에 잠시 당황한 듯 보였으나 이내 태연하게 되물었다.

"부총재님, 제가 제출한 사업계획서를 이미 검토하신 줄로 아는데요?"

"그렇소. 당신의 사업계획서는 매우 완벽했습니다."

그러자 정주영은 자신 있게 덧붙였다.

"제 전공은 바로 그 사업계획서입니다. 어제 오는 길에 옥스퍼드대학교에 잠시 그 사업계획서를 보여주었더니, 당장 경제학박사 학위를 준다더군요."

그의 재치 있는 유머에 순간 동석했던 사람들 모두가 박장대소했다. 바클리스 은행의 부총재 또한 옥스퍼드대학교 경제학박사가 작성한 것보다 더 훌륭한 사업계획서라는 덕담을 잊지 않았다.

이처럼 굽힐 줄 모르는 거침없는 의지와 재치 있는 임기응변으로 그는 영국과 스위스 은행으로부터 자그마치 1억 달러의 거금을 빌리는 데 성공한다. 그런가 하면 아직 조선소도 건설하기 이전인 미포만의 갯벌 사진만을 달랑 내보이면서, 26만 톤급 초대형 유조선 2척을 수주받아내는 개가를 올리기조차 했다. '할 수 있을 것 같다'는 아주 작은 확신만 보이면 끝까지 최선의 노력을 다하는 정주영식 문법이, 결국 미래의 꿈이었던 조선소 건설을 앞당겨 가능케 한 것이다.

후일담이지만, "반드시 좋은 배를 만들어드리겠다"고 했던 정주영은, 몇 년 뒤 그 약속을 지켰다. 선엔터프라이즈의 리바노스 회장은 그런 정주영에게 이후 모두 15척의 초대형 유조선을 발주했다.

그뿐 아니라 리바노스 회장은 정주영, 정몽준, 정기선(정몽준의 외아들)의 3대에 거쳐 긴밀한 우정을 이어오기도 했다. 2016년엔 팔순의 고령임에도 선엔터프라이즈에서 발주한 15만 9,000톤급 초대형 유조선 2척의 명명식에 참석하기 위해, 아들 스타브로스 리바노스와 함께 울산의 현대중공업을 찾았다. 40여 년 전 자신을 처음 찾아왔을 때의 자신감 넘치던 정주영을 회고하기도 했다.

허허벌판에서 탄생한 삼성전자

1960년대 사업의 다각화 시대에 왕국의 색깔을 보다 뚜렷하게 채색할, 삼성의 운명을 결정지은 변곡점은 당초에 전자가 아닌 금융이었다. 제일제당을 통해 자신의 경영력을 확신한 이병철이 점찍은 경제영토의 확장은 처음엔 시중은행이었다. 한일은행, 상업은행, 조흥은행, 안국화재, 동방생명(삼성생명)등을 잇달아 인수하면서 '금융 삼성'을 일구는가 싶었다.

하지만 다 잡은 대어를 그만 놓아주어야 했다. 이 부분에 대해선 뒤에 보다 상세히 들여다볼 기회가 따로 마련되겠지만, 정치의 격변 속에서 '금융 삼성'의 꿈은 어이없이 깨지고 말았다.

물론 이후에도 이병철은 동양방송(TBC), 동화백화점(신세계백화점), 미풍산업, 대구대학교, 중앙일보, 성균관대학교, 중앙개발, 고려병원, 새한제지, 안양컨트리클럽 등을 연이어 계열사로 편입시켰다. 또한 '전국경제인연합회' 초대 회장으로 추대되면서 재계 정상의 자리를 굳건히 지켰다.

그러나 다 잡았다고 생각한 '금융 삼성'이라는 대어를 그만 놓아주어야 했던 허탈감에서였을까? 조심성 많고 신중하지만 유난히 스케일이 컸던 그는 일본 산업계로 눈을 돌렸다. 좀 더 큰 그림 속에서 '금융 삼성'을 대체할 수 있는 '어떤 무엇'을 찾고자 나섰다.

그것이 곧 전자 산업이었다. 지금으로 보면 '신의 한 수'라고 말할 수밖에 없겠지만, 당시로선 사정이 좀 달랐다. 무모해 보이기까지 한 선택이었다. 처음 정미소 사업을 창업해서 학습하고 단련시켜 토대를 닦은 경험 위에서 남달리 큰 스케일로 착실히 외연을 넓혀나갔던, 그런 그의 문법에도 없던 어드벤처(adventure)였기 때문이다.

더구나 당시 국내 전자 산업의 기반은 형편없었다. 자본도 기술도 크게 뒤져 있었을뿐더러, 기존 업체들의 반발마저 거칠 수밖엔 없었다.

아무렇든 이병철이 전자 산업을 해보겠다고 처음 결심을 굳힌 건, 그의 나이 쉰을 바라보는 대략 1960년대 초쯤으로 알려지고 있다. 삼성물산 도쿄지점에 근무하고 있던 일본인 시마다에게, 텔레비전과 라디오 등 가전제품 생산 공장을 설립하는 데 필요한 사항과 기술 제휴선을 알아보도록 지시한 것이다.

이병철의 지시를 받은 시마다는, 레코드 전문 메이커로 널리 알려져 있는 일본빅터와 상담을 하게 된다. 전자 사업을 하겠다면서 레코드업체와 상담을 시작하게 된 것은 이병철이 비슷한 시기에 레코드

회사를 설립하겠다는 의지를 가졌기 때문이다.

더욱이 일본빅터는 비록 레코드를 제조하는 메이커이긴 해도 당시 매출액이 삼성그룹 전체보다도 컸다. 종업원 숫자도 삼성그룹 전체가 5,000여 명 정도인 데 반해, 일본빅터는 8,000여 명이 넘는 등 삼성과 비교가 되지 않을 정도의 거대 규모였다.

일본빅터와의 상담 결과 마침내 1965년 여름, '텔레비전과 라디오 공장 건설 기획서'가 작성되었다.

하지만 안타깝게도 이 기획서는 빛을 보지 못하고 만다. 전자 산업을 시작하기 위한 사전 단계 작업이 미처 구체화되기도 전에, 이병철은 또 다른 자신의 야심작인 한국비료를 건설하느라 온통 정신이 팔려 있었다.

그랬던 그가 다시금 전자 산업을 해보겠다며 본격적으로 나선 건, 그로부터 4년이 지난 1968년에 이르러서였다. 회장 비서실의 한쪽 구석에 전자 사업 부서가 구성되어 자리 잡았는데, 4월경쯤 전자 산업이 가장 유망한 산업이라는 결론이 나왔다.

그렇잖아도 평소 전자 산업에 깊은 관심을 보였던 이병철은, 그런 결론을 받아보곤 마침내 결심을 굳히기에 이른다. 6월쯤엔 일본 『아사히신문』과의 대담에서 "전자 산업은 앞으로 성장 분야이므로 이에 도전해볼 생각"이라는 자신의 뜻을 분명히 밝히고 나섰다.

문제는 높기만 한 기술력이었다. 그때나 지금이나 텔레비전, 세탁기, 냉장고와 같은 전자 산업은 무엇보다 기술력이 절대 중요한 산업이었다. 그런 기술이 우리에겐 턱없이 부족했던 것이다.

그때만 해도 전자과학 분야의 전문가라고 해봤자 미국에서 활약하고 있는 김완희 박사를 겨우 손꼽을 수 있을 정도였다. 따라서 삼성전자뿐 아니라 다른 여러 기관에서도 김 박사를 초청해서 자문을 구하고, 세미나를 개최하는 등 여러 가지 도움을 구하고는 했다.

하지만 김 박사는 학자일 따름이었다. 전자과학을 상품화하는 데 전문가는 아니었다.

사정이 이러하자 기술 제휴선을 일본에서 다시 찾아야 했다. 일본은 일찍이 1952년도부터 이미 텔레비전 생산 메이커가 60여 사에 달할 정도였다. 3년 뒤부터는 텔레비전, 세탁기, 냉장고가 가정마다 급속히 보급되었다. 이병철이 전자 산업을 해보겠다고 결심을 밝힌 1960년대에, 일본은 벌써 '3C'로 일컫는 컬러텔레비전(color TV), 에어컨(cooler), 자동차(car)가 내구 소비재로 널리 보급됐을 만큼 세계 최고 수준의 전자 산업 강국이었다.

그런 만큼 콧대가 셀 수밖에 없었다. 그런 점을 감안하며 백방으로 물색한 끝에 겨우 합작 의사를 나타낸 기업이 일본의 NEC(일본전기)와 산요전기였다.

거기에도 문제는 있었다. 애당초 삼성전자를 설립하면서 일본의 NEC와 산요전기가 함께 투자하도록 계획을 세워두었던 모양이다.

한데 NEC 측의 강력한 반발로 무산되고 말았다. 당시 NEC는 산업용 전자제품을 만들면서 고도의 기술 제품을 만든다 하여, 일본에서도 자부심이 대단했다. 그런 NEC가 산요전기처럼 트랜지스터 라디오나 텔레비전 따위를 만드는 메이커와 함께할 수 없다고 으름장을 놓았다.

이병철도 NEC의 자부심에 대해 익히 알고 있었다. 특히 NEC의 사장은 자신과 격이 맞지 않는 사람과는 아예 만나주지도 않는다는, 일본인 특유의 외골수 기질이 누구보다 강하다는 것도 알고 있는 터였다.

묘수를 찾기 위한 전자 산업 관련 회의가 이병철까지 참석한 가운데 빈번히 열렸다. 한번은 회의 도중에 당시 삼성그룹 부사장이자 삼성전자 설립에 깊이 관여하고 있었던 이병철의 장남 이맹희가 분통을 터뜨렸다. 자신이 일본으로 건너가 NEC 사장을 직접 만나 담판을 지어서라도 문제를 해결하겠다고 나섰다. 이병철이 고개를 가로저으며 만류했다.

"가지 마라. 니 가도 만나주지도 않는다…."

결국 번거롭기는 해도 회사를 3개로 나누어 설립할 수밖엔 없었다. 삼성전자와 삼성산요, 그리고 삼성NEC가 그것이었다. 콧대 높은 일본의 NEC로부터 기술제휴를 맺기 위한 고육책이었다.

그렇게 설립된 삼성NEC(1970)는 이후 삼성전관으로, 다시 삼성SDI로 상호를 변경해 지금에 이르고 있다. 그보다 3년 뒤에 설립된 삼성산요파츠는 이후 상호를 삼성전기로 바꾸어 지금에 이르고 있다.

그러나 정작 삼성전자가 출범하기까지는 아직 첩첩산중이었다. NEC, 산요전기와 같은 일본의 선진 기업들과 합작을 하고 기술제휴를 맺기까지에는 도처에 암초가 기다리고 있었다.

NEC의 경우 삼성과 합작에 관한 상담을 하는 도중에 돌연 정치 문제를 들고 나왔다. 한국은 정국이 불안하니 문제가 많다고 지적했다. 당시의 '1·21 사태'를 두고 한 말이었다. 1968년 1월 21일 북한 특수공작원 31명이 청와대를 기습하기 위해 휴전선을 넘어, 청와대 바로 뒤 세검정 고개까지 잠입하여 소란을 피웠다.

NEC 측은 대만을 들먹였다. 대만이 안정되고 있으니 대만 기업과 합작하는 것이 오히려 낫지 않겠느냐는 발언조차 서슴지 않았다.

물론 이 같은 발언은 삼성과 합작하지 않으려는 것보단 유리한 고지를 선점하겠다는 전략이 담긴 발언이었다. 이병철이 반박하는 논리를 폈다.

"당신의 지적은 옳다. 지난 1월에 북한 특수공작원들이 내려와 조금 소란을 피웠다. 불과 30여 명 정도가 잠시 소란을 피운 것이다. 그러나 당신네 나라를 한번 보라. 도쿄 시내에는 몇만 명이나 되는 공산분자들이 매일같이 데모를 하고 있지 않은가. 또 대만만 해도 그렇다. 350만 명이 넘는 중공군이 호시탐탐 노리고 있고, 대만 영토인 금문도에 심심하면 포격을 가하고 있다. 자, 과연 삼국 가운데 어느 나라가 안정된 나라인가…?"

그러나 문제는 기술을 얻어야 하는 일본에만 있지 않았다. 국내에서의 반발 또한 거칠었다.

삼성전자가 출범하려던 시기 우리나라 전자 산업의 연간 총 수출액은 고작 4,200만 달러 수준이었다. 국내 전자 산업의 기반이 열악하기 짝이 없었다.

이런 처지에 삼성이 전자 산업에 진출한다고 선언하자, 위협을 느낀 기존 업체들이 가만있지 않았다. 같은 해 6월 한국전자공업협동조합 명의로 대정부 건의서를 제출하는 한편, 언론을 통해서도 강경

한 반대 주장을 전개했다.

"삼성그룹이 추진하고 있는 합작 투자 사업은 일본 부품을 도입해 단순히 조립하는 것에 지나지 않는다. 우리가 지금까지 애써 국산 기술을 여기까지 끌어올려 놓았는데, 지금에 와서 일본 기술과 일본 자본을 도입한다면 국내 기술은 설 땅을 잃게 된다. 그러므로 삼성의 합작 투자를 절대 허용해서는 안 된다…."

정부는 이보다 앞서 전자 부품 생산을 수출전략 사업으로 육성하기 위해 합작 투자와 기술 도입을 권장한다는 '전자공업 진흥 8개년 기본 계획'을 확정 발표한 적이 있었다. 한데도 삼성전자의 참여를 반대하는 기존 업체의 강력한 반발에 부딪히자 합작 회사 설립 허가를 미루기만 했다.

그러다 정부가 기존 업체의 주장을 받아들이면서 조건을 붙이고 나섰다. 생산하는 제품의 전량을 수출한다는 매우 불리한 족쇄를 채워 삼성전자를 허가해주었다.

이 같은 산통 끝에 전자업계의 후발 주자로 어렵사리 출범을 하였으나, 삼성전자의 생산 시설이란 보잘것없었다. 퀸셋 가건물 4동과 식당, 500평 남짓한 단층 공장이 고작이었다. 공장 주변은 황무지였으며, 농로를 겨우 면한 듯한 비포장도로가 외부세계로 이어지는 유일한 통로였다.

전망 또한 낙관하기 어려웠다. 전량 수출이어야 한다는 족쇄를 채워 과연 어떻게 풀어나갈지 의문이었다. 일본의 합작 기술로 이제 막 걸음마를 시작한 삼성전자가 과연 어떻게 독자 기술을 개발하여 높기만 한 세계의 기술 장벽을 넘을 수 있을지 아무도 장담할 수 없었다.

과연 삼성전자는 살아남을 수 있을지. 발목에 채워진 무거운 족쇄를 풀어내고 자유로이 비상할 수 있을 것인지. 주위에선 모두가 불가능하다고 고개를 내저었다. 외줄 위에 올라서야 하는 불안하기 짝이 없는 출범이었다. 1969년 1월 13일 이병철의 삼성전자는 그렇게 탄생할 수 있었다.

'절대로 못한다' VS '히기 단디이 해래이'

 밀폐된 공간에서 다수에 에워싸여 목숨마저 위협받는 순간이라면 그 사람의 진면목이 고스란히 드러나지 않을까? 흔히 TV 사극을 보고 있노라면 그런 막다른 장면을 종종 목격하게 된다. 최후의 순간에 이르게 되었을 때 비로소 그 사람의 진짜 모습을 보게 되고는 한다.

 1980년의 봄은 정주영에게 그런 불행한 시간이었다. 매번 정권이 뒤집혀질 적마다 그랬던 것처럼, 이른바 전두환의 신군부 역시 이번에도 만만하게만 보이는 경제계를 손보고 요리할 필요를 느꼈다. 기업의 통폐합이라는 말 같지도 않은 강제 조치를 들고 나섰다.

 정주영은 여기에 표적이 된다. 모 기관으로 조용히 불려갔다. 그런 다음 양자택일을 강요당했다. 창원중공업(현대중공업의 전신)과 현대자동차 가운데 하나를 포기하라고 했다. 미친 소리였다.

신군부의 험악한 사회 분위기 속에서 많은 기업인들이 비인간적인 수모와 모멸감을 온몸으로 겪어야 했던 건 이미 널리 알려진 사실이다. 더구나 그때 생때같은 기업을 강탈당한 기업인들 가운데는, 그로 인한 후유증으로 말미암아 지병을 얻어 끝내 세상을 일찍 하직한 이마저 없지 않았다.

한데 당시 신군부의 방침은 정주영이 창원중공업을 김우중의 대우중공업에 넘기고, 김우중의 대우자동차는 정주영의 현대자동차에 넘겨 해당 업종의 국가경쟁력을 제고시킨다는 코흘리개 같은 산술이었다.

"어떻습니까? 정 회장께서도 찬성하시는 거죠?"

신군부 담당자는 간략한 설명을 마치자마자 정주영을 힐끔 쏘아보며 그렇게 물었다. 마치 당연히 동의해야 한다는 강압적인 분위기였다.

정주영은 찬성할 수 없다고 대답했다. 그렇게 대답하는 순간 따귀를 세차게 얻어맞을지, 발길질이 무수히 날아들지, 전혀 예측할 수 없는 두려운 상황이었다. 실로 정주영이 아니고선 아무나 대답할 수 없는 뚝심이었다.

다음 순간 신군부 담당자의 표정이 싸늘하게 굳어갔다. 신군부가 나서 국가를 개혁하자는데 무슨 그 따위 대답이냐는 뜨악한 얼굴이었다.

정주영은 끝내 굽히지 않았다. 공포 분위기 속에서도 특유의 배짱으로 자신의 주장을 밝혔다.

그러자 난리가 났다. 자동차와 중공업 가운데 하나를 당장 선택하라고 윽박질렀다.

정주영은 '절대로 못한다'고 했다. 사정상 어쩔 수 없이 기업을 인수했던 인천제철을 제외하면, 어느 기업 하나 땀 흘려 자신의 손으로 말뚝을 박고 길을 닦으면서 시작하지 않은 것이 없었다며, 창원중공업도 현대자동차도 내줄 수 없다고 버텼다.

그쯤 되자 나중에는 현대그룹의 핵심 간부들까지 지하실로 줄줄이 끌려 들어왔다. 저마다 혹독한 대접(?)을 받았음은 물론이다.

그는 요지부동이었다. 막다른 분위기 속에서도 다른 기업인들과는 달리 자신의 비장한 의지를 한사코 굽히지 않았다.

같은 상황에서 이병철은 또 어땠는지 과연 궁금하다. 1980년 봄 당시 이병철 또한 정주영과 마찬가지로 모 기관으로 조용히 불려갔다. 기업의 통폐합에 따른 선택을 강요받았다.

한데 이런 문제를 들여다보기에 앞서 이상한 점이 먼저 눈에 띠었다. 말을 타면 달리고 싶고, 경제적 여유가 생기면 권력을 쥐어 명예를 생각하는 것이 인간의 본성이기 때문이다.

그러나 이병철의 삼성에는 왠지 그 같은 본성, 정치가 일체 보이지 않는다. 여느 그룹과 달리 왠지 이병철의 삼성은 정치하고 멀어 보이기조차 하다. 다른 그룹들이 혹은 정치권력에 너무 시달려서, 또는 정치권력으로부터 그룹을 지키기 위해서 등 이런저런 이유를 들어 정치의 날개를 다는 것과는 다르게 이병철의 삼성가만은 유독 그런 낌새조차 찾아보기 어렵다는 사실이다.

하다못해 영원한 숙적이자 라이벌이라는 현대에서조차 정주영이 통일국민당을 창당하여 대통령 선거에서, 전국을 한바탕 녹색 물결로 물들인 적이 있었는데도 말이다. 그의 아들 정몽준은 최다선이라는 7선(選) 의원의 금배지에, 대선 때마다 유력한 대통령 후보로 거론되지 않았던가.

그렇게 보면 이병철의 직계 가족 가운데 형제나 아들딸, 사위 중에서 금배지 하나 정도는 충분히 나올 법도 하다. 하지만 눈을 씻고 보아도 도무지 찾아볼 수 없다. 이병철의 삼성가에서 마음만 먹는다면 천하가 다 알아주는 돈과 조직, 탄탄한 지역 연고까지 가지고 있어 언제든지 정치의 날개를 달 수 있을 텐데도 말이다.

딴은 이병철이 정치에 발을 내딛었던 적이 딱 한 번 있기는 했다. 젊은 시절 고향 의령에서 당시 집권당인 자유당의 공천이 유력시되었다. 출마만 했더라면 당선은 따놓은 거나 다름없었다. 더구나 그의 당선은 꽤 오랫동안 계속되었을 것이라는 게 정계나 언론계의 중론이다.

그러나 이병철은 집권당의 공천을 끝내 받지 않았다. 이유는 간단했다. 비록 집권당과 인연을 맺긴 하였으나, 정계에 투신할 뜻이 전혀 없었다. 단지 집권당의 이승만과 부친 사이의 인연 때문이었을 따름이다.

그의 부친과 이승만은 한때 독립운동을 함께한 사이였다. 그런 인연으로 8·15 해방 직후 국내 정치 기반이 상대적으로 취약했던 이승만이 자유당을 창당할 때 젊은 이병철에게 출마 권유를 해왔고, 과거 부친과의 인연도 있고 해서 차마 뿌리치지 못한 채 단지 이름 석 자만을 단순히 걸쳐놓은 정도였다.

한데 단지 이름 석 자만을 단순히 걸쳐놓았을 뿐인 이 단 한 번의 정치 참여로 말미암아 훗날 이병철은 엄청난 곤욕을 치른다. 자신은 물론이고 왕국의 운명마저 바꾸어놓게 된 것이다.

그러니까 1957년 새해 벽두였다. 그의 나이 47세였다. 정부가 시중은행의 민영화 작업에 나섰다. 이때 정부 보유 시중은행 주식을 이병철에게 인수하라고 정부쪽에서 제의했다.

당시 시중은행들은 대부분 재무 구조가 취약했다. 경영 또한 부실했다. 한데도 6·25 전쟁 이후 부흥자금을 마련하기 위해 정부가 반강압적으로 나섰다. 거의 떠맡기는 식에 가까웠다. 불하 가격 또한 은행의 자산에 비해 높을 수밖엔 없었다.

다시 말해 시중은행을 인수해보았자 별 이득이 없다는 뜻이었다. 때문에 세간에선 그에게 시중은행 인수를 직접 종용한 이가 다름 아닌 이승만이었다는 얘기가 파다했다.

아무렇든 이병철은 같은 해 한일은행을 인수한 데 이어, 이듬해에는 상업은행을, 그 이듬해에는 조흥은행을 잇달아 인수하면서 '금융 삼성'을 꿈꾸었을지도 모른다. 모르긴 해도 재무 구조를 튼실하게 하고 내실 경영을 기하면, 시중은행들을 살릴 수 있을 것 같다는 나름 복안이 있었기 때문이리라.

한데 이듬해인 1960년 4·19 혁명으로 자유당 정권이 무너졌다. 야당인 민주당이 정권을 잡게 된다. 민주당은 국민의 기대 정서에 부응하기 위해서라도 어떤 가시적인 조치를 내놓아야 했다. 그 가운데 하나가 이른바 부정 축재자 척결이었다.

그러나 이 조치는 저항도 만만치 않았다. 법률 전문가들 사이에서도 시장경제의 자본주의 사회에서 탈세범은 존재할 수 있어도, 부정 축재자라는 용어 자체에 모순성이 있다는 주장으로 팽팽했다.

그처럼 부정 축재자에 대한 시비가 오가고 있는 사이, 그 이듬해 5월 민주당 정권이 다시 무너졌다. 육군 소장 박정희의 군사정권이 역사의 전면에 등장한 것이다.

박정희의 군사정권은 민주당과 마찬가지였다. 경제계를 희생양으로 지목하고 나섰다. 이병철을 부정 축재자 1호로 낙인찍으면서, '(이승만)정부와 결탁하고 시중은행을 특혜 인수했다'는 이유를 들었다.

그는 억울했다. 특혜로 인수했다면 상당한 이익이 발생했을 텐데, 내막을 들여다보면 전혀 그렇지 않았다. 그럼에도 서슬 퍼런 군사정권에 의해 부정 축재자 1호로 낙인찍히고 만 이상 어쩔 도리가 없었다. 그의 삼성은 그야말로 바람 앞에 선 촛불과도 같은 위기에 처한 것이다.

돌이켜보면 일찍이 마산에서의 협동정미소를 시작으로, 사반세기에 걸쳐 혼신의 힘을 다해 이뤄놓은 기업집단이었다. 그런 왕국이 풍전등화와도 같은 운명에 처하고 말았으니, 심정이 어떠했을지 짐작이 간다. 기업가는 정치에 직접 인연을 맺어서는 안 된다는 결심이 그의 경영이념으로 자리 잡는 순간이기도 했다. 이것은 이후 그의 기업경영에도 중대한 영향을 끼치게 되었음은 물론이다.

예를 들면 이렇다. 정부를 대상으로 해서 파는 물건, 곧 시중 판매 상품이 아닌 제조업체가 정부에 납품하는 관수품을 일컫는다. 이후 이병철은 이런 관수품에 일체 손을 대지 않았다. 누워서 떡 먹기라며 기업마다 손을 대려 안달하였을 적에도, 삼성만은 처음부터 정부를 끼고 팔겠다는 생각으로 만든 상품을 일체 찾아볼 수 없다.

1960년대 후반에서 1970년대 중반까진 전화기 수요가 폭발적으로 증가한 시기였다. 정부가 통신망 확장 사업을 의욕적으로 추진하면서 전화기가 불티나게 팔려나갔다. 당시만 해도 전화 가입자는 전화기를 전화국에서 임대해 사용하는 형식으로 공급받고 있던 때라, 시중 판매가 아닌 제조업체가 정부에 납품하는 관수품 성격이었다.

더욱이 국내 업체의 전화기 공급이 수요를 따르지 못하고 있던 터였다. 따라서 일부는 외국에서 수입해 들여와야 했으며, 때문에 정부는 국내 전자업계에 전화기 생산 설비 확장을 종용하고 있는 실정이었다.

삼성전자 또한 예외가 아니었다. 정부가 나서 전화기 생산을 종용했다. 관로가 보장된 땅 짚고 헤엄치기가 따로 없었다.

이병철은 요지부동이었다. 정부를 끼고 파는 상품은 절대로 만들지 않는다는 원칙을 끝내 고수한다.

한때 기아자동차 인수 건이 불거졌을 때도 이병철은 다르지 않았다. 기아자동차가 경영 부실로 인해 도산 위기에 처했을 무렵이었다. 당시 통치자는 그에게 기아자동차를 인수하라는 제의를 반 강압적으로 요구했다.

어떻게 보면 왕국의 몸집을 키울 수 있는 절호의 기회였다. 강압적이라 하지 않더라도 두 말 않고 누구나 넙죽 받아들일 제의였다. 또 이때 못 이기는 척 기아자동차를 인수했더라면 지금의 삼성은 또 어떤 모습이었을지 궁금하다.

그러나 이병철은 통치자의 제의를 끝까지 거부했다. 신병 치료를 구실로 일본에 장기간 머물면서 끝내 귀국하지 않았다.

물론 이병철은 창업보다는 기업 인수나 합병을 선호했던 건 사실이다. 하지만 기업을 인수할 적에도 그가 가지는 원칙이 우선이었다. 정부가 출자한 정부 소유 기업이거나, 정부가 개입한 기업 인수에 대해선 예의 '철벽의 금기'를 지켰다.

한데 그렇게 피하고 싶었던 정치권력과의 악연은 1980년대에 들어 또다시 이어지고야 만다. 전두환의 신군부가 비상계엄령으로 국회를 단숨에 해산시킨 뒤, 철권을 휘두르고 나섰다.

동양방송(TBC)과 중앙일보 두 언론사를 소유하고 있던 그 또한 예외가 아니었다. 신군부는 동양방송을 국영방송인 KBS에 통합시켜 신군부를 대변하는 도구로 삼고자 했다. 이병철 역시 정주영과 마찬가지로 어느 날 밤 은밀히 모 기관으로 불려간 것이다.

소문으로만 듣던 모 기관의 지하 수사실에서 신문사와 방송사 둘 가운데 하나를 내놓으라고 닦아세웠다. 험악한 분위기는 앞서 정주영에게 그랬던 것과 조금도 다름이 없었다.

이병철은 버티다 결국 포기 각서에 도장을 찍었다. 그러고는 서소문 중앙일보 사옥 3층에 있는 회장실로 돌아와 참모들에게 이렇게 말했다.

"일보는 아이데이. 히기 단디이 해래이."

다시 말해 중앙일보는 빼앗기지 않아 살아남았다는 뜻이고, 동양방송은 KBS에 넘겨주더라도 각종 방송장비며 시설 등에 대한 자산 가치 계산을 빠짐없이 정확히 하라는 뜻이다. 비록 강압적인 분위기 속에서 언론사 둘 가운데 하나를 강탈당하고 말았지만, 그런 상황 속에서도 냉철함을 잃지 않고 나름대로 계산을 가진 채 대처했음을 알 수 있게 해주는 대목이다.

정치에 일체 참여하지 않는다는 그의 '철벽의 금기'는 이후에도 줄곧 지켜져 나간다. 그런가 하면 시간의 흐름에 따라 종래에는 '철벽의 금기'가 육화되어 마침내는 체질화되기에 이른다. 체질화된 이후부터 경영의 이념은 물론이고, 향후 진로에까지 심대한 영향을 미친다. 이른바 삼성의 에토스, 묘사(描寫) 따위를 형성하는 데 결정적인 초석이 되었다고 말할 수 있게 된다.

그리하여 이병철과 삼성에게 유난히 기술을 강조하도록 만들었다. 정치권력에 직접 참여하지 않는다고 선언한 이상 또 다른 길이란 딴은 없었다. 이제 남은 거라곤 오직 치열한 경쟁 속에서 스스로 살아남을 수 있는 기술뿐이었다. '기술만이 살 길'이라는 데 선택의 여지가 없었다.

이처럼 이병철과 삼성왕국은 누구보다 일찍이 기술의 가치에 눈을 떴다. 다른 누가 따라올 수 없는 첨단기술만이 스스로를 지킬 수 있으며, 살아남을 수 있는 유일한 길임을 본능처럼 깨닫게 되었다는 사실이다.

이 같은 기술에 대한 절실한 인식은 일찍이 왕국의 시작점인 1953년까지 거슬러 올라간다. 8·15 해방 이후 국내에 건설된 최초의 현대식 대규모 제조 시설이라는 제일제당 공장 건설 때부터 이미 시작되었다고 볼 수 있다. 제일제당 설립은 애당초 사업 결정 과정에서부터 우여곡절도 많았으나, 공장 건설은 도처에서 난관이었다.

일본의 삼정물산을 통해서 일본 전중기계(田中機械)의 플랜트를 도입하기로 결정한 뒤, 기계류가 부산항에 도착했는데 그만 문제가 발생했다. 당시 대통령 이승만의 배일 정책 때문에 플랜트를 조립하고 시운전하는 데 필요한 일본인 기술자들을 한 사람도 입국시킬 수 없게 되었다. 도무지 예상치 못한 사태였다.

그렇다고 지금처럼 국제전화 사정이 좋은 것도 아니었다. 가까스로 전화 연결이 되긴 하였으나 통 들리지가 않았다. 매일 아침이면 국제전화로 일본의 기술자들에게 어려운 전문 기술용어를 하나하나 배워가며 기계 조립법을 터득해나가려니 복장이 터졌다. 게다가 원심분리기와 결정관 플랜트 본체를 제외한 기계는 외화 절약이라는 차원에서 전국의 고철을 뒤져가며 순전히 우리 손으로 일일이 만들어가야 했다.

그러면서 웃지 못할 광경도 벌어졌다. 갖은 고생 끝에 공장 건설을 끝낸 뒤 드디어 기계를 시운전하던 날, 또다시 예기치 않은 일이 벌어지고 말았다. 원심분리기가 크게 요동치면서 균형이 잡히지 않은 것이다.

당장 기계를 멈추고 설비 전체를 점검했으나 이상이 있을 만한 곳을 찾지 못했다. 밤낮으로 문제점을 찾았지만 뾰족한 수가 없었다.

그렇게 3일째 되던 날이었다. 원심분리기 옆을 지나가던 용접공이 혹시 원당(原糖)을 한꺼번에 너무 많이 집어넣어서 그런 게 아닌지 모르겠다고 지나가는 말처럼 한마디 툭 던졌다. 물에 빠진 사람은 지푸라기도 잡는다고 했던가. 그 소리에 따랐다. 원당을 조금씩 넣었더니, 과연 원심분리기 안에서 순백의 설탕이 순탄하게 쏟아져나왔다. 이병철은 너무 기뻐서 3일이 지난 이날을 제일제당의 창립일로 삼았다.

이처럼 첫 공장 설립의 힘든 과정에서부터 이병철은 기술 정보나 기술 인력의 확보가 새로운 현대산업에 얼마나 중대한 역할을 차지하는지 절감하기 시작했던 것 같다. 아울러 기술 혁신을 이루기 위해서는 먼저 기술 도입이 선행되어야 한다고 믿기 시작했던 것도 같다.

이런 믿음은 기술을 자체 개발하는 중요성을 인식하지 못해서가 결코 아니었다. 기초 과학이나 자체 개발 역량이 크게 뒤져 있는 당시 국내 실정에서 이상적인 면만을 강조하기보다는, 일본의 예에서 볼 수 있는 것처럼 먼저 선진 기술을 도입해서 최대한 활용하여 실력을 쌓고, 이를 바탕으로 다시금 신기술 개발에 힘을 쏟는 것이 보다 효율적인 해법일 수 있다고 확신했던 것이다.

요컨대 지구촌에서 무한한 기술력을 가진 미국만이 원천 기술의 보유자이긴 하지만, 그 아래 단계의 기술을 들여와 최대로 활용한 일본을 본보기로 삼자는 거였다. 실제로 그 같은 방법을 통해서 일본은 점차 힘을 길러내는 데 성공했고, 그 힘을 바탕으로 자체 기술력을 높여온 것 또한 사실이었다. 따라서 우리 역시 자체 개발인가, 아니면 기술 도입인가를 두고 과연 어느 쪽이 빠를 것인지 숙고해보자는 취지였다.

하지만 이랬던 이병철도 1980년대에 들어서자 생각이 급격히 바뀌게 된다. 자신의 고집만을 끝까지 고수하는 게 아니라 상황을 예리하게 분석하고 또한 유연할 줄 알았다. 첨단산업이 날로 확대되고 기술 경쟁이 가속화되면서, 기술 장벽이 하루가 다르게 높아져가자 조금은 다급해진다. 기술 도입 쪽에서 기술 자체 개발 쪽에 무게가 실리면서 보다 높은 관심을 보이며 적극성을 띠게 되는 것이다.

이 무렵 그는 노벨상을 수상할 만한 지구촌 최고 수준의 연구소 설립을 간절히 희망했다. 그룹 각사의 연구소가 제품 개량, 신제품 개발, 공정 개선 등 제품 관련 기술에 중점을 둔 것에 반해, 그룹 차원의 힘을 한데 모아 장기간이 소요되는 기초과학 기술과 미래 유망한 첨단기술 제품을 개발하는 데 역점을 두고자 한 것이다.

그 같은 취지에서 삼성종합기술원이 설립되었다(1986). 그가 타계하기 바로 한 해 전이었다. 이병철이 마지막으로 쏟아부은 집념의 결과였다.

그렇더라도 정치에 직접 참여하지 않는다는 생각의 결정판은 말할 나위도 없이 전자 산업으로의 진출을 꼽을 수밖에 없다. 하지만 삼성전자는 새까만 후발주자였다.

일찍이 1958년부터 금성사(LG전자)를 비롯한 몇몇 기업들이 이미 전자 산업을 주도해오고 있었다. 때문에 앞서 살펴본 것처럼 여러모로 불리한 제재가 따를 수밖에 없었다.

한데도 불구하고 전자 산업에 승부수를 던져야 했던 건 너무도 분명했다. 삼성은 정치권력에 직접 참여치 않는다는, 그런 만큼 오직 '첨단기술만이 살 길'이라는 철벽의 금기 때문이었다. 이것이 곧 지금의 삼성전자를 탄생케 한 밑돌이었다.

반면에 정주영은 이병철과 또 다른 선택의 길을 걸었다. 숲속의 고슴도치형 리더답게 왼쪽을 돌아보고 오른쪽을 곁눈질하지 않았다.

고대 함무라비 법전에 나오듯 '눈에는 눈, 이에는 이'였다. 자신이 직접 정치권력의 현장 속으로 뛰어들어 정벌하기로 작정한 것이다. 정주영식 뚝심이었다.

그는 마침내 결단을 내린다. 칠순의 후반을 바라보는 고령의 나이에도 불구하고 '통일국민당'을 창당하면서(1992), 정치관에 본격 투신한다. 같은 해엔 국회의원에 당선되어 금배지를 달았다. 뒤에 보다 상세히 살펴보게 되겠지만, 정주영은 대통령 선거에서 한국정치사의 두 거물인 민자당의 김영삼, 민주당의 김대중과 함께 대권을 놓고 물러설 수 없는 치열한 3파전을 직접 벌여나간다.

정치권력을 기웃거린 정주영

정주영은 자신을 일컬어 평소 '큰 일꾼'으로 부르길 좋아했다. 나이 들어서도 다르지가 않았다. 큰 일꾼으로서 자신은 아직 늙었다고 생각지 않았다. 일에는 늙고 젊음이 따로 없다고 믿었다. 어차피 자신은 큰 일꾼으로 살아가길 평생 원하던 터였다.

이랬던 그가 자신의 불문율을 스스로 깼다. 이른바 '통일국민당'을 창당하면서(1992) 돌연 정치판에 뛰어들었다. 살벌한 정치권력의 한 복판에서 비굴하게 머리를 숙이느니 차라리 정벌에 나서겠다는 것이었다.

충격적인 변신이었다. 어느새 나이도 많은 터였다. 칠순하고도 일곱 해가 더 지난, 이미 나이 지긋한 수준을 넘는 고령의 얼굴이었다.

따라서 이런저런 말들이 많았다. 유명하다는 어떤 가발 쓴 남자 탤

런트는 '기저귀 찬 치매 걸린 노인'이라고 정주영을 조롱했다. 선거 과정에서 빚어진 이런저런 해프닝으로 하루도 조용할 날이 없었다.

한데 풀리지 않는 의문 한 가지가 남았다. 집안에 들어앉아 편안히 쉬어도 결코 성치 않을 고령의 나이에, 하필이면 살벌하다는 정치판으로 뛰어들어 예의 정벌에 나섰느냐는 거였다.

이 점에 대해 정확히 밝혀진 건 없다. 단 한 번도 진지하게 논의되거나 심층까지 파고든 적도, 또 자신이나 측근의 누구도 시원히 속내를 털어놓은 적도 없다.

당시 그가 정치판에 뛰어들면서 표면상 내세웠던 기치는 '경제 살리기'였다. 뒤에 나올 얘기이긴 하지만, 그가 표방한 슬로건은 막강한 정치력을 발휘하고 있던 민자당의 김영삼이나 민주당의 김대중과는 다르게, 자신의 전공이랄 수 있는 '경제대통령'이었다. 지난 17대 대선에서 이명박이 처음부터 '경제'를 내세워 젊고 패기만만한 민주당의 정동영 후보를 멀찌감치 따돌렸던 것도 따지고 보면 그가 원조였던 셈이다.

그렇다 하더라도 결코 적지 않은 고령에 정치판에 전격 뛰어들었던 건, 단순히 '먹고사는' 경제 문제만은 아니었을 것이라는 게 중론이다. 필경 또 다른 곡절이 있었음이 분명해 보인다. 다만 지금에 와서 그의 심중을 새삼 헤아리기 어렵다는 것일 뿐, 그저 계란으로 바위 치기나 해보기 위해 그런 무모한 정벌에 나섰다고는 믿지지 않는다.

그러나 여전히 알 수 없는 일이다. 이 점에 관해선 도무지 알려진 바가 없기 때문이다.

하기는 그의 자서전 『이 땅에 태어나서』에 일말의 단서가 아주 없는 건 아니다. 1980년 전두환의 신군부에 불려가 다른 기업인들과는 분명 다르게 '절대로 못한다'고 끝까지 버텼음에도, 끝내 창원중공업을 강탈당하고 만 뒤 '경제 논리가 통하지 않은 시대'였다며, 당시를 돌아보며 다음과 같이 한탄하고 있다.

"5공화국 시절 내내 기업이 어렵지 않을 때가 별로 없었지만, 창업자였던 아우 인영이가 옥고까지 치르면서 일전 한 푼도 못 건지고 창원중공업 공장을 강탈당했던 기막힌 사건은 지워지지가 않는다. 나는 사람에겐 전쟁 이상의 어려운 고난은 없다고 생각하면서 살아왔다. 전쟁만큼의 고난은 아니지만 전혀 자격 없는 이들의 손에 쥐어진 권력이라는 칼날 아래 기업을 하면서 정변 때마다, 또 정권 교체 때마다, 그때그때 겪어야 했던 고난과 고통도 쉽지는 않았다…."

어떤가? 이제는 어떤 심증이 손끝에 잡히는 듯하지 않은가?

그가 정치권력에 발을 들여놓던 해엔 보다 직설적인 발언마저 내놓았다. 1992년 『신동아』와의 인터뷰에서 자신이 정치에 참여한 이유에 대해 이같이 밝힌다.

"나는 우리나라 경제를 꾸준히 발전시키려면 기업인의 능력만 가지고는 역부족이니까 언젠가는 정치를 해야겠다, 정치를 해서 기업을 성장시키는 모든 사람들한테 지장을 주거나 방해가 되는 일은 안 해야 되겠다, 그래야만 이 나라 경제가 경쟁력을 갖추고 정상적으로 발전할 수 있겠다고 생각했습니다. 그랬는데 근래에 와서 100억 달러 무역 흑자를 내던 우리나라가 다시 연간 100억 달러 적자로 돌아서고, 작년 말로 적자 누계가 400억 달러, 금년 말까지 500억 달러가 되는 것은 명약관화한 사정이 되었습니다. 현재 민자당 정부의 5년으로 이렇게 경제가 파탄에 빠졌는데, 다시 5년을 더 하게 되면 이 나라 경제는 수렁에 빠져서 재기불능의 염려가 있다고 생각합니다. 그래서 나는 늘 새롭고 창의적이며 능력 있는 정치가들이 나와서 이 나라 경제를 수렁에서 건지고 새로운 기풍을 진작하지 않으면, 우리 민족이 영원히 재기의 기회를 놓친다고 생각해서 정계에 나왔습니다…."

완곡한 표현이긴 하지만, 발언의 서두 부분에 주목해주길 바란다. '기업을 성장시키는 사람들한테 지장을 주거나 방해가 되는 일은 안 해야 되겠다'고 한 부분을. 아무래도 이날 인터뷰에서 방점은 여기가 아닐까 싶다. 나머지 부분은 다른 후보들도 얼마든지 발언할 수 있는 내용으로 보인다.

또 이쯤 되면 일말의 단서가 아니라 어떤 추론도 가능하지 않을까? 평생토록 기업을 이끌어오면서 그때마다 치러야 했던 마음의 상흔, '기막힌 사건은 지워지지 않는다'는 그러한 상흔을 치유키 위해서라기보다는 어쩌면 자신이 나서 반드시 근절시키고 싶은 어떤 남다른 대의를 품었던 건 아닐는지, 자신이 나서 올바르게 정립시켜야만 하는 무언가가 따로 있지 않았느냐는 거다. 또한 그 '일' 역시 오직 자신만이 해낼 수 있다고, 생애 마지막 남은 과제로 여기지 않았는지 모른다는 사실이다.

아니, 이병철과 정주영을 일컬어 불세출의 기적 어쩌고 할 땐 언제이고 이제 와서 엉뚱한 소리냐고? 하지만 생각해보라. 제아무리 영웅호걸이라 할지라도 남모를 마음의 상처란 있기 마련이다. 또 그런 남모를 마음의 상처로 인해 얼마든지 역사가 뒤바뀔 수도 있음을 우린 이미 역사 속에서 숱하게 목격하지 않았던가.

하지만 그걸 여기서 대체 무슨 수로 입증할 수 있겠는가? 말로만 듣던 모 기관의 지하 수사실에서 그들이 고통을 겪으며 무슨 생각을 했을지 그 속내를 어떻게 알 수 있단 말인가.

앞서 이병철이 왜 '철벽의 금기'를 내세워가며 첨단의 기술만이 살 길이라고 했는지에 대해 두루 살펴보았다. 그가 왜 삼성전자에 그토록 집념을 가졌는지에 대해서도 깊숙이 들여다보았다. 이병철은 그렇듯 첨단의 기술만이, 오직 삼성전자만이 그 질문에 대한 해법이라고 일찌감치 답안을 찾은 듯했다.

정주영 역시 다르지 않았다고 본다. 선택과 방법에 있어선 서로가 다르긴 했다지만, 그런 이유 때문에 고령의 나이임에도 그 살벌하다는 정치판에 뛰어들어 정벌에 나선 것으로 보인다. 다름 아닌 '경제 논리가 통하는 세상'으로 만들어놓아야 한다는 것을, 자신에게 남은 마지막 과제로 여겼을 것이라는 추론이다.

어쨌든 정주영은 이병철과 달랐다. 늘그막에 이르러 전격 다른 길을 선택했다. 정치판에 뛰어들어서도 저돌적이었다. 당시 언론이 그를 '불도저'라고 표현한 것은 매우 적절한 수식어였다.

그는 '통일국민당'을 창당하자마자 정치판에 신선한 바람을 일으켰다. 선거 분위기를 일거에 주도해가며 도처에서 돌풍을 일으켰다. 정치판에서조차 예의 끝까지 최선의 노력을 다했다. 광야를 거침없이 내달려가는 한 마리의 준마와도 같았다.

그처럼 같은 해 처러진 총선에서 지역구 의원 24명을 당선시켰다.

거기에 전국구 7명을 합하여 모두 31석을 차지함으로써 '캐스팅 보트'를 쥔 원내 3당으로 당당히 자리 잡았다.

그도 전국구 후보로 국회에 첫 진출, 저고리 옷섶에 반짝이는 금배지를 달았다. 여당이던 민자당을 뛰쳐나와 자신의 참모역을 맡았던 6남 정몽준도 울산에서 무난히 당선되었다. 헌정 사상 아버지와 아들이 총선에서 나란히 당선되는 첫 번째 기록을 남긴다.

이런 여세를 몰아 77세라는 결코 적지 않은 고령에도 그해 겨울에 치러진 대선에 통일국민당 대통령 후보로 나섰다. '난파된 대한민국호를 고쳐서 항해를 계속할 수 있도록 만들겠다'고 천명했다. '나를 대통령으로 뽑아준다면 국민 모두가 잘 사는 민부(民富)의 시대를 열겠다'고 포효했다.

반도체를 눈여겨본 이병철

　서로가 똑같이 정치권력에서 입은 상흔을 '이기기 위한 길'로 정주영과 이병철은 전혀 다른 길을 선택한다. 오래 전의 속다짐에 따라 이병철은 끝내 정치를 한사코 외면했다. 대신 그는 정치권력에서 입은 상흔을 '이기기 위한 길'로 첨단기술을 눈여겨보았다. 이병철이 반도체에 대한 관심을 자주 나타내기 시작한 것도 1980년대부터였다. 선발 기업 아남산업이 반도체 사업을 시작한 지 10여 년이 지난 시점이었다.

　사실 진통 끝에 후발주자로 어렵사리 출범한(1969) 삼성전자는, 가동에 들어간 지 10여 년 만인 1978년에 이미 세계 최대 기록을 달성했다. 흑백 TV 200만 대 생산으로 일본 마쓰시타전기의 코를 납작하게 만들었다.

문제는 질보다 양이라는 데 있었다. 대량 생산한 제품의 수출은 한계에 부딪힐 수밖에 없었고, 국내 수요도 공급을 따라갈 정도가 아니어서 재고가 쌓여갔다. 구형 모델인 경우엔 누적된 재고를 정리하기 위해 덤핑으로 밀어냈다. 이마저도 한계에 달하자 심지어는 계열사 임직원들에게 장기 할부로 떠맡기기까지 했다. 삼성전자의 경영난이 그만큼 심각했다.

그럴 즈음이었다. 경제계에 이상한 소문 한 가지가 떠돌았다. 반도체에 관한 소문이었는데, 그 작은 제품은 트렁크 하나 정도가 무려 100만 달러를 호가한다는 것이었다.

1차 산업 제품인 광산물을 한 배 가득 선적해도 고작 수십 만 달러가 될까 말까 한데, 소문이 끊이지 않자 경제계의 인사들이 너도나도 반도체에 관심을 나타내지 않는 이가 없었다. 일부에선 미국까지 건너가 시장조사를 타진해보려 했지만, 미국 기업에서 상대도 해주지 않았다. 외화만 낭비한 채 돌아왔다는 풍문까지 무성하던 무렵이었다.

이병철은 삼성전자 사장 강진구를 태평로 삼성본관 회장 집무실로 불렀다. 그에게 이렇게 물었다.

"반도체는 대체 종류가 몇 가지나 되는 기야? 이기 말하는 사람마다 다 달라서 도시 종잡을 수가 있어야제."

그 또한 이미 반도체 공부를 시작했다는 반증이다. 강 사장은 이렇게 대답했다.

"회장님, 그건 사람이 몇 종류나 되느냐고 물으신 것이나 마찬가지 질문입니다. 세상 사람들을 남자와 여자라는 성별로 구분할 수도 있겠고, 황인종이냐 백인종이냐 하는 식으로 인종으로 나눌 수도 있을 것이며, 또한 나이로도 나눠볼 수가 있을 것입니다. 반도체도 마찬가지라서 어떻게 구분하여 보느냐에 따라 그 종류와 수가 달라지는 겁니다. 따라서 한 마디로 몇 종류라고 말씀드리기 어려운 문제입니다."

이병철은 더 이상 입을 열지 않았다. 하지만 끝내 의문이 해결되지 않았던 건지 훗날 일본에 가서도 똑같은 질문을 하게 된다. 맨 처음 '반도체'라는 번역 어휘를 만들어낸 것으로도 유명한, 일본 반도체 연구의 1인자로 알려진 산켄전기 회장 오타니 다이묘 박사에게 물은 것이다. 오타니 박사는 이렇게 답했다.

"이 회장님, 저는 평생토록 반도체를 연구해왔지만, 아직도 반도체를 완전히 이해한다고 말할 수 없습니다. 그러니 반도체는 젊은 사람들에게 맡기십시오."

오타니 박사와 산켄전기의 기술부장이었던 덴다 쇼이치 박사는 오랫동안 친분이 있었던 사이로, 이병철은 그들에게 반도체에 대해 많은 조언을 구했던 것으로 전해지고 있다.

그 밖에도 다수의 반도체 관련 학자들과 기업가들로부터 조언을 구했다. 특히 전후(戰後) 요시다 시게루 정권에서 경제 부흥 계획의 입안자 가운데 한 사람이자, 후지화학 회장인 이나바 슈조 박사의 조언이 결정적이었다. 그에 따르면 1차 오일쇼크(1973) 이후 일본의 산업 구조가 반도체, 컴퓨터, 신소재, 광통신, 우주개발 등으로 전환 개편되어 가고 있다고 했다. 그중에서도 반도체와 신소재 분야가 가장 유망하다는 말에 힌트를 얻었던 것으로 알려지고 있다.

이병철은 일본에서 돌아오자마자 다시 삼성전자 사장 강진구를 집무실로 불렀다.

"요즘 반도체가 중요하다고들 하는데, 우리도 이미 반도체를 하고 있지 않은가?"

그랬다. 삼성은 그때 이미 반도체 사업을 벌인 상태였다. 몇 해 전에 적자 기업을 떠안다시피 인수한 한국반도체가 그것이었다.

"그런데 와 우리 것은 잘 안 되노? 잘 안 된다는 건 이익이 안 난다는 것인데, 이익은 제쳐놓더라도 어째서 팍팍 크지 못하고 있노?"

강 사장은 송구스럽다는 듯이 자세를 낮추며 일본 산요전기의 예를 들었다.

"산요전기의 경우 세계 도처에 있는 기술 제휴선과 자사의 반도체 수요량을 합치면 벌써 상당한 양이 됩니다. 가전제품용 반도체만 가지고도 이익을 올릴 수가 있습니다. 그러나 우리의 경우 가전에 필요한 각종 반도체를 개발해야 하는데, 투자비에 비해 수요량이 적으니, 이익을 올릴 수가 없는 구조입니다. 요컨대 반도체는 수량의 문제입니다. 하나를 개발하더라도 월 수십만 개, 수백만 개를 생산할 정도로 시장이 있어야만 비로소 클 수가 있는데, 지금 삼성의 전자 산업만으로는 그 규모가 안 되니. 그런 제품을 별도로 검토해봐야 하겠습니다."

다음 순간 이병철의 눈빛이 강 사장의 얼굴에 날카롭게 꽂혔다.

"하나를 개발해서 그렇게 많이 팔 수 있는 제품이 있겠나?"

"기술이 다소 어렵긴 하지만, 기억소자(메모리)와 계산소자(정보처리)는 세계가 모두 공통 규격입니다. 따라서 시장 또한 규모가 대단히 큽니다. 수요량은 얼마든지 있다고 볼 수 있습니다."

강 사장의 설명을 들은 이병철은 잠시 골똘히 생각에 잠기는 것 같았다.

"…강 사장도 연구해보게."

사실 그 무렵 메모리 반도체 시장의 판도는 미국과 일본, 그리고 유럽의 몇 개 기업이 세계시장에서 각축전을 벌이고 있었다. 경쟁이 치열하다 못해 공급과잉의 조짐마저 우려되는 실정이었다.

그런데도 장래가 유망한 사업이라는 데 이견이 따로 있을 수 없었다. 따라서 당장 생사를 걸어야 할 것만 같은 분위기였다.

그럴 무렵 이병철은 미국으로 건너간다(1982). 1970년대에 이미 두 차례에 걸쳐 오일쇼크를 겪으면서 불황에 적절히 대처하지 못한 미국 산업계의 위축된 모습은 일본 산업계와 대조적이었다. 일본이 재빨리 하이테크에 주력하여 이른바 '중후장대'의 산업 구조를 '경박단소' 지향으로 전환시켜 성공한 것과는 뚜렷하게 대비되는 풍경이었다.

그는 미국 방문을 마치고 돌아오자마자 결심한 듯 그간의 반도체 사업에 대한 논의를 전면적으로 재평가하라고 지시했다. 곧바로 전담팀이 꾸려졌고, 전담팀에선 지난 8년 동안의 (한국반도체)사업을 면밀히 분석해서 앞으로의 추진 사업 보고서를 내놓았다.

보고서를 받아본 이병철은 기존의 한국반도체의 반도체 사업과는 별도로 신규 사업으로 추진하되, 세계의 공통 규격인 메모리 반도체를 중심으로 하는 사업 계획을 다시금 작성해오도록 지시했다. 지금까지 가전용 LSI(대규모 직접회로)를 겨우 제조하고 있는 단계의 수준에서, 그보다 몇 배의 첨단기술을 요하는 VLSI(초대규모 직접회로)의 개발 계획을 수립하라는 엄명이었다. 청천벽력이었다.

더구나 메모리 반도체라고 해도 거기에는 다시 D램과 S램, 마스크롬, EP롬 등으로 분류되고 있었다. 이 가운데 과연 어느 것을 선택할 것인지도 첨예한 문제였다. 처음 한동안에는 가격 경쟁이 치열하게 벌어지고 있는 D램을 피해 S램으로 하자는 쪽으로 기울어지기도 했다.

만일 그때 S램 결정으로 끝내 굳어지고 말았더라면 지금의 삼성전자는 존재하지 않았을지도 모른다. 실로 아찔한 순간이 아닐 수 없었다.

한데 막판에 가서 '신의 한 수'를 두었다. 우선 S램은 시장 규모가 D램의 25~30%밖엔 되지 않았다. 더욱이 지금까지의 경험으로 미뤄 비록 가격 경쟁이 치열하고 공급 과잉이 예상된다 하더라도, 시장 규모가 큰 쪽으로 도전해볼 필요성이 있다는 쪽으로 다시 분위기가 기울었다. 결국 D램이 유리하다는 결론에 도달케 되었다.

물론 결론에 도달하기까지 쉽지 않았다. 그뿐 아니라 메모리 사업을 과연 어떻게 추진할 것이냐 하는 실행 문제 또한 여전히 장벽으로 남은 상태였다.

이윽고 1983년 2월초, 이병철은 일본 도쿄의 오쿠라(大倉)호텔에 머물고 있었다. 몹시 피곤함에 절은, 핼쑥해진 얼굴에 깊은 번뇌로 입술마저 부르튼 채였다. 깐깐하고 깔끔하기로 소문난 왕국의 총수로는 도무지 어울리지 않는 보기 드문 모습이었다.

그는 창문 너머 어두운 야경 속으로 눈길을 가져갔다. 벌써 며칠째 밤잠을 이루지 못해 초췌해진 눈빛으로였다.

'과연 해야 할 것인가…, 하지 말아야 할 것인가…?'

생애 마지막 미션을 두고 장고에 장고를 거듭했다. 심각하게 갈등하고 또 번뇌했다. 자신이 내리게 될 판단에 따라 왕국의 미래가 결정될 것이기 때문이었다.

이날 밤도 그처럼 꼬박 밤을 지새운 그는, 이튿날 날이 밝아오자 마침내 마음을 굳힌 듯 수화기를 집어 들었다. 서울로 거는 국제전화였다.

같은 시각, 삼성전자 사장 강진구는 중앙일보 회장 홍진기의 방에 앉아 담소 중이었다. 그때 전화벨 소리가 울렸다. 일본에 체류 중인 이병철로부터 걸려온 국제전화였다.

"아, 네에, 회장님…."

전화를 받은 홍 회장의 표정에서 강 사장은 무언가 중대한 대화가 오가고 있음을 느꼈다. 대화 내용은 주로 반도체에 관한 거였다. 통화를 끝낸 홍 회장이 강 사장에게 말했다.

"이 회장께서 말씀하시길, 누가 뭐래도 삼성은 반도체를 할 테니. 이 사실을 내외에 공포해달라 하시는군요."

당시 강 사장은 차기 신규 사업을 신중히 물색하고 있다는 사실을 간접적으로 전해 듣고 있었다. 때문에 그룹의 차기 주력 사업으로 반도체 사업이 선정되었구나 하고 직감으로 알아차릴 수 있었다.

이병철은 평소 깐깐한 질문과 꼼꼼한 메모, 끊임없는 탐구로 유명했다. '모르는 것이 부끄러운 것이 아니라, 모르면서 그냥 넘어가는 게 부끄러운 것'이라는 지론을 가진 그는, 자신이 이해하고 납득할 때까지 질문하고, 기록하고, 또 탐구를 거듭했다.

같은 시기 팀장급인 최준명(훗날 삼성재팬 대표)에게 "램이 뭐냐"며 질문을 쏟아냈다. 신규 사업을 벌일 때 90개 항목에 달하는 사업성 검토서를 매뉴얼로 정착시킨 장본인도 앞서 밝힌 것처럼 이병철 자신이었다.

그가 왕국을 이끌 때 1년의 절반 정도는 으레 일본에 머문 것도 그런 연장선상이었다. 매년 연말이면 일본으로 건너가 그곳에서 신년을 보낸 뒤, 1월 중순쯤이면 귀국하는 것도 연례행사였다.

그는 일본에 머무를 때 여러 방송 채널들이 기획한 특별 프로그램들을 유심히 살펴보곤 했다. 한 해 동안의 경제 동향에 관한 결산과 신년을 맞이하는 전망에 대해 일본의 저명한 석학이나 저널리스트들이 벌이는 좌담이나, 그런 기획의 특별 프로그램들을 놓치지 않았다.

그런 다음 신년 하례가 끝날 즈음이 되면 마침내 움직였다. 일본 경제계의 동향에 정통하고 나름대로 일가견이 있다고 알려진 경제 전문기자들을 점심이나 저녁식사에 초대해서 심도 있는 대화를 나눴다. 여러 사람을 한꺼번에 부르는 것이 아니라 한 사람 한 사람씩 따로 만나 지난해 업적이 우수했던 업종이며 무엇 때문에 그런 결과가 나왔는가를, 그리고 신년의 전망까지 꼼꼼히 묻고 경청했다. 전문기자들은 표면에 나타난 숫자나 일반적으로 알려진 정보뿐 아니라, 실제 일선의 상황까지 소상히 꿰고 있어 그 원인을 설명 듣는 데 더할 나위가 없었다.

또 그같이 경제 전문기자들을 통해 일본 경제의 큰 흐름을 파악하고 나면 다시금 다른 그룹을 찾았다. 이번에는 흥미 있는 분야를 골라 관련 대학교수 등 저명한 학자들을 만났다.

그가 만나는 학자들은 이론에만 밝은 것이 아니라, 경제계의 동향까지도 꿰뚫어보는 그런 전문가들이었다. 물론 그들 역시 경제 전문기자들을 만났을 때와 같은 수순을 밟기 마련이었다.

그런 다음에는 또다시 일본 경제계에서 이름난 유명 기업가들을 초청했다. 이병철은 일본 경제계에도 두루 발이 넓어 친분이 두터운 유명 기업가가 적지 않았다.

그들을 한 사람 한 사람 만나서도 경제 전문기자들과 저명한 학자들을 만났을 때와 같은 질문과 경청의 수순을 밟게 된다. 기업가들이란 그들 나름대로의 견해가 있기 마련이고, 무엇보다 구체적인 데다 누구보다 현장성에 강점이 있기 때문에 그가 빼놓지 않고 마련하곤 했던 자리였다.

이렇게 그는 일본에서 삼성에 도입할 새로운 시스템이나 관리 기법, 비전을 찾아냈고, 이를 그룹 비서실에 지시하여 접목시켜 나갔다. 새로운 사업을 시작할 경우라면 절차와 과정이 한층 더 철저했다. 확신이 설 때까지 거듭 확인하고 또 확인하기 일쑤였다.

일련의 순서를 모두 마치게 되면 마침내 귀국을 앞두게 되는데, 마지막 수순으로 그는 꼭 도쿄 시내의 대형 서점을 찾고는 했다. 서점을 찾아서 참고가 될 만한 책들을 몇 아름씩 골라 사가지고 돌아왔다.

　귀국하면 그는 일본에서 직접 작성한 유망 업종 리스트 및 자료들을 그룹 비서실에 전하면서, 사업의 타당성 따위를 검토해서 보고하라고 지시했다. 이렇게 해서 선정된 신규 업종이 곧 보험업계였다. 연이어 제지, 합섬, 매스컴, 전자, 중공업, 석유화학 등이 모두 그런 과정을 거쳐 설립된 새로운 사업들이었다.

　한편 이병철로부터 국제전화를 받은 중앙일보 회장 홍진기는 서둘러 자리에서 일어났다. 그리고 며칠 지나지 않은 3월 15일 '우리는 왜 반도체 사업을 하여야 하는가'라는 선언문을 삼성그룹 이름으로 각 일간지 지면에 발표했다.

　"우리나라는 인구가 많고 좁은 국토의 4분의 3이 산지로 덮여 있는 데다 석유, 우라늄같이 필요한 천연자원 역시 거의 없는 형편이다. 다행히 우리에게는 교육 수준이 높으며 근면하고 성실한 인적 자원이 풍부하여 그동안 이 자원을 이용한 저가품의 대량 수출 정책으로 고도성장을 해왔다. 그러나 세계 각국의 장기적인 불황과 보호무역주의의 강화로 대량 수출에 의한 국력 신장도 이제는 그 한계에 이르게 되었다.

　이러한 상황 아래에서 삼성은 자원이 거의 없는 우리의 자연적 조건에 적합하면서 부가가치가 높고 고도의 기술을 요하는 제품의 개발이 요구되었다. 그것만이 현재의 어려움을 타개하고 제2의 도약을 기할 수 있는 유일한 길이라고 확신하여, 첨단 반도체 사업을 적극 추진키로 했다. 반도체 사업은 그 자체로서도 성장성이 클 뿐 아니라, 타 산업으로의 파급 효과도 지대하고 기술 집약적인 고부가가치 산업이다. 이러한 반도체 사업을 우리 민족 특유의 강인한 정신력과 창조성을 바탕으로 추진하고자 한다⋯."

그러나 지난 반세기여 동안 수많은 사업을 벌여오면서 남달리 탁월한 혜안과 예민한 감각으로 불패의 신화를 쌓아온 이병철이었지만, 이번만은 달랐다. 지금까지 국내 시장에서 서로 경쟁하고 공략하던 패턴에서 벗어나, 처음으로 지구촌을 상대로 경쟁하고 공략해야 하는 반도체 사업이었다. 당시 상황으로 볼 때 우리 기업의 수준에선 너무도 높기만 한 장벽이 아닐 수 없었다.

무엇보다 선진국과의 극심한 기술 격차, 막대한 자금 마련, 고도의 기술 두뇌 확보, 짧은 라이프 사이클로 인한 높은 위험성 등은 기존에 왕국이 벌이던 사업과 비교해보았을 때 반도체 사업은 도박이 아닐 수 없었다. 아니, 불가능에 가까운 맹목적 도전으로밖에는 비쳐지지 않았다.

그런 만큼 섣불리 반도체 사업에 뛰어들었다 자칫 수렁에라도 빠지는 날에는 왕국 전체가 뿌리째 흔들릴 수 있었다. 지난 반세기여 동안 이루어놓은 공든 탑이 한순간에 무너질 수도 있었다. 그가 도쿄에서 몇 날 밤을 뜬눈으로 지새우며 고뇌했던 까닭도 그런 이유에서였다.

하지만 주사위는 내던져졌다. 삼성전자가 반도체 사업에서 살아남을 수 있을 것이라고 누구도 점치지 않는 가운데, 접시의 물은 이미 엎질러진 뒤였다. 이제는 돌이키기 어려웠다. 지금부터는 한 순간

한 걸음마다 왕국의 운명이 결정될 수밖엔 없었다. 이병철은 과연 왕국의 국내 시장을 넘어 세계시장에서 자웅을 겨루는 제국으로 도약할 것인지. 그렇다면 그 방법은 대체 어떤 것이 될 것인지….

여든 노구의 정치 패배는 참혹했다

이병철이 생애 마지막 미션으로 반도체 사업을 왕국의 미래 주력 사업으로 삼는 운명의 도전에 나섰다면, 정주영 역시 생애 마지막 미션으로 운명을 건 도전에 들어갔다. '철벽의 금기'였던 이병철과는 다르게, 정치권력의 한복판에 뛰어들어 직접 정벌에 나선 것이다.

정주영은 '통일국민당'을 창당하자마자(1992) 같은 해에 치러진 총선에서 31석의 의석을 확보하며, 캐스팅 보트를 쥔 원내 제3당으로 안착했다. 여세를 몰아 같은 해 겨울에 치러진 대선에서 대통령 후보로 나섰다.

지금도 달라진 게 한 가지도 없지만, 그 시절에도 먹고사는 문제가 당장 현안이었다. 하늘 높은 줄 모르고 치솟는 아파트 분양가를 절반으로 낮추는 공약을 시작으로, 집권 1년 안에 국제수지를 100억 달러 흑자로 만들어 1인당 국민소득을 2만 달러까지 끌어올리겠다고 호언장담했다.

그렇잖아도 당시 경제는 내리막길로 곤두박질치고 있을 시기였다. 정주영이 쏟아내는 한마디 한마디는 국민들로부터 박수갈채를 받기에 충분했다.

이 같은 그의 선전은 대선에서 가장 중대 변수로 떠올랐다. 예상을 훨씬 웃도는 인기로 대선에서도 또다시 '정주영 신화'가 극적으로 탄생할지도 모른다는 소문이 그칠 줄 몰랐다.

그쯤 되자 민주당의 김대중 후보보다는 지지 기반이 서로 겹치는 민자당의 김영삼 후보와 정주영 사이에 틈새가 벌어질 수밖에 없었다. 더구나 세간에선 선거 막바지에 이르러 민주당의 김대중 후보를 떨어뜨리기 위해 정주영이 민자당 김영삼 후보의 손을 들어줄 가능성이 있다는 소문이 파다하게 퍼졌다. 아무래도 그가 정치 초년병인데다, 건강에 이상이 있어 중도 포기한다는 출처 불명의 뜬소문조차 나돌았다.

"나라가 망해가고 있는데 밀실에서 대권 흥정이나 벌이자는 사람은 통치자로서 자격이 없다!"

"이제 와서 간교를 부리는 것을 보니 사람이 변한 모양이다!"

"의리라곤 없어 도저히 믿지 못하겠다!"

정주영은 꿋꿋했다. 세간의 뜬소문을 일축이라도 하듯 민자당 김영삼 후보를 거침없이 공격하고 나섰다. 김영삼 후보를 정면으로 가리키며 연일 맹공을 퍼부었다. 민자당의 김영삼 후보도 가만있을 성질이 아니었다. 그 또한 정주영 후보를 노골적으로 적대시했다.

사실 대선 전만 해도 둘은 사이가 그리 나쁘지만 않았다. 정주영은 가까운 사람들에게 'YS를 지지하는 게 좋지 않겠느냐'고 했을 정도였다. 민자당 김영삼 후보 역시 그를 '훌륭한 기업인'이라고 추켜세우고는 했다.

한데 대선 열기의 돌풍이 그만 둘 사이를 돌이킬 수 없이 갈라놓았다. 날이 갈수록 두 사람 사이에 원색적인 비난이 수위를 높여갔다. 그 같은 형세는 자연스레 쫓기는 쪽보다는 쫓는 쪽이 훨씬 더 날카로운 발톱을 세울 수밖엔 없었다.

마침내 공방을 주고받은 선거 열전도 끝나면서 일제히 개표에 들어갔다. 개표 결과 집권 여당이었던 민자당 김영삼 후보의 승리였다. 민자당 김영삼 997만 표(41.98%), 민주당 김대중 804만 표(33.8%), 통일국민당 정주영은 388만 표(16.32%)를 얻는 데 그쳤다.

제아무리 '시련은 있어도 실패는 없다'고 외치던 정주영이었으나, 대선의 패배는 충격적이었다. 또한 그 충격은 단순히 대선의 패배만으로 끝나는 것이 아니었다.

그보다 더 가혹한 업보가 그를 기다리고 있었다. 패자가 겪어야 할 죽은 자와도 같은 수모 말고도, 전 생애에 걸쳐 일으켜 세운 자신의 왕국마저 그 기반이 위태로울 지경에 놓였다.

아니나 다를까. 선거 기간 중에 현대그룹에서 자금을 끌어다 쓰거나 임직원들을 동원했던 사실들을 차례대로 들춰내기 시작하면서, 알 수 없는 소문마저 끊임없이 줄을 이었다. 그는 이제 단순한 선거사범이 아닌 형사범으로 처벌받을 가능성이 날로 커져갔다.

결국 그는 자신이 원하지 않았음에도 국회의원직과 통일국민당 대표 최고위원 자리를 내놓은 채 정계에서 물러나야 했다. 당장 자신의 왕국에 휘몰아칠 후폭풍을 모면하기 위해선 어쩔 수 없는 선택이었다.

하지만 시련은 그것만으로 끝나지 않았다. 그는 끝내 법정에까지 서야 했다. 선거가 끝난 2년 뒤, 서울 고등법원 형사1부 법정에서 피고인은 정주영이었다. 그에 대한 '대통령 선거법 위반사건' 항소심 선고 공판이 열렸다. 재판장 이상현 부장판사는 판결문을 읽어 내려가기 시작했다.

"회사에 노동력을 제공하기만 하면 되는 근로자에게, 창업주 개인의 선거 업무까지 떠맡기는 전근대적 고용관계는 현대사회에서 도저히 용납될 수 없는 일이다…."

여든 노구의 정주영은 피고인석에 힘겹게 선 채 재판부로부터 따가운 훈시를 고스란히 얻어들어야 했다. 그는 최후 진술에서, "여든 살이 된 제가 무슨 욕심이 있겠습니까? 다만 대통령을 도와 국가경제를 살리는 데 여생을 바치고 싶습니다"며 선처를 호소할 수밖에는 없었다.

그에게 떨어진 선고 형량은 징역 3년이었다. 그간의 경제적 공로와 업적을 참작해 내려진 판결이었다. 다만 재판부는 실형을 선고하고도 곧바로 수감시키진 않았다. 당연히 법정구속으로 이어져 구치소에 수감되어야 했음에도 고령인 점이 감안되었다.

물론 경영 일선에도 복귀할 수 없었다. 정계에서 물러나며 경영 일선으로의 복귀를 원했으나, 그때마다 발목이 묶이곤 말았다.

정주영이 겨우 다시금 복권될 수 있었던 건 그로부터 1년이 더 지나서였다. 광복절 특사(1995)로 가혹한 업보에서 가까스로 풀려나게 되었다.

그러나 광복절 특사로 복권이 되기까지 그가 치러야 했던 대가는 너무도 가혹했다. 뼛속 깊은 것이었다.

심지어 그는 "정직한 대통령을 뽑은 한국 국민들은 위대하다. 나를 뽑았더라면 큰일 날 뻔했다"며, 스스로 자신의 뺨을 때리는 치욕스런 자기 부정마저 해야만 했다. 불과 몇 달 전만 하더라도 "한 치 앞도 내다보지 못한 위인이 그만 대통령병에 단단히 걸려 선거 때마다 분칠을 하고 나온다"는 비난조차 서슴지 않던 그답지 않은 유화 제스처였다.

그뿐만 아니라 왕국을 해체해서 경영과 소유를 완전히 분리하겠다는 움직임마저 보여주어야만 했다. 겉으로는 대통령 선거 때의 재벌 해체 공약을 실천하는 것이란 친절한 설명까지 덧붙여야만 했던 것이다.

그렇게 현대해상화재보험, 현대알루미늄, 금강개발, 한무쇼핑 등 일부 계열사의 분리 작업이 서둘러 시작된 것도 그럴 무렵이었다. 곧바로 분리되어도 그룹 전체에 별다른 영향을 주지 않는 기업 위주로 대상을 고른 것이라고 했다. 뒤이어 현대는 왕국을 대표하는 현대중공업을 비롯하여 현대상선, 고려산업개발, 현대산업개발, 현대엘리베이터 등 5개 기업군을 공개하기로 결정을 내렸다.

아울러 과장급 이상 모든 임직원에 대한 신년도 임금을 전격 동결시키는가 하면, 계열사에서 생산되는 제품 값을 한시적이나마 묶어

두는 조치가 뒤따랐다. YS정부의 이른바 신경제 100일 계획과 고통 분담 정책에 적극 동조하는 것이라고 밝혔다. 참으로 눈물겨운 짝사랑(?)이 아닐 수 없었다.

아무렇든 그처럼 가혹한 업보의 대가, 눈물겨운 짝사랑마저 다 바쳐서 끝내 광복절 특사로 가까스로 복권이 되었다. 계동에 자리한 현대그룹 사옥 12층 그의 집무실에 '명예회장실'이란 팻말이나마 다시 내걸 수 있게 된 것이다.

정주영은 바로 그날 정례 사장단 회의를 주재한 데 이어, 하루도 빠짐없이 자신의 집무실에 꼬박꼬박 출근했다. 아침 8시면 어김없이 집무실에 나와, 그룹의 주요 결정 사안들을 의욕적으로 챙겨나가기 시작했다. 그가 왕국으로 다시금 돌아온 것이다.

건곤일척의 명운을 건 반도체 사업

　이병철은 새로운 첨단기술과 제품을 드라이브하며 뒤늦게 출범한 삼성전자를 이끌었다. 운명과 흥망을 건 건곤일척의 단판 승부였다. 그리고 마침내 지구촌에서 가장 강력한 반도체 기업으로 낸드플래시 메모리 분야 세계 1위의 자리에 올라섰다(2002). 신규 사업으로 반도체 도전을 선언하고 나선 지 19년여 만이었다. 실로 집념에 찬 놀라운 개가가 아닐 수 없었다.

　하나의 문을 열자 그다음 문은 처음보다 순조로웠다. 세계 정상에 오른 축배를 미처 들 겨를도 없이 또다시 새로운 기술을 계속 개발하고 집적도를 높여, 이태 뒤에는 바야흐로 모바일혁명을 이끌 퓨전 메모리인 원낸드(OneNAND)를 세계 최초로 개발한 데(2004) 이어, 다시 이태 뒤에는 CTF기술을 토대로 40나노 32기가 낸드플래시 메모리를 내놓았다(2006). 모두가 이 분야에서 세계 기술 1위를 거두는 놀라운 성과를 보였다.

하지만 19년 전 그가 처음 왕국의 미래 주력 사업으로 반도체 사업에 진출하겠다고 선언했을 때만 하여도 모두가 회의적이었다. 손을 내밀어 잡아주는 우호 세력이라곤 어디서도 찾아보기 어려웠다. 그땐 미국과 일본이 태평양을 사이에 두고 살벌한 '반도체전쟁'이 날로 가속화되어 가던 중이었다.

때문에 철저한 기술보호주의가 어느 때보다 강화되어 바늘구멍 하나 비집고 들어갈 틈이라곤 전무했다. 메모리 사업이란 첨단기술의 도입 없이는 단 한 발짝도 앞으로 나아갈 수 없는 일인데, 당장 그런 첨단기술을 왕국과 공유할 기업은 지구촌 어디에서도 찾아볼 수 없었다.

이병철과 삼성전자의 경영진은 고민이 깊어졌다. 몇 날 며칠을 고심한 끝에 궁여지책으로 한 가지 아이디어를 떠올렸다. 팔은 안으로 굽는다는 우리 속담에서 찾아낸 실낱같은 '어떤 실마리'였다.

'그래, 미국으로 가보자. 우린 예부터 동방예의지국이면서 또한 동방인재지국(東方人才之國)이었으니. 미국에 숨어 있는 한국인 과학자들이 분명 있을 것이다.

그런 인재들 가운데 미국에서 전자공학을 전공해 박사학위까지 받았으나, 국내에서 자신의 역량을 발휘할 만한 곳을 찾지 못해 부득이 미국에 주저앉아 연구소나 기업에서 연구 활동을 하고 있는 이들이 틀림없이 존재할 것이다. 그런 고급 두뇌를 한곳에 모아 반도체를

연구 개발케 한 다음, 그렇게 개발된 기술을 국내로 들여와 양산하면 되지 않을까….'

뜻이 있는 곳에 길이 있다고 했던가. 얼핏 보면 기업경영엔 도입될 수 없는 어설픈 생각 같았으나 딴은 가히 예리한 혜안이었다. 삼성전자의 반도체는 높기만 한 기술 장벽을 그처럼 헤쳐나갈 수 있었다. 우리 속담에서 실낱같은 어떤 실마리를 찾고, 또 그 실마리를 따라 미국으로 건너가서 숨어 있는 한국인 인재들을 찾아 나선 것이다.

과연 그때 미국에서 반도체를 전공한 숨은 한국인 인재가 있었을까? 있었다면 정말 어느 정도의 수준이었을까? 지금의 기준으로 본다면 지난 1983년은 그야말로 호랑이 담배 피우던 시절의 얘기였다.

한데 연이어 낭보가 날아들었다. 미국에서 일찍이 반도체를 전공한 한국인 인재가 적지 않을뿐더러, 수준 또한 예상을 훨씬 뛰어넘어 놀라울 정도였다.

당장 현장에 투입이 가능한 고급 두뇌만 해도 스탠퍼드대학교에서 박사 학위를 받은 뒤 GE와 IBM을 거쳐 SHARP의 고문으로 있던 컴퓨터와 IC 전문가 이임성 박사를 비롯하여, 컨트롤 데이터와 허니웰을 거쳐 자일록에서 반도체 공정 개발을 담당했던 이상준 박사, 인텔과 내셔널 세미컨덕터에서 64K D램 개발 담당 팀장으로 있던 이일복 박사, 인터실과 사이너텍에서 C-MOS 제조 수율 개선에 성공한 이종길 박사, 웨스턴 디지털과 인텔에서 메모리 설계 엔지니어로 활약 중이던 박용의 박사 등이 그들이었다. 이 밖에도 일본, 중국, 베트남, 인도 등지에서 동양권 고급 두뇌 32명도 확보할 수가 있었다.

뜻이 있는 곳에 길이 있다고는 하지만, 전혀 생각지도 못한 뜻밖의 원군이었다. 깊은 터널 안에 갇혀 좀처럼 길이 나타날 것 같지 않아 고심하고 있을 때에 우리 속담에서 찾은 실마리로 한순간 돌파구가 활짝 열리게 된 것이다.

천군만마를 얻은 삼성전자는 이때부터 발걸음이 빨라지기 시작했다. 같은 해 여름, 당장 경기도 시흥에 10만 평 규모의 VLSI(초고밀도 직접 회로) 양산 공장 건설에 착수했다(1983). 첨단기술의 확보와 판로 개척을 위해 미국 현지에도 연구개발센터와 함께 시제품 생산 설비를 갖춘 현지법인 설립을 동시에 시작했다.

이처럼 VLSI 사업이 본격적으로 개시되자. 삼성전자에서 이미 인수 합병한 국내의 한국반도체의 기술진 역시 가만있을 수만은 없었다. 새로이 개발 팀을 결성하고, 64K D램 개발에 들어갔다. 미국의 마이크론테크놀리지로부터 칩을 도입하여 조립 공정부터 개발하기 시작해서 마침내 성공시켰다.

미국 현지법인의 이종길 박사를 중심으로 한 개발 요원들 역시 예상대로 64K D램을 생산 조립하는 데 무난히 성공했다. 말하자면 국내파와 국외파가 서로 경쟁하는 체제가 된 셈이었다.

한층 자신감을 갖게 된 삼성전자는 주먹을 불끈 쥐었다. 거기에 멈추지 아니하고 여세를 몰아 곧바로 256K D램 개발에 돌입했다. 256K D램은 당시 일본의 후지쯔와 NEC, 도시바, 히타치 등 전 세계적으로 단 몇 개 기업만이 생산하고 있을 정도로 고난도 첨단기술이었다.

그러나 삼성전자는 굴하지 않았다. 미국의 해외파와 국내파가 동시에 팀을 구성한 뒤 256K D램 개발 도전에 나섰다.

이윽고 한 해가 흘렀다. 국내파가 먼저 256K D램 시제품을 내놓았다. 기술 제휴선인 마이크론테크놀지로부터 디자인을 받아 공정기술을 개발하는 데 성공한 것이다.

미국 해외파도 256K D램 개발에 박차를 가했다. 거기선 회로설계로부터 공정개발에 이르기까지 완전히 자체 개발을 해야 했기 때문에 국내파인 한국반도체보다 한 발 늦어졌다. 하지만 당초 불가능할 것이라고 여겨졌던 독자적인 회로설계에 성공하면서 이듬해엔 시제품을 생산하는 데까지 성공했다.

이쯤 되자 국내파의 한국반도체 기술진과 미국 현지법인의 해외파 기술진 사이에 경쟁이 불붙었다. 이번에는 두 개의 조직이 서로 1M D램을 개발하겠다며 자존심을 세웠다. 개발을 나누어 할 수 있도록 권해보았으나, 양쪽 모두 각자도생하겠다는 결의를 불태웠다.

한 곳에서만 추진하더라도 수천만 달러가 들어가는 프로젝트인데, 미국과 국내에서 동시에 추진한다는 건 낭비라는 반론도 만만치 않았다. 하지만 이병철과 삼성전자의 경영진은 고심 끝에 두 곳에서 동시에 연구 개발을 하도록 결정을 내리게 된다. 개발비는 두 배로 늘어나겠지만, 기업의 리스크는 절반으로 줄어든다는 이유에서였다.

말하자면 1M D램 공장은 DLAL 3,500억 원의 예산이 투입되어 이미 돌관 작업에 들어간 상태였다. 더욱이 라이프 사이클이 짧은 반도체의 속성으로 미루어볼 때 개발 기간이 단 얼마만이라도 늦어지게 되면, 이 사업은 곧 실패나 다름없었다. 따라서 미국과 국내 양쪽에 개발을 맡겨 서로 경쟁케 함으로써, 기업의 리스크를 절반으로 줄일 수 있다는 전략적 계산에 따른 결론이었다.

결과는 이번에도 미국에서의 연구 개발보다 국내에서의 연구 개발이 한 발 앞서 종료되었다. 박용의 박사를 중심으로 한 48명의 국내 개발팀이 개발에 착수한 지 10개월 만에 양품을 생산하는 데 성공한 것이다.

성능 또한 매우 우수했다. 결국 1M D램의 양산은 국내에서 개발한 것을 채택하기로 결정했다. 미국의 현지법인에겐 1M D램의 개발을 중지하라고 통보했다.

그러자 미국 현지법인이 반발하고 나섰다. 해외파의 주장은 대강 이랬다. 인텔이나 텍사스 인스트루먼트와 같은 일류 회사에 잘 다니고 있던 인재들을 애써 불러다 놓고, 이제 와서 개발이 좀 뒤졌다고 손을 떼라니 너무 심한 처사가 아니냐는 볼멘소리였다.

이병철과 삼성전자의 경영진은 다시 고심에 들어갔고, 결국 다음과 같은 고육책을 내놓았다. 정 그렇다면 반도체를 계속해서 개발하라고 지시했다. 하지만 1M D램의 개발은 이미 끝났으니(미국이나 일본에 비해 늦었다), 다소 시간이 걸리더라도 아직 선진국도 시작하지 않은 4M D램 개발을 해보는 것이 어떻겠느냐고 제안했다. 성공하면 좋고 실패하더라도 크게 나쁠 게 없다는, 회사로서는 아쉬울 게 없는 결정이었다.

다만 한 가지 조건이 붙었다. 이번에도 국내파와 해외파가 경쟁이 불가피하겠지만, 또다시 해외파가 뒤지게 된다면 그땐 미국의 현지법인을 해체한다고 밝혔다. 더 이상은 안 된다는 단서 아래 아직 누구도 시작하지 않은 4M D램 개발을 국내와 해외 모두에게 허용했다. 그리고 이런 결정은 결과적으로 삼성의 반도체 신화를 낳은 '신의 한 수'가 된다.

이처럼 당초 생각했던 것과 달리 기술 장벽이 높다는 반도체 개발에 막상 팔을 걷어붙이고 나서자 엉뚱한 데서 길이 열려 순조로워 보이기도 하였으나, 경영 면에서는 가시밭길의 연속이었다. 삼성전자가 반도체 사업을 본격화하기(1983) 이전부터 반도체 부문의 경영 상태는 엉망이었지만, 64K D램이 출하되던 이듬해부터 적자가 눈에 띄게 불어나기 시작했다. 가까스로 개발에 성공해 허덕이며 쫓아가면, 미국과 일본 등의 선진국은 벌써 저만큼 앞서 나가 공염불이 반복되기 일쑤였다.

더구나 한 발 늦은 반도체는 국제시장에서 제값을 받기 어려웠다. 라이프 사이클이 짧은 반도체의 속성상 불과 몇 달 사이에 가격이 곤두박질치기 마련이었다.

실제로 삼성전자가 64K램 개발에 성공해 출하했을 땐 3달러 50센트 하던 국제 가격이, 불과 몇 달 사이에 50센트도 받기 어려울 만큼 폭락한 뒤였다. 당시 제조 원가가 1달러 70센트였으니, 반도체 1개를 만들어내는 데 1달러 20센트씩 손해를 본 셈이다.

그런 결과 1984년부터 1987년까지 64K D램에 이어 256K D램을 개발하면서 누적 적자만 무려 1,159억 원에 달했다. 그 같은 경영 손실 안에는 천문학적인 개발 투자비 또한 포함되어 있었다. 또 그런 개발 투자비는 미래를 위해 어쩔 수 없이 계속 쏟아붓지 않으면 안 되는 절대비용이었다지만, 수업료치고는 너무도 값비싼 대가를 톡톡히 치러야만 했다.

물론 지금의 삼성전자로 본다면 그만한 적자는 별 큰돈이 아닐 수도 있다. 하지만 30여 년 전 1,000억 원이란 이만저만한 거액이 아닐 수 없었다. 높기만 한 첨단기술의 장벽을 가까스로 넘어서긴 하였지만, 누적 적자라는 또 다른 장벽 앞에 삼성전자는 이러지도 저러지도 못하는 늪에 빠져든 처지였다.

이병철은 초지일관 견디어냈다. '호수 위에 우뚝 선 바위' 곧 호암(湖巖)이라는 자신의 호처럼 흔들리지 않았다. 삼성전자의 경영진들이 초기에 처한 질곡의 위기에서 인내하며 극복할 수 있었던 것도, 따지고 보면 그의 그런 굳은 의지에 힘입어서였다. 더구나 이병철은 그 같은 위기를 마치 사전에 벌써 훤히 꿰뚫어보기라도 한 듯 줄곧 초연하기만 했다.

실제로 그는 반도체 사업을 처음 시작했을 때부터 삼성전자에 속해 있던 반도체 사업부를 떼어내어, 비교적 호황이 예상되던 통신부문과 합쳐 삼성반도체통신이란 새로운 사명으로 체제를 강화시켜 놓은 터였다. 반도체 개발에 소요되는 막대한 초기 투자비용과 더불어 치열한 국제시장에서 파생될지도 모를 가격 경쟁을 미리 통찰해서 취한 절묘한 조치였다. 이병철에게서만이 목격할 수 있는 조심성 많고 신중한 혜안이 아닐 수 없었다.

게다가 어떠한 희생을 치르더라도 왕국의 미래 산업으로 반도체를 기필코 성공시키고야 말겠다는 의지 또한 눈에 띄는 대목이었다.

유달리 스케일이 컸던 그만의 의지가 과거 여느 사업을 추진할 때보다 보다 더 결연했던 것이다.

그렇다 하더라도 반도체 경영진은 하루도 마음 편할 날이 없었다. 만년 적자에서 헤어나지 못하고 있어 도무지 기를 펼 수 없었던 게 사실이다.

이병철 또한 그러한 사실을 헤아렸던 모양이다. 어느 날인가 반도체 경영진들과 점심자리를 같이했다.

화제는 마땅히 반도체였다. 누적 적자가 4년 사이에 벌써 1,200억 원이라는 것과 1M D램의 공장 착공을 서두르지 않으면 또다시 출하 경쟁에서 후발주자가 되고 말 것이라는 걱정이 쏟아졌다.

늘 그렇듯 경청하고만 있던 그가 이윽고 입을 열었다. 가히 높지 않은 침착한 음성이었으나 단호한 어조였다.

"64K D램, 256K D램이 시장 도입에 늦어 큰 고생들 했제? 1M D램의 공장 착공이 늦어지면 우린 어떻게 되것나? 그러니 내일 아침에 당장 공장 착공식을 하자. 내가 기흥공장으로 갈 거다."

돌이켜보면 그동안 최선을 다한 시간들이었다. 후발주자로서 어쩔 수 없이 64K D램이 3년, 256K D램이 2년 늦게 국제시장에 출하되었다. 한데 1M D램부턴 사정이 달랐다. 미국과 일본 등이 선진국에 비해 여전히 뒤늦기는 하였으나, 그다지 큰 차이가 나지 않았다. 그만큼 안간힘을 다해 그동안 기술 격차를 따라잡은 것이었다.

그러나 4M D램 이후부터 삼성전자는 더욱 단단해져 갔다. 4M D램 생산이 선진국의 앞선 기업들보다 오히려 먼저 시작되는 계기를 마련할 수 있었다. 따지고 보면 지난 수년 동안 쓰라린 실패의 경험이 축적되고 학습되어 있었기에 가능한 '토끼와 거북이의 경주'였다. 또 그런 토끼와 거북이의 경주는 미국과 일본 등의 선진 기업을 따라잡는 데 그치지 않았다. 마침내 세계 반도체 시장을 적극적으로 지배하는 전기를 구축할 수 있게 된 것이다.

이병철이 26세에 마산에서 협동정미소를 창업하면서, 정주영이 24세에 신당동에서 쌀가게 경일상회를 인수받으면서 삼성과 현대가 처음 시작된 이래, 두 사람의 삶은 전 생애에 걸친 도전과 응전의 연속이었다. 어떤 땐 자신의 운명을 스스로 바꾸어 만들어내기도 하고, 또 어떤 땐 예기치 않은 강압 속에서 운명을 선택받기도 했다.

좋은 예가 1980년대 모 기관의 지하 수사실로 은밀히 불려갔을 때다. 밀폐된 험악한 분위기 속에서 겪어야 했던 비인간적인 수모와 모멸감은 마음에 깊은 상처로 남았다. 결국 누구는 애써 키워온 기업을 내줄 수밖엔 없었고, 또 누구는 결코 내줄 수 없다고 버티다 말할 수 없는 고초를 치러야만 했다. 하기는 어디 오로지 1980년대만의 일이었겠는가.

거듭 말하지만 영웅호걸도 마음의 상흔이란 있기 마련이다. 또 그 같은 마음의 상흔으로 인해 역사가 얼마든지 바뀔 수도 있음을 우리는 역사 속에서 숱하게 목격했다. 하물며 영웅호걸도 아닌 그들이야 어쩔 도리가 또 있었겠는가. 기업을 이끌어가면서 그때그때 겪어야 하는 고난과 고통이 결코 쉽지 않았으리라. 그래서 두 사람은 서로 약속이라도 한 듯 자신의 운명을 스스로 열어나가기로 결심한다.

그러나 생애 마지막 미션이 될지도 모르는 그 같은 운명 앞에서 두 사람은 또한 자신의 에토스에 충실한다. 똑같은 시점과 고통 속에서 결심한 선택 역시 서로 달랐다. 한 사람은 오래 전의 강다짐에 따라 끝내 정치를 외면했다. 대신 그는 정치권력에서 입은 상흔을 '이기기 위한 길'로 첨단기술에 자신의 모든 운명을 걸었다.

반면에 또 한 사람은 '서부영화 속의 카우보이 총잡이'답게 눈에는 눈, 이에는 이라는 정공법에 따른다. 자신이 직접 정치권력의 벌판으로 뛰쳐나가 운명을 건 정벌에 직접 나선다.

거기까지였다. 비록 반도체가, 자동차와 조선이, 각기 튼실한 결실을 맺어 여태껏 국내에만 머물렀던 경제영토를 마침내 무한한 해외로까지 넓혀나갈 수 있도록 길을 닦았다고는 하지만, 결국 두 사람은 '왕국의 시대(national)'였다. 자신의 손으로 이제 막 밑돌을 놓기 시작한 '제국의 시대(international)'를 위해서라도 서둘러 뜻을 이어나갈 후계자를 당장 찾아야만 했다.

승률 96%의 직관력 & 인재 제일주의
작은 경험을 큰 현실로 확대시키다
뼈아픈 2패, 토지사업 & 한국비료 사건
끝내 못다 이룬 2인의 프로젝트

제4부

못다 이룬 미완

승률 96%의 직관력
&
인재 제일주의

경제계에선 지금도 이병철을 일컬어 '경영의 귀재'라고 부른다. 그가 손대는 사업마다 실패한 것이 하나도 없었다고 애써 강조하기까지 한다. 사업을 모르는 일반인들은 물론 기업을 직접 경영하고 있는 기업인들에서부터, 심지어 삼성의 내부 사람들조차 그런 말을 공공연히 하고 있을 정도이다. 다른 건 몰라도 최소한 기업경영에 있어서만큼은 한사코 실패한 적이 없다고 아퀴를 짓기 마련이다. 모두가 그처럼 굳게 믿고 있다.

과연 그럴까? 경영의 귀재로 불렸다는 그는 기업경영에서 실패한 적이 정말 없었던 걸까?

이병철은 전 생애에 걸쳐 사업 창작을 해냈다. 26세 되던 해 부친으로부터 쌀 300석 지기의 토지를 유산으로 물려받아 마산에서 동업으로 정미업을 시작하면서 사업 창작에 뛰어든 이래, 타계하기 직전에 설립한 삼성데이타시스템(1985)과 삼성경제연구소(1986)에 이르기까지 반세기여 동안 꼭이 57번의 사업 창작을 벌였다.

  열거해보면 협동정미소, 일출자동차회사(1936), 토지 사업(1937), 삼성상회(1938), 조선양조인수(1939), 삼성물산(1950), 제일제당(1953), 제일모직(1954), 한일은행인수(1957), 안국화재, 상업은행, 조흥은행인수(1959), 동양TV방송, 라디오서울, 동방생명→삼성생명, 동화백화점→신세계백화점, 동남증권, 동양화재인수, 미풍산업(1963), 대구대학교인수, 한국비료(1964), 중앙일보, 성균관대학교, 한솔제지인수, 중앙개발, 고려병원→삼성중앙병원(1966), 안양컨트리클럽, 삼성전자(1969), 삼성NEC→삼성전관(1970), 삼성문화재단(1971), 제일합섬(1972), 제일기획, 호텔신라, 삼성산요파츠→삼성전기, 삼성코닝(1973), 삼성석유화학, 삼성중공업(1974), 중앙엔지니어링(1975), 용인자연농원(1976), 삼성종합건설, 삼성조선, 삼성정밀, 삼성해외건설, 삼성GTE통신, 대성중공업, 한국반도체→삼성반도체인수(1977), 코리아엔지니어링인수(1978), 한국전자통신인수(1980), 한국안전시스템인수(1981), 삼성라이온즈 프로야구단, 호암미술관(1982), 삼성시계, 조선호텔인수(1983), 삼성의료기기, 삼성휴렛팩커드(1984), 삼성유나이티드항공, 삼성데이타시스템(1985), 삼성경제연구소(1986)에까지 이른다.

  이 가운에 그는 대부분의 사업 창작을 성공시킨 것으로 나타났다. 96%라는 경이적인 승률의 기록을 남겼다.

  비단 승률만이 아니다. 수치로 가늠해볼 수 있는 양도 양이지만 질적인 면에서도 단연 타의 추종을 불허한다. 대학과 미디어 부문에서부터 전자 산업의 하이테크에 이르기까지, 하나같이 정상의 수준을 자랑한다.

앞서 밝힌 것처럼 '기업경영의 귀재'며, 손대는 사업 창작마다 결코 실패한 적이 없다고 굳게 믿을 만도 하다.

말할 것도 없이 이 같은 경이적인 승률 뒤엔 평소 신중하고 사려 깊은 사고는 물론이고, 오직 그만의 직관력이 있었음은 당연하다. 그가 창업하여 일으킨 왕국만의 스타일이 분명 존재했던 것이다.

그런 왕국의 스타일엔 먼저 '삼성 비서실'을 들 수 있다. 비서실은 비단 삼성그룹에만 있었던 건 아니다. 당시 기업집단마다 자신들의 스타일에 따른 비서실, 경영기획실, 기획조정실 등으로 명칭은 달랐으나, 역할 면에선 기획·재무·인사·감사 등을 총괄하는 부서가 존재했다. 큰 틀에서 볼 때 그룹을 총괄하는 심장이 없지 않았다.

다만 '삼성 비서실'은 남달리 일찍 진화했다. 그 결과 왕국을 혁신시킬 수 있었다. 타 기업집단과는 다른 차별성을 보였었다.

이병철이 그룹 내에 비서실을 맨 처음 조직한 것은 1959년으로 거슬러 오른다. 삼성물산 산하에 일개 과(課) 단위로 출발했던 '삼성 비서실'은 주로 의전, 재무관리, 문서작성 등 여느 비서실과 다름없이 최고경영자를 보좌하는 일상적인 업무를 담당하는 것으로 시작했다.

그렇게 시작된 삼성 비서실은 15년이 지난 후 완전히 탈바꿈해 일대 변혁을 일으킨다. 종합무역상사로서 황금의 시대가 도래하자 폭넓은 세계시장을 대상으로 중요 정보를 수집하고, 현지의 해외 지점을 통제하기 위한, 이른바 '헤드쿼터'가 필요하게 되었다.

그는 이 점을 예리하게 간파했다. 곧바로 여러 경로를 검토한 끝에 일본의 기업집단 미쓰비시와 미쓰이, 스미토모 등의 비서실을 벤치마킹하여 비서실을 강화할 것을 지시했다.

그렇게 1970년대 후반 삼성 비서실은 진영을 크게 일신하게 된다. 벤치마킹을 시도한 일본의 기업집단과 마찬가지로 마침내 기획·인사·정보·기술·감사·홍보 등을 총괄하는, 소위 최고의 인재들로 구성된 엘리트 조직이 탄생케 된 것이다.

때문에 삼성 비서실은 한때 왕국 내에서조차 무소불위라는 말을 들을 만큼 막강한 파워를 과시했다. 훗날 삼성 계열사의 CEO에 오른 황영기(삼성증권 CEO 및 우리은행 행장), 김순택(삼성SDI CEO), 배종렬(삼성물산 CEO) 등 수많은 인재들이 비서실을 거쳐 길러지면서, CEO 사관학교라는 유행어마저 낳기에 이른다.

이처럼 삼성 비서실이 진가를 발휘하며 유명세를 타자, 여타 기업집단 또한 뒤따라 벤치마킹에 나섰다. 기아그룹은 비서실로, 현대그룹은 종합기획실로, SK그룹은 경영기획실 등으로 그룹 경영을 총괄하는 정보를 수집, 분석하여 오너에게 보고하는 체제를 제각기 구축하고 나섰다.

다음으론 삼성 특유의 '깐깐한 완벽주의'를 들 수 있을 것 같다. 그야말로 자로 잰 듯 한 치의 오차도 허용치 않는 깐깐하면서도 철저히 완벽한 스타일이 곧 그것이다.

이건 말할 나위도 없이 순전히 왕국의 오너인 이병철로부터 기인한 그룹문화였다. 그로부터 씨앗이 뿌려져 왕국에 움터 오르고 뿌리가 내린, 삼성만의 기업근육이랄 수 있었다.

예컨대 이런 식이다. 서울 태평로에 자리한 삼성 본관 옆 동방생명(삼성생명)과 중앙일보 사옥을 지어 올릴 때였다. 이병철은 외벽 대리석의 색상은 물론 대리석의 칸과 칸 사이의 간격까지 일일이 지적해주었을 만큼 치밀했다.

물론 그가 아니었더라도 왕국을 대표하는 건축물인 만큼 그 같은 오너라면 누구나 그럴 수 있을 법도 하다. 뒷짐이나 진 채 전문가의 손에 떠맡겨버리고 마는 것보단, 어떻게 보면 자신의 의중을 분병하게 밝히는 게 더 확실해보일 수도 있다.

그렇다 하더라도 이병철은 그 같은 오너하곤 또 분명 달랐다. 그의 깐깐한 완벽성은 누구도 따를 수 없을 만큼 유별났다.

가령 자신의 비서에게 넘겨줄 메모지에 글씨가 좀 비뚤어졌다거나, 써놓은 글씨가 성에 차지 않을 땐 곧바로 찢어버렸다. 다시 반복해 쓴 다음 건네줄 정도였다. 일상의 작고 사소한 것에서부터 한사코 철저히 완벽성을 기했던 것이다.

제일모직 대구공장의 (이병철이 사용하던)사장실에는 그런 완벽성을 다시 한 번 가늠해볼 수 있는 유물이 있었다고 한다. 지금은 세월이 많이 지나 어떻게 처치되고 말았겠지만, 그의 생전엔 까맣게 옻칠된 두터운 회의용 탁자와 더불어 응접세트가 놓여 있었다.

한데 이 회의용 탁자와 응접세트가 어찌나 무거운지, 한번 옮기려면 사람의 힘으론 도저히 어림도 없었다. 반드시 기계의 힘을 빌려야만 했다.

그럴 만도 했던 게 제일모직 창립 시기(1950년대 중반)에 만들어졌다는, 두툼한 원목 위에 구두 밑창에나 댈 법한 두꺼운 소가죽으로 응접용 소파를 만들었기 때문이다. 회의용 의자도 앉는 자리에는 다시금 두꺼운 소가죽으로 덧씌운 후, 나머지 부분은 검은 옻칠을 하여 견고함이란 이루 말할 수 없었다.

요컨대 어떤 물건 하나를 만들어도 그처럼 철저하고 완벽하게, 굳이 다시 손보지 않아도 영구히 쓸 수 있도록 만들고자 했던 그의 자세가 왕국의 일상 업무 처리 과정에까지 고스란히 배어들었다는 거다, 크든 작든, 하찮건 그렇지 않건 간에 상관없이 남다른 철저함과 완벽함이, 결국 삼성 하면 무언가 다르다는 '1등의 신화'를 낳을 수 있었다는 얘기다.

그렇대도 그가 치러낸 57번의 사업 창작 가운데는 이도 저도 아닌 무승부를 기록하고 만 것도 11번이나 헤아린다. 조금은 뜻밖의 기록이다.

맨 처음 사업을 계획할 땐 반드시 90가지에 달하는 매뉴얼을 꼼꼼하고 깐깐하게 두들겨보는 철저함, 120%의 목표를 세워 100%를 달성하는 치밀함, 더욱이 왕국의 미래 성장 동력을 위해 73세의 노구에도 불구하고 반도체 산업에 전체 역량을 쏟아부을 만큼 승부 기질마저 남달랐던 '기업경영의 귀재'답지 않은 뜨뜻미지근한 기록이 아닐 수 없다.

우선 앞서 잠시 언급한 바 있던 시중은행의 인수(1957)를 들 수 있다. 한일은행, 상업은행, 조흥은행을 인수한 데 이어 정부로의 환수가 곧 그것이었다.

앞서 살핀 것처럼 당시 이승만 정부는 시중은행의 민영화 작업에 나서면서, 그에게 정부 보유 주식을 인수하라고 제의했다. 그때 시중은행들은 재무 구조가 취약한 데다, 경영 또한 부실하기 짝이 없었다. 한데도 전후(戰後) 부흥 자금을 마련하기 위해 정부는 자금이 필요했고, 때문에 정부가 반 강압적으로 떠맡기는 식이었다. 불하 가격 또한 은행 자산에 비해 더 높았음은 물론이다.

어쨌든 이병철은 같은 해 한일은행을 인수한 데 이어, 이듬해에는 상업은행을, 그 이듬해에는 조흥은행을 잇달아 인수하면서 '금융 삼성'을 눈앞에 두었다. 금융을 거머쥐며 집단기업으로 가는 마지막 퍼즐을 맞춘 셈이다.

한데 다음 해 4·19 혁명(1960)으로 이승만 정권이 무너졌다. 야당인 민주당이 정권을 잡았다. 민주당은 이른바 부정 축재자 척결이라는 조치를 들고 나왔다.

그러나 다시 이듬해 5·16 쿠데타(1961)가 일어났다. 박정희 군사정권 역시 경제계를 희생양으로 지목하고 나섰다. 그를 부정 축재자 1호로 낙인찍었다. '정부와 결탁하고 시중은행을 특혜 인수했다'는 이유였다.

이병철은 억울했다. 특혜로 시중은행을 인수했다면 상당한 이익이 발생했을 텐데 내막을 들여다보면 전혀 그렇지 않았다.

하지만 총칼을 치켜든 군사정권에 의해 부정 축재자 1호로 낙인찍히고 만 이상 어쩔 도리가 없었다. 아무 소리 못한 채 한일은행, 상업은행, 조흥은행을 정부에 그냥 돌려줘야 했다.

동양방송(TBC)과 라디오서울의 운명 역시 다르지 않았다. '말(馬)

위에서 천하를 잡을 순 있어도, 말 위에서 천하를 다스리지는 못한다'는 한나라 때 육가(陸賈)의 명언과 같이, 정치권력보다 더 강한 언론으로 사회의 조화와 안정에도 기여할 수 있는 방법 중 하나로 시작한 사업이었다. 이어 중앙일보까지 잇달아 창간해 매스미디어 사업에 뛰어들었던 것이다.

한데 박정희 군사정권 출범 때 시중은행들을 빼앗기고 만 것처럼 라디오서울과 동양방송(TBS) 또한 전두환의 신군부에 의해 다시금 희생양이 되고 말았다. 소문으로만 듣던 모 기관의 지하 수사실로 은밀히 불려간 그는, 두 눈을 부릅뜨며 윽박질러대는 수사관들에 에워싸여, 동양방송(TBC)과 중앙일보 가운데 전자를 포기한다는 각서에 도장을 꾹 눌러주어야 했다. 같은 해에 동양화재와 동남증권 또한 소리 소문 없이 양도해야만 했다.

그러나 안타깝게도 여기에 대해선 딱히 눈에 띄는 자료를 찾아보기 어려워 무어라 언급할 수가 없다. 따라서 훗날의 과제로 남겨두면서, 다만 동양화재와 동남증권 역시 무승부로 기록해두고자 한다. 큰 틀에서 보았을 때 자의에 의해서가 아니라 외부 환경에 의한 결과로 본 것이다.

다음으론 일찍이 인수했다가(1964) 곧바로 양도한 대구대학교가 눈에 들어온다. 또 대구대학교의 인수와 양도를 설명하기 위해선 먼저 용인자연농원으로 잠시 눈길을 가져가야 한다. 그곳에 자리한 삼성종합연수원 정문에 들어서면 널찍한 로비 정면 벽면에 다음과 같은 글귀가 꽤 세련된 필체로 새겨져 있었음을 보게 된다. 삼성종합연

수원 준공을 기념하여 그가 쓴 친필을 붉은 화강암 위에다 흰 글자로 음각해놓은 것이다.

"국가와 기업의 장래가 모두 사람에 의해 좌우된다는 것은 명백한 진리이다. 이 진리를 꾸준히 실천해온 삼성이 강력한 조직으로 인재 양성에 계속 주력하는 한 삼성은 영원할 것이며, 여기서 배출된 삼성인은 이 나라 국민의 선도자가 되어 만방의 인류 행복을 위하여 반드시 크게 공헌할 것이다…."

이병철은 이처럼 역사와 인간사회에 대한 깊은 인식을 바탕으로 반세기에 걸친 기업을 이끌어오면서 줄곧 '인재 제일'을 경영이념으로 삼아왔었다. 또 그 같은 인재 제일주의에 관해 다음과 같이 덧붙이기도 했다.

"나는 내 일생의 80%는 인재를 모으고 교육시키는 데 시간을 보냈다. 내가 키운 인재들이 성장하면서 두각을 나타내고 좋은 업적을 쌓는 것을 볼 때 고맙고, 반갑고, 아름다워 보인다. '삼성은 인재의 보고'라는 말을 세간에서 자주 하는데 나에게 있어서는 이 이상 즐거운 일은 없다…."

그랬다. 그는 실제로 기업경영을 통해서 '기업은 곧 사람이다'라는 원리를 잠시도 잊지 않고 꾸준히 실천에 옮겼다. 자신이 즐겨 인용하던 격언, '일년지계는 곡식을 심는 일이고, 십년지계는 나무를 심는 일이며, 백년지계는 사람을 기르는 일이다'는, 시대가 바뀌고 경영 환경이 제아무리 급변하더라도 기업이 인재를 육성하고, 그같이 무한한 상황 적응 능력을 갖춘 인재가 기업을 경영하는 이상 그 기업은 흔들림 없이 영속될 수 있다고 믿었다.

대구대학교 역시 그러한 신념에서였다. 순전히 인재 육성을 목적으로 인수하려 들었다.

한데 어떻게 된 영문인지 대구대학교를 서둘러 그냥 양도하고 만다. 양도한 대구대학교는 그 뒤 '영남대학교'로 바뀌고, 이후 지금껏 박정희 일가와의 얘기가 끊이지 않고 있다.

마지막으로 그의 사업 창작에서 빼놓을 수 없는 건 아무래도 대구의 조선양조일 것 같다. 이병철은 젊은 날 생애 첫 사업이었던 마산에서의 쓰라린 좌절 이후 대륙으로 기차 여행길에 올랐었다. 부산역과 경성역을 거쳐 펑텐 등 만주를 지나 베이징, 톈진, 상하이 등지를 두루 여행하고 돌아와 대구에서 삼성상회를 설립하며(1938) 재기에 성공한다.

그러면서 이듬해 대구 지역을 기반으로 하는 조선양조를 인수하게 된다. 대구에선 첫째 둘째를 다툰다는 대규모 청주 양조회사였다. 이 양조회사는 자진 해산할(1969) 때까지 무려 30여 년 동안이나 장수한 삼성의 계열사였다. 뿐만 아니라 이 양조회사가 벌어들인 막대한 돈이 6·25 전쟁 이후 자칫 좌초 직전에 처한 그를 살린 든든한 자금원이 되어주었을 만큼 조선양조는 왕국의 역사에서 중요한 위치를 차지한다.

한데 알 수 없는 일이다. 이병철은 왜 이런 조선양조를 자진 해산하고 만 걸까? 그때까지 경영도 비교적 순조로운 데다, 앞으로 얼마든지 키워나갈 수 있었음에도 굳이 무승부의 기록으로 남기길 바란 것일까? 그때나 지금이나 술장사야말로 그다지 힘들이지 않으면서 금맥을 캘 수 있는 자금원이 될 수 있었을 텐데도 말이다.

이 같은 의문에 대해 그는 무어라고 대답했을까? 한마디로 술장사는 사업이라고 보기 어렵다는 게 그의 기본 입장이었다.

우선 술장사를 하려면 정부의 허가를 받아야 한다. 그 허가가 여간 까다로운 게 아니다. 따라서 양조회사만 가지고 있다면 일단 크게 힘들이지 않고 막대한 돈을 벌어들일 수 있었다.

그러나 손쉬운 기업만 하고 있다가는 정작 기업가로서 성장할 수 없다고 느꼈다. 그런 이유로 자진 해산을 결정한 거라고 한다.

어떤가? 그의 결정에 동감할 수 있는가?

하기는 당시만 해도 지금과는 사뭇 다른 사회 분위기였다. 사람이 술을 마시는 것이 아니라 술이 사람을 마셔서, 패가망신하는 경우가 적지 않았을 때다. 때문에 기왕 사업을 할 바라면 손쉬운 술장사를 하지 않는 것이 도리라는 생각이 들었다. 이러한 이유로 30년 장수 계열사 조선양조를 자진 해산 형식으로 정리하였다는 얘기다.

공교롭게도 같은 시기, 그는 기업가답지 않은 발언까지 꺼낸다. 조선양조를 자진 해산하기 바로 직전인 1968년 연말, 삼성 사장단 회의에서 자신의 '도의문화 앙양운동'의 의도를 처음으로 들고 나왔다.

"새해부터 중앙매스컴이 중심이 되어 도의심(道義心) 앙양운동을 전개하자. 비 오는 날의 얌체, 중상모략, 도의추락은 없어져야 한다. 일은 큰데 힘이 약해서 어떤 효과가 나올지는 모르지만 강력히 추진해야 할 것이다. 동시에 삼성의 이미지를 높여야 한다…."

저자는 이날 그가 발언한 마지막 부분에 주목한다. 이땐 그가 거느린 계열사만 하더라도 삼성물산을 필두로 제일제당, 제일모직, 삼성생명, 신세계백화점, 중앙일보 등 무려 15~16개 기업에 달했다. 아쉬울 게 하나도 없는 왕국을 이미 구축한 뒤였다. 더욱이 한국 경제계의 대표 간판인 '한국경제인연합회' 초대 회장의 신분이기도 했다.

다시 말해 그도 이젠 술장사 따윈 걷어치우고 자신이 서 있는 위치, 곧 역사를 돌아볼 때가 되었다고 생각한 것 같다. 30년 장수기업 조선양조를 굳이 무승부로 주저앉히고만 그의 결정이 그것과 별반 다르지 않을 거란 얘기다.

작은 경험을
큰 현실로 확대시키다

흔히 정주영의 사업 창작을 평가할 때면 대개 여섯 가지나 일곱 가지, 혹은 열 가지니 하는 기적부터 떠올린다. 저자는 그가 남긴 기적을 나름대로 살펴보았을 때 이 중 '여섯 가지의 기적'에 손을 들어주고 싶다.

그리고 이 여섯 가지 기적 가운데 첫 번째 기적은 이미 살펴본 적이 있다. 한겨울 부산의 유엔묘지를 푸른 보리 잔디로 단장한(1952) 것이다. 두 번째는 한국 건설 역사상 최초로 해외로 진출해 태국의 파타니 나라티왓 고속도로 공사를 수주한(1966) 것이다. 세 번째는 황량한 울산 미포만의 갯벌 사진 두 장을 들고서 영국과 그리스로 날아가, 조선소 건설 자금과 함께 초대형 유조선을 수주받아(1972) 출범하게 된 현대중공업 울산조선소의 창업 비화다. 네 번째는 현대자동차가 자체 개발한 고유 모델 '포니'를 자동차의 나라 북미에 상륙시킨(1976) 것이다. 다섯 번째는 같은 해 당시 우리나라 국가 예산의 절반 이상에 해당하는 공사비 9억 3,114만 달러의 세계 최대 심해 공사인 사우디아라비아의 주베일 산업항 건설이었다. 마지막으로 여섯 번째 기적은 서산 간척지 공사 최종 물막이 때(1984) 그가 아이디어를 낸 '정주영 공법(工法)'이 그것이랄 수 있다.

실은 여기에 한 가지 더 추가하고 싶은 게 있다. '시베리아 개발'이 그것이다. 뒤에 좀 더 상세히 살펴볼 기회가 있겠지만, '시베리아 개발'은 정주영의 최후 정벌이었다. 반드시 성공시키고야 말 왕국의 경제영토를 보다 확장시킬 수 있는 마지막 기회였다.

그러나 안타깝게도 그가 타계하고 마는 바람에 미처 뜻을 이루진 못했다. 아쉬움이 남는 대목이 아닐 수 없다. 비록 지금은 갈라서고 분가되어 큰 동력을 다시 결집하긴 쉽지 않더라도, 그가 자신의 후예들에게 남긴 과제 가운데 하나라는 건 의심의 여지가 없다.

정주영은 숙명처럼 오랫동안 이어져 내려오던 가난한 보릿고개를 물리치는 데 상당 부분 이바지했다. 아시아의 변방에 자리한 작고 가난한 분단국가 'Korea'의 이름을 지구촌에 널리 떨치는 데 그만큼 기여했던 이도 드물다.

그러나 일찍 일어나는 새가 먹이를 찾는다는 정주영의 '얼리버드 정신'은 결코 거기에 만족하지 않았다. 시간이 허락된다면 더 많은 경제영토를 정벌해나갈 수 있다고 확신한 '정벌의 경영자'이기도 했다. 서울올림픽(1988) 유치 때 그가 보여준 눈부신 활동이랄지, '시베리아 개발' 같은 것이 그 단적인 예라고 볼 수 있다.

그렇다면 정주영의 이 같은 불패의 기적, 놀라운 정벌경영을 과연 어떻게 볼 것인가. 서울대 송병락 교수는 저서 『마음의 경제학』에서 이렇게 말한다.

"현대그룹을 창설한 정주영 회장도 일의 성패는 주의의 여건이나 환경이 아니라 마음먹기에 달렸다고 했다. 여러분도 자신의 목표를 달성할 수 있는 무한한 능력이 자신의 무의식에 속에 있다는 사실을 믿으라. 실패의 모든 원인은 여러분의 마음속에 있고, 여러분은 이를 극복할 수 있는 능력이 있으므로 모든 부정적인 생각을 버려라. 그리고 그 포부의 실현을 가능하게 하는 방법도 존재한다는 사실 또한 아울러 믿어라. 여러분이 스스로 자신을 믿지 않으면 남은 더욱더 여러분을 믿을 수가 없게 되기 때문이다…."

송 교수는 정주영의 그 같은 불패의 기적, 놀라운 정벌경영은 곧 자신의 무한한 능력을 스스로 확신했기 때문이라고 설명한다. 정주영 또한 같은 발언을 한 적이 있다.

"나는 누구에게든, 무엇이든, 필요한 것은 모두 배워서 내 것으로 만든다는 적극적인 생각, 진취적인 자세로 작은 경험을 확대해 큰 현실로 만들어내는 것에 평생 결코 주저해본 일이 없다…."

덧붙여 그는 "나는 무슨 일을 시작하든 된다는 확신 90%와 반드시 되게 한다는 자신감 10% 외에, 안 될 수도 있다는 불안감은 단 1%도 갖지 않았다"고 말한다.

그에게 왜 '불도저'라는 별명이 붙었는지, 그가 왜 '빈대의 교훈'을 자주 들먹였는지, 그가 왜 '나는 생명이 붙어 있는 한 실패는 없다고 생각한다'는 숲속의 고슴도치형 리더였는지를 짐작해볼 수 있게 한다.

뼈아픈 2패,
토지사업 & 한국비료 사건

'기업경영의 귀재'로 불렸던 이병철의 에토스는 앞서 이미 살폈다. 그중에서도 전 생애에 걸쳐 일관되게 보여주고 있는 뚜렷한 특성 한 가지가 있다. 또 그런 특성은 마치 초원의 맹수와도 같이 매우 거칠다는 생각마저 들게 한다. 초식동물과 같이 풀잎을 뜯어먹고 사는 것이 아니라, 광활한 들판으로 뛰쳐나가 풀잎을 뜯어먹고 자란 덩치 큰 초식동물을 일거에 사냥하고 마는, 실로 거침이 없는 통 큰 대담함이 그것이다.

사실 그는 어떤 사업을 벌이든지 간에 시작할 때부터 상당히 큰 스케일을 그려가며 출범하고 있음을 보게 된다. 생애 첫 사업인 마산의 협동정미소만 해도 그렇다. 자신이 가진 지금 돈 약 10억 원 정도로 얼마든지 출발할 수도 있는 사업이었다.

하지만 그는 그렇지 않았다. 혼자서도 할 수 있는 정미 사업이었지만, 동업자 둘을 더 불러 모아 3배에 달하는 제법 규모가 있는 자본으로 첫 사업을 시작하고 있는 것만 봐도 알 수 있다.

물론 합자 사업은 패착이었다. 거대한 정미소를 차리는 데는 성공했으나, 아직은 경험이 일천했다. 정미소를 멈추지 않고 가동키 위해서는 쌀을 확보하는 것이 선결 과제였다. 쌀값의 등락이 골칫거리였던 것이다.

더욱이 그 쌀값은 정미소가 위치한 마산 지역에서 결정되는 게 아니었다. 눈엔 보이지도 않는 먼 곳에서, 그러니까 전국의 미곡상이나 일본 상인들의 농간, 더 멀리는 만주 지역이나 대륙의 곡물 시세에 따라 수시로 등락을 거듭하기 일쑤였다. 제아무리 정미소를 열심히 돌려 쌀을 찧어놓아도 그 먼 데서 기인하는 쌀값의 등락에 따라 희비가 엇갈릴 수밖엔 없었다.

그렇대도 막대한 시설비가 들어간 정미소를 멈추게 할 순 없었다. 쌀값의 등락에도 아랑곳하지 않고 정미소를 한사코 돌려야만 했으며, 또 그러다 쌀값이 폭등했을 때 사들인 것으로 말미암아 사업 시작 1년 만에 자본금의 3분의 2가 잠식되고 마는 실패를 기록케 된다.

유달리 예민했던 그가 그냥 넘길 리 만무했다. 이듬해부턴 정미소를 흑자 경영으로 전환하는 데 성공할뿐더러, 여세를 몰아 트럭 20대를 굴리는 일출자동차회사와 함께 은행에서 대출을 받아 토지 200만 평에 달하는 대지주로 깜짝 변신케 된다.

하지만 당시 그가 바라본 지평은 거기까지였다. 지평 너머 또 다른 세계가 존재한다는 걸 그땐 미처 다 헤아리지 못했다. 결국 자신의 사업 역량을 일찌감치 발견하긴 하였으나, 아직은 준비되지 않은 허상의 투망질이 얼마나 헛된 것임을 아울러 깨닫게 된 사례이기도 했다.

또 그때 '물러설 줄 아는 용기'도 절감했다. 그때 절감한 물러설 줄 아는 용기는 훗날 그를 다시 한 번 위기에서 구하게 된다.

일찍이 이병철 역시 조선 산업에 진출한(1973) 적이 있다. 정주영이 울산에 현대조선소를 착공한 바로 이듬해였다. 사업의 특성도 없지 않았으나 예의 통 큰 자신만의 스케일에 따라, 그는 지구촌에서 가장 거대한 조선소를 만들고 싶어했다. 일본 조선업계의 선두주자인 IHI와 합작으로, 경남 통영에 부지 150만 평을 확보하고 야심찬 첫 삽을 뜨기 직전이었다.

한데 누구도 예상치 못한 1차 오일 쇼크가 터지고 말았다. 그와 함께 세계 조선업계는 신규 발주가 뚝 끊긴 채 계약금마저 포기하면서 선박 주문을 취소하는 사태로까지 번져나갔다. 삼성 역시 조선 산업을 관망할 수밖엔 없었다.

그는 당시의 상황을 이렇게 회고한다. 생애 첫 패배를 안겨주었던 토지 사업 때를 절감했던 대목과도 맞닿아 있는 내용이다.

"만일 그대로 조선소 건설을 강행했더라면 사업은 큰 타격을 받았을 것이다. 사업에는 착수하는 용기와 더불어 물러설 줄 아는 용기도 어울러 필요하다…."

그러나 이병철의 두 번째 패배이자 생애 마지막 패배로 기록되는 한국비료는 아무래도 뼈아팠다. 아니 그에겐 영원히 씻을 수 없는 오명으로 남을 수밖에 없는 기록이 되고 말았다. 먼저 결론으로 가기 전에 이병철의 나이 50대 중반에 벌어진 '한국비료 사건'에 대한 그의 설명부터 들어보기로 한다.

"한국비료 울산공장을 완성하는 데는 10년 가까운 세월이 걸렸다. …증가 일로인 국내 수요를 충족시키기 위해서는 세계 굴지의 최신식 대규모 공장을 건설해야 하며, 그 규모는 30만 톤 정도는 되어야 한다. 이 규모라면 장차 수출을 할 경우에도 국제경쟁력을 지닐 수 있다. …무엇보다 어려운 문제는 자금, 즉 외자(外資)였다. 줄잡아 1차로 5,000만 달러는 소요될 터인데 이것을 어떻게 마련할 것인가. 지금에 와선 그 정도 규모의 공장은 별 신기할 것도 못 되지만, 당시로선 그야말로 세계적인 거대 규모였다. 이 거대한 공장을 운영하는 것은 삼성 혼자만의 힘으로는 실로 힘겨운 일이었다. …이윽고 삼성이 세계 최대 규모의 비료공장을 건설한다는 것이 국내에 알려지자 반응이 분분했다. 우선 그 웅대한 스케일에 놀라 그렇게 큰 공장을 과연 우리 손으로 지을 수 있을까 하고 의심하는 것 같기도 했다. …다음 해인 1966년에 접어들자 일본에서 기계류가 반입되기 시작했다. 한국비료에 필요한 기계는 총 30여 만 종에 중량은 18만 톤이나 되었다. …암모니아 탑은 중량이 200톤이나 되어 1만 5,000톤급의 화물선을 전세 내어 일본에서 울산항까지 운송하였다. 하지만 하선이 불가능하여 새로이 부두를 건설해야 했다. …한국비료 건설은 착공 1년 만에 차차 윤곽이 잡혀갔다. 이대로 가면 계획대로 18개월 만에 완성될지도 모른다는 희망을 갖게 되었다. 바로 그 무렵이었다. 완공된 한국비료 공장에서 손을 떼야 하는 뜻밖의 사건에 부딪혔던 것이다…."

이른바 '한국비료 사건'이 터지고 말았다. 이 사건에 대한 당시 언론 보도를 축약해 보면 이렇다. 건설 공사 중이던 삼성그룹 계열의 한국비료가 건설 자재를 가장, 사카린의 원료인 OTSA 60톤을 일본으로부터 도입하여, 그중 38톤을 금복화학에 내다 팔았다는 것이다.

충격적인 내용의 보도가 나가자 나라 안은 온통 벌집을 쑤셔놓은 듯 발칵 뒤집혔다. 때마침 판본방직의 밀수사건과 동시에 불거진 사건이라서 정치권에선 대목을 만난 듯했다. 언론 또한 서슴없이 필봉을 꺼내어 들었다.

"생산이 있기 전에 무역이 있었고, 무역이 있기 전에 밀수를 했다. 이것이 한국 재벌 생성의 과거사인 줄만 알았던 국민들은 지금도 공장을 짓는다고 밀수를 하고, 수출을 한다고 밀수를 하는 재벌의 현실에 이제 대경실색의 상태를 지나 용솟음치는 분노를 억누르는 데 온갖 이성을 앞세우고 있다…."

파문이 일자 정부는 뒷짐만 지고 있을 순 없었다. 마땅히 사건의 경위를 명명백백하게 밝혀야 했다.

"한국비료의 이일섭 상무와 이창희(이병철의 차남) 상무가 공모, 1966년 5월5일 OTSA 2,400부대를 일본 화물선편으로 울산에 들여왔다. 건설 자재 백시멘트를 가장, 밀수를 한 것이다.

5월15일, 이 가운데 141부대를 팔았고, 이어 1,400부대를 부산 동래 소재 인공 감미료 제조업체인 금복화학에 팔려다 부산세관 감시과 직원들에 의해 적발되었다. 이에 따라 세관은 전량을 몰수하는 한편, 벌과금 및 추징금 2,330만 원을 물린 것이다…."

사건의 당사자인 한국비료 측도 서둘러 해명하고 나섰다. '회사 간부 한 사람의 개인적인 소행이며, 최근 억측 보도들은 사실무근'이라고 한 데 이어, 삼성 또한 '이 사건은 밀수가 아닌 원자재 유출이며, 이미 벌과금의 납부 등으로 사건을 매듭지었다'는 입장이었다.

한데도 여론은 들불처럼 번져나갔다. 걷잡을 수 없을 만큼 악화되어 갔다. 종래에는 대통령 박정희가 직접 나서야 하는 사태로까지 번졌다.

이쯤 되자 9월 22일 이병철은 기자회견을 열고 다음과 같은 성명을 내놓는다. 이른바 '한국비료 국가 헌납' 성명서였다.

"…이에 연일연야 고민한 끝에 저는 제가 대표로 되어 있는 한국비료공업주식회사를 국가에 바치기로 결심했습니다. 한국비료는 그 사업의 성격으로 보나 그 방대한 규모에 비추어 어떤 개인이나 법인의 역량만으로는 절대로 건설될 수가 없습니다. 이에 국가가 직접 경영 주체가 되어 그 건설과 경영을 담당하는 길밖에 없다는 결론에 이르게 된 것입니다. 이는 오로지 한국비료가 국민의 소원과 정부의 계획대로 건설되기를 바라는 제 본래의 소신에서입니다. 그리고 이 기회에 제가 그 대표로 되어 있는 모든 사업 경영에서 손을 떼겠습니다. 이는 제가 관여함으로서 기업의 사회적 책임과 문화 사업의 공익성이 유린될 것을 염려하시는 여러분의 뜻에 따르고자 함에서입니다…"

그러나 이병철의 한국비료 국가 헌납 성명에도 여론은 쉽사리 가라앉지 않았다. 끝내 검찰 수사로 확대되어 나갔다. 그런 결과 한국비료의 이창희 상무, 이일섭 상무, 성상영 부사장 등이 구속 또는 불구속 기소되기에 이르렀다. 다만 이병철은 사건과 직접 간련(干連)이 없다고 검찰은 결론을 내렸다.

정치권에선 승복하지 않았다. 검찰의 발표에도 불구하고 야당은 대통령 박정희에게 경고 성명을 발표하는가 하면, 그런 와중에 '장군의 아들'로 유명한 민주당의 김두한 의원이 국회에서 국무총리 김종필에게 똥물을 끼얹고 마는 사태까지 일어났다. 이어 국무위원 총사퇴 결의안 등 정치적 사건이 꼬리를 무는 가운데, 민주당의 장준하 의원은 규탄궐기대회에서 대통령 박정희를 심하게 몰아붙여 국가원수 명예훼손 혐의로 구속되기까지 했다.

여기까지가 당시 언론에 비친 '한국비료 사건'의 전말이다. 이 점에 대해 훗날 이병철 본인의 입장이 없을 수 없었다.

"다만 한 가지 분명히 해두고자 하는 것은, OTSA 문제가 일사부재리의 원칙도 무시된 채 강제 수사를 받게 되었던 배경에는 몇몇 정치인의 공작이 숨어 있었다는 사실이다. 현재로서는 굳이 이름을 밝히지 않으나, 장차 그 진상이 밝혀질 날이 있을 것이다. 뿐만 아니라 당시 권력 구조의 중추에 있던 인물이 OTSA 문제가 일어나기 전에, 한국비료 주식의 30%를 증여하라고 요구해왔었던 사실도 있다. … 10년간에 걸쳐서 세 번씩이나 도전하여 겨우 완성시킨 비료 공장이다. 손을 떼는 데 아무런 감상이 없었다고 하면 거짓말이 될 것이다. 그러나 한 가지 틀림없는 보람과 기쁨이 있었다. 국가가 시급하게 필요로 하는 세계 최대의 비료 공장을 내 손으로 완성시켰다는 바로 그 사실이다. 또한 역경 속에서도 용하게 자기 자신을 잃지 않고, 흔들리는 마음을 가누어 시종 정심정념을 잃지 않았다는 사실에 자기위안을 삼았다….."

어째 좀 이상하지 않은가? 왠지 억울해 하는 분위기가 다분히 묻어나 보이지 않은가? 평소 그의 성격으로 보아 입장 표명이 아무래도 좀 길어 보이진 않은가 말이다. 10년 가까운 세월 동안 모든 역량을 쏟아 부어 건설했음에도 속절없이 내어줄 수밖에 없었던 그에게 한국비료는 자신의 생전엔 끝내 잃어버린 자식이었다. 한국비료를 다시 되찾아오는 데 이후 30여 년을 더 기다려야 했으니 말이다.

한국비료는 그가 타계한 지 7년이 지난 1994년 정부의 공기업 민영화 정책에 따라 삼성의 품으로 다시 돌아올 수 있었다. 삼성정밀화학으로 재탄생케 된다. 이후 삼성정밀화학은 요소 비료 생산을 중단한 데(2011) 이어, 몇 해 뒤 롯데케미칼에 매각한다고(2015) 정식 공시했다.

자신의 '파란 많은 생애 중에서도 더할 나위 없는 쓰디쓴 체험'이었다고 고백한 이병철이 '한국비료 사건'을 겪으면서 남긴 말이 있다. 장남 이맹희에게 한 말이다.

"맹희야, 정치한다는 사람들 절대 믿지 마래이…."

그가 왜 '돌다리도 두들겨보고 난 뒤 건너가는 사람을 확인하고 나서야 비로소 자신이 돌다리를 다시 두들겨가며 건너간다'는 신중함을 유난히 강조했는지. 삼성은 왜 정치에 직접 참여치 않으면서 오직 기술만이 살 길이라는 '철벽의 금기'를 만들었는지를 새삼 떠올리게 하는 한탄이 아닐 수 없었다.

끝내 못다 이룬 2인의 프로젝트

'경제 논리가 통하는 세상'으로 만들어놓겠다며, 정주영이 살벌한 정치판에 뛰어들기 전이었다. 어느 날 뜬금없이 그가 뜻밖의 출사표를 내던진다.

"내가 러시아의 시베리아에 깊은 관심을 갖는 데엔 크게 나누어 두 가지 이유가 있다. 우선 러시아의 시베리아는 목재와 천연가스, 기름, 석탄부터 바다의 생선까지 무한한 자원의 보고이다. 우리는 지금 모든 자원을 멀리 태평양을 건너 미국, 캐나다, 그리고 남태평양 한가운데의 호주나 아프리카 등지에서 실어오고 있다. 그나마 그 자원도 일본을 위시한 선진국들이 선점하고 있어 우리는 웃돈에 웃돈을 얹어 사서, 막대한 운송비를 들여 실어오는 실정이다.

…우리의 합판 산업이 한때 세계시장을 지배했던 시절이 있었다.

그러나 원자재인 목재의 항구적인 확보가 안 되었기 때문에 합판 산업의 대명사였던 동명목재가 도산했고, 그와 함께 합판 최대 수출국이었던 한국이 합판 수입국으로 전락하고 말았다. 자원의 미확보는 기업이 불안한 나날로 경영을 해나가다 급기야는 몰락하게 되는 지름길이다. 자원의 다변적인 확보야말로 산업국가의 필수 요건이다.

…이제 다음으로 해야 할 일은, 러시아의 영향력과 도움으로 남북통일의 지름길을 만드는 것이다. 상업성을 생각하면 물론 중국이 더 낫다. 그러나 중국은 우리 말고도 다른 나라의 수많은 기업인들이 다니고 있으니까 우리는 러시아에 전력을 다해서 남북통일을 이루는 데 물꼬를 트는 역할도 하고, 자원 확보로 자손만대 성장의 원동력이 되는 기반을 마련해주는 것이 우리가 할 일이라는 생각이 든다.

…시베리아를 개발하는 데 한국이 무슨 수로 영하 50~70도의 혹한에 버틸 거냐고 일본이 또 웃고 있을지도 모른다. 그러나 나는 우리가 못할 것은 없다고 생각한다. 일본인들이 홋카이도 위쪽의 섬 4개를 러시아에서 되찾기 위해 애쓰고 있는 동안 우리가 시베리아를 잡아놓아야지. 일본과 러시아가 한 덩어리가 되면 그 많은 자원 가운데 우리 몫은 하나도 없을 것이다. 일본 사람들이 추수하고 난 자리에 떨어진 이삭이나 주우러 다니는 형편이 될 수는 없다. 이것이 우리가 러시아의 시베리아 개발에 적극적으로 나서야 하는 중요한 이유다….”

정주영은 금강산 개발로 남북 교류(1989)의 물꼬를 튼 데 이어, 당시엔 아직 국교 수교조차 정식으로 맺지 않은 러시아를 방문해서 크레믈린 궁에서 고르바초프 러시아 대통령과 3시간 반 동안이나 환담

했다(1990). 시베리아 개발에 대한 그의 행보는 그렇게 시작되었다.

정주영은 우리의 미래가 전적으로 시베리아 개발에 달려 있다고 확신했다. 동토를 개발한다는 것이 결코 쉬운 일은 아니겠지만, 사막의 나라 중동에서의 경험에 비추어볼 때 못할 것도 없다며 자신감을 내비쳤다.

이후에도 그는 세 차례나 러시아를 거푸 방문했다. 시베리아 스베틀라야 산림 공동 개발과 함께 시베리아에서 남북한을 관통하여 부산까지 이어지는 가스 파이프라인을 설치한 데 이어, 종래에는 시베리아 천연가스를 일본에까지 연결한다는 원대한 계획을 세워두었다.

무엇보다 그는 시베리아의 부동항 블라디보스토크에 주목했다. 블라디보스토크를 개발해서 시베리아 진출의 근거지로 삼는 것이, 지리적으로나 기후적인 면에서 유리하다는 판단에서였다. 부산에서 선박을 이용한다 해도 30시간 정도면 도착할 수 있는, 생각만큼 먼 거리도 아니었다.

그러나 우리 기업들이 잠시 주춤하는 사이 다른 나라 기업들이 발빠르게 나섰다. 미국, 일본, 호주 등의 여러 나라가 블라디보스토크에 몰려들어 각축을 벌이는 것이 그를 못내 아쉽게 만들었다. 더구나 같은 시기 현대는 중국에 진출하여 전력투구하고 있었다. 시베리아의 자원도 자원이지만, 시장으로 따진다면 지구촌에서 중국만 한 나라도 없다는 전략 판단에서였다.

그랬다. 시베리아의 자원 확보가 시급하다는 그의 주장은 때마침 열리기 시작한 중국이라는 새로운 거대 시장으로 말미암아 탄력을 받지 못했다. 시베리아 개발은 우선 순위에서 자꾸만 뒤로 밀려날 수밖에 없었고, 그러는 사이 새로이 등장한 거대 중국 시장에서 연이어 낭보가 날아들었다. 현대는 중국과 합작으로 베이징 현대 지하철도 차량공사를 설립, 중국 전역에 건설될 지하철의 전동차 독점 생산 계약을 성사시킨다. 이어 자동차, 전자, 조선 등 여러 분야에서 새로운 투자 기회를 왕성하게 열어가고 있었다.

    그렇더라도 언제까지 기다리고 있을 수만 없었다. 그때 정주영은 왕국의 경영권을 이미 후계자에게 넘겨준 데다, 팔순을 바라보는 고령이었다.

    정주영의 시베리아 개발은 그렇게 끝내 미완으로 그칠 수밖에 없었다. 왕국의 전사들이 뒤늦게야 중국에서 시베리아로 눈길을 돌렸을 때는, 미지의 대륙 시베리아로의 정벌을 나서고자 하였을 때는, 벌써 그가 타계하고 만 뒤였다. 총수를 잃고 방향을 선회해야 했다.

    이병철은 어땠을까? 정주영의 시베리아 개발과 마찬가지로 눈에 전망이 훤히 들여다 보이는데도 불구하고 끝내 이루지 못한 사업은 무엇이며, 왜 그랬던 것일까? 아무 거칠 것이라곤 없었던 천하제일의 그가 자신의 파란만장한 생을 마감할 때까지 미처 이루지 못한 사업은 어떤 것이 있었을까? 그가 남긴 기록 너머에 묻혀 있는 또 다른 숨은 기록은 과연 또 무엇이 있는 걸까?

    생전에 이병철은 돈을 충분히 벌어들일 수 있는 데도 결코 손대지 말아야 할 사업으로 다음 세 가지를 꼽았다. 단자회사와 같은 사금융업, 30년 장수 기업을 스스로 자진 해산하고 말았던 대구의 조선양조와 같은 술장사, 그리고 마지막으로 무기를 만드는 군수 산업이었다.

생각하기에 따라서는 그의 이 같은 결정에 동의할 수 없는 부분이 있을 수도 있다. 개인의 기업관이랄지, 시대의 변화에 따라 얼마든지 달라질 수도 있는 문제로 보인다.

한데도 생전에 그는 이 같은 생각을 굳게 지켰던 것으로 알려졌다. 적어도 그 세 가지 사업만은 자신이 먼저 앞장을 선다거나, 부추길 생각은 전혀 없었던 건 확실하다. 술장사는 체통을 중시하는 우리 정서로 미뤄 불가피하며, 사금융업 또한 그의 남다른 기업철학이나 체질로 보아 일찌감치 눈길을 외면할 법도 하다.

다만 군수 산업은 조금 뜻밖이다. 분단의 아픈 현실과 무엇보다 기술을 중시하는 삼성의 에토스로 보아 여느 기업보다 적합할 것 같은 데도 말이다.

그러나 이병철은 단호했다. 무기를 만들어 팔 수 있는 데라곤 오직 국가뿐이라는 점을 들어 난색을 표했다. 그렇게 되면 결국에 가선 정부에 납품하는 관수품과 다를 게 또 무어냐는 반문이었다.

그가 관수품에 일체 눈길을 주지 않았던 이유는 앞서 설명한 그대로다. '삼성은 정치에 직접 관여하지 않는다'는, 다시 말해 정부를 끼고 하는 사업은 절대로 하지 않겠다는 이른바 '철벽의 금기' 때문이었다.

이랬던 그가 돌연 1980년대에 들어서면서 항공기 엔진 및 정비 출고를 위한 군수업체 삼성항공을 설립하고 나섰다. 저자 역시 삼성항공 창원공장에 취재차 서너 차례 다녀왔던 것으로 기억하는데, 최신예 전투기를 손으로 만져보고 조종석에도 올라가 본 게 아마 그때가 처음이었던 것 같다.

그럼 이병철은 왜 이처럼 자신의 신념을 스스로 무너뜨리고 말았던 것일까? 세월이 흐르면서 어떤 곡절이 있었기에 자신의 생각을 그토록 달라지게 만든 것일까?

그는 베트남의 패망을 이유로 들었다. 베트남이 패망하는 것을 매스컴을 통해 지켜보면서, 대통령 박정희를 찾아가 삼성에서도 군수산업을 해야겠다고 말했다는 것이다.

그렇게 손댄 것이 삼성항공이었다. 한사코 손사래 치며 군수 산업을 절대로 하지 않겠다던 금기를 스스로 깬 것이다. 중요한 것은 그럼에도 군수 산업은 결코 손대고 싶은 사업이 아니었다는 속내를 지인들에게 곧잘 내비쳤다는 사실이다.

마지막으로 그가 파란만장한 생을 마감할 때까지 끝내 이루지 못한 채 남은 프로젝트가 있다. 눈부신 기록 너머에 묻혀 있는 또 다른 숨은 기록인 '미완의 사업'이 있었다는 사실을 아는 이는 그리 많지 않다.

사실 이병철은 냉혹하고 이성적인 면이 유난히 두드러진 데다, 무슨 결벽증 비슷한 차이마저 없지 않았다. 지난날의 추억이나 향수 같은 감정이 자신의 사업에 전연 영향을 끼치지 않은 사람쯤으로 이해되어 왔다.

하지만 그도 감정을 가진 인간이었다. 젊은 날 마산에서 한창 잘 나갔을 땐 마산 시내의 요정들을 한손에 쥐락펴락하며 흥청거리기도 한 그였다. '그 무렵 마산에는 천해관 등 한국식 요정이 서너 군데 있었고, 망월 등 일본식 요정이 다섯 군데 있었다. 그 모두가 나의 단골이었다. 마산 시내의 기생들을 가끔은 한 사람도 빠짐없이 한 자리에 불러놓고 흥청거리던…' 시절마저 없지만 않았다.

또 그것이 무슨 자랑거리라도 되는 듯 아들 손자 대대로 읽을 줄 뻔히 알면서도, 그답지 않게 자신의 자서전『호암자전』에 두 번 세 번 거듭해서 언급을 하고 있을 정도이다. 암만 해도 그 시절의 추억이 꽤나 인상 깊었던 것 같다.

더욱이 그 시절 요정에서 기생들과 어울려 유성기를 틀어놓고 놀았던 그 아련한 기억을 끝내 잊지 못했던 것일까? 뜬금없이 레코드음반 사업을 하겠다고 나선다. 그것도 5년 간격으로 두 차례나 반복해서 사업성을 검토해보라고 직접 지시할 정도였다. 까닥했으면 삼성레코드가 탄생될 뻔도 한 것이다.

그러니까 1965년이었다. 이 시기라면 왕국이 날로 뻗어나가 미래의 성장 동력인 전자 산업을 해보겠다며 백방으로 뛰고 있을 무렵이었다.

한데 그처럼 중요한 시기에 레코드음반 사업을 해보겠노라 마음을 굳힌 그는, 삼성물산 도쿄지사에 근무하던 일본인 시마다에게 지시를 내리게 된다. 일본에서 가장 큰 레코드음반 기업인 일본빅터와 기술을 제휴해보라고 한 것이다.

회장의 지시를 받은 시마다는 곧바로 움직이기 시작했다. 일본빅터에 의뢰해서 레코드음반의 프레스공장 설비에 관한 것이며, 한국에서 제조되고 있는 지구레코드, 오아시스레코드, 아세아레코드, 신세기레코드, 도미도레코드, 크라운레코드 등의 회사 제품을 샘플로 입수하여 품질검사를 받기까지 했다. 뿐만 아니라 시장 동향, 유통구조, 심지어 음반 관련 법규까지 망라해서 사업기획서가 작성되기에 이른다.

그러나 마지막 단계에 이르러 레코드음반 사업은 시기상조라는 결론에 도달했다. 당시 우리 국민소득은 겨우 105달러 수준이었다. 먹고살기조차 바쁜 시대라는 게 제동이 걸린 이유였다. 결국 이병철은 레코드음반 사업을 잠시 미룰 수밖에 없었다. 우리 사정이 아직은 거기에 미치지 못했던 것이다.

그런 뒤 또다시 레코드음반 사업을 해보겠다고 마음을 굳힌 때가 5년이 지난 1970년이었다. 5년 전에 비해 국민소득이 두 배 넘게 늘어나 253달러가 된 시점이었다.

전과 달리 기술 제휴선도 세계 최고 수준이었다. 미국의 CBS와 일본의 SONY가 합작한 CBS-SONY를 콕 점찍어뒀다. 단순히 제조 기술을 제휴하는 데 그치지 않고, 세계적인 관현악단과 음악가들을 망라하고 있다는 것이 그쪽을 선택한 이유였다. 그는 다시 한 번 실무자들을 선발하여 사업기획서를 작성해 올리도록 지시했다.

한데 두 번째 시도 역시 그가 바라는 것과는 반대 결과가 나왔다. 불법 복제가 기승을 부리고 있는 데다, 레코드음반을 사치품으로 여겨 관세 또한 금값에 가까웠다. 거기다 다시 비싼 로열티까지 지불해가며 레코드음반 사업을 하기엔 불가능했다. 결국 레코드음반 사업이 아직까진 뿌리내릴 수 있는 환경이 형성되지 않았다는 점을 그도 받아들여야만 했다. 미완의 꿈 레코드음반 사업은 또다시 속절없이 뒤로 밀려나야만 했다.

"100% 확신이 없으면 당초에 착수하지 말아야 한다. 마음속에 실패에 대한 불안감을 품은 채 착수하면 전력투구를 못하게 된다. 배수진을 치고 백척간두에서 단호히 결행해도 예기치 못한 장애에 부딪히기 마련인데, 하물며 출발부터 의심하고 망설이면 될 일도 안 되는 법이다⋯."

그가 신규 사업을 추진할 적마다 '착수하는 용기'와 더불어 '물러서는 용기'를 말할 때 즐겨 인용하는 대목이다. 결코 밀어붙이는 허황된 용기와 단순한 힘만을 강조하진 않는다는 점이다.

이처럼 레코드음반 사업은 전례 없이 두 번씩이나 칼을 뽑아들었음에도 결국 휘두르진 못한 미완으로 남아야 했다. '기업경영의 귀재'라는 이병철에게 끝내 한 많은 추억과 향수로만 그친, 또 다른 그의 숨은 기록으로 남겨두어야만 했다.

이병철과 정주영, 당 태종에게 묻다
정주영, 자신을 빼닮은 둘째
이병철, 장남도 차남도 아닌 셋째
93.6%를 몰아준 것은 공평한 상속이다
'왕자의 난'으로 서로 갈라선 현대가
'여름엔 시원하고 겨울엔 포근하겠다'
'이 가슴엔 꿈도 열정도 많았지'
정주영을 찾아가 손을 내민 이병철

제5부

그들의
마지막 나날

이병철과 정주영,
당 태종에게 묻다

당(唐)나라 태종이 재위 10년이 되자 신하들에게 물었다.

"제왕의 사업에 있어서 처음 창업하는 것과 그 일을 지키는 것 가운데 어느 것이 더 어려운가?"

상서성(尙書省) 차관 방현령이 대답했다.

"천하가 혼란스러워지면 영웅들이 다투어 일어나지만, 쳐부수면 투항하고 싸워 이기면 곧 제압할 수 있습니다. 이런 관점에서 본다면 창업이 수성보다 더 어려운 것 같습니다."

그러자 간의대부(諫議大夫) 위징이 다른 의견을 냈다.

"제왕이 군사를 일으키는 것은 반드시 세상이 혼란스러워진 뒤의 일입니다. 그러한 혼란을 제거하고 흉악한 폭도들을 진압하면 백성들은 제왕을 기꺼이 추대하고, 천하의 민심이 제왕에게로 돌아옵니다. 이처럼 창업은 하늘이 내려주고 백성들이 받드는 것이기 때문에 그다지 어렵지 않을 수도 있습니다. 그러나 일단 천하를 얻은 뒤에는 스스로 마음이 교만해지고 음란한 데로 달려가게 됩니다. 백성들은 편안한 휴식을 원하지만 국가에서 동원하는 각종 부역은 끝이 없게 되고, 백성들은 잠시도 쉴 틈이 없지만 사치스러운 일은 오히려 멈추질 않습니다. 국가가 쇠락하고 피폐해지는 것은 언제나 이것으로부터 말미암은 것입니다. 이러한 관점에서 본다면, 이미 세운 업적을 지키는 일이 보다 더 어렵다고 말할 수 있을 것입니다."

방현령과 위징의 대답을 듣고 난 태종이 마침내 입을 열었다.

"방현령은 지난날 나를 따라 천하를 평정하면서 갖은 고생을 다하며 구사일생으로 요행히 생명을 부지하였기 때문에, 창업이 얼마나 어렵다는 것을 아는 것이다. 위징은 나와 함께 천하를 안정시키며 교만하고 음란한 병폐가 발생하는 조짐을 걱정하면서 이는 곧 위태로우며 멸망으로 가는 길이었기 때문에, 이미 이룩한 업적을 지키기가 더 어렵다고 생각한 것이다."

당 태종은 잠시 날숨을 길게 내쉬었다. 자신이 하고픈 말은 정작 이것인 듯 목소리를 가다듬었다.

"그러나 이제 창업의 어려움은 이미 지난 과거가 되었지 않은가. 그런 만큼 기왕에 세워진 제왕의 사업을 유지하고 지키는 어려움은 마땅히 공들과 신중히 상의하여야 할 것이다."

만년에 이른 이병철과 정주영의 생각은 또 어땠을까? 그들 또한 당 태종과 같은 생각을 하고 있었던 것은 아닐까? 두 사람 역시 속절없이 나이가 들어 어느덧 칠순을 넘어 팔순을 바라보게 되자, 그 옛

날 당 태종이 그랬던 것처럼 창업과 수성의 어려움을 남몰래 저울질했던 건 아닐까? 혼자 고민하는 날이 많아지기 시작했던 것은 아닐는지….

정주영, 자신을 빼닮은 둘째

 정주영의 나이 여든셋이 되던 해의(1998) 현대왕국은 광활했다. 그룹 계열사 기업 62개, 종업원 20만 명, 자산 총액 73조 5,200억 원, 국내 집단기업 자산 순위 1위, 한 해 전 기준 매출액 55조 6,253억 원, 국내 전체 경제의 약 17%를 차지했다.

 이 같은 현대왕국의 최고경영권이 후계자의 손으로 넘어간 건 이태 전인 1996년이었다. 창업주 정주영 명예회장에 이어, 짧은 과도기 단계로 넷째 동생인 정세영 2대 회장을 거쳐, 마침내 정주영의 차남 정몽구로 후계 체제에 들어갔다.

 비록 5남 정몽헌과 함께 그룹의 지휘봉을 나누어 쥐여주었다고는 하더라도, 차남 정몽구에게 우선권이 부여되어 있다는 건 누구도 부인할 수 없는 기정사실이었다. 실제로 정몽구가 차남이라고는 하지만 맏아들인 정몽필이 이미 오래전에 타계한 만큼 그동안 집안에서 정몽구가 실질적인 장자 노릇을 해오던 터였다. 정주영도 왕국에 중대한 일이 있을 때면 정몽구를 불러 동석시키곤 해왔다. 정세영, 이명박 등과 함께 앞자리에 배석시켜 얼굴을 내밀도록 했다.

이런 정몽구가 그룹의 새 총수로서 취임식을 하고 정식으로 회장 자리를 물려받게 된 것은 1996년 정초였다. 새해 업무를 여는 그룹 시무식 자리에서였다. 새해 업무의 시작과 함께 그룹의 경영권을 정식으로 넘겨받게 된 것이다.

반면에 이날 10년(1987~1996) 가까이 그룹의 과도기를 이끌어왔던 정세영 회장이 이임식을 하고 경영 일선에서 물러났다. 겉으로 보기엔 숙부에서 조카로 경영권이 넘겨진 모양새였으나, 실제론 아버지 정주영에게서 차남 정몽구에게 넘겨진 것이나 다름없었다.

아울러 최고경영진에 대한 전면적인 후속 인사가 뒤따랐다. 현대전자 회장인 5남 정몽헌이 그룹 부회장으로 한 단계 자리가 올라갔다. 왕국을 이끌어가는 큰 지휘봉은 정몽구에게 넘겨주었으나, 무슨 고민이 또 남았던 건지 작은 지휘봉 하나를 더 만들어 5남에게 쥐여준 셈이다.

한편 정세영의 외아들 정몽규 현대자동차 부사장은 몇 단계 뛰어올라 현대자동차 회장으로 승진했다. 이때 그의 나이 불과 33세였다. 현대정유와 현대석유화학의 부사장을 맡고 있던 정몽혁도 사장으로 승진했다. 정주영의 다섯째 동생으로 독일에서 박사 논문을 준비하던 중 타계하고 만 정신영의 외아들이었다.

그러나 정주영을 도와 창업 때부터 앞뒤에서 왕국을 이끌어왔던 원로들은 이날 대부분 퇴진했다. 왕국 창건 이래 처음으로 세대교체를 단행한, 이른바 '2세의 시대'가 열린 것이다.

같은 날 현대종합상사 이춘림 회장도 물러났다. 일찍이 피난지 부산에서 현대건설이 미군 발주 공사(1950)로 이제 막 발판을 다지던 무렵부터 정주영과 동고동락을 함께해온 원로 세대의 대표주자로서, 사실상 그동안 정주영에 이은 넘버 투로 그룹의 부회장에 버금가는 역할을 맡아왔던 그가 그룹고문으로 한 걸음 뒤로 비켜섰다. 이어 현대상선 한영원 회장, 현대증권 김동윤 사장, 대한알루미늄 송윤재 회장 등도 경영 일선에서 동반 퇴진했다.

그러나 이날의 전면적인 후속 인사에서 가장 두드러졌던 건 그룹의 분가(分家) 방침이 거듭 확인되었다는 점이다. 계열사 분리 작업이 더욱 신속하게 진행될 것임을 예고하는 수순이기도 했다.

다시 말해 정몽구 신임 회장이 그룹의 회장으로 그룹 전체를 관할하면서 현대정공, 현대강관, 현대자동차서비스, 현대산업개발, 인천제철 등을 직접 거느리게 했다. 5남 정몽헌은 그룹 부회장으로 현대전자, 현대상선, 현대엘리베이터 등을 직접 관할하게 했다. 3남 정몽근은 금강개발 회장으로, 6남 정몽준은 현대중공업 고문으로(현역 국회의원 신분이었음), 7남 정몽윤은 현대해상화재 사장으로, 막내 정몽일은 현대종합개발금융 사장을 그대로 유지토록 했다.

물론 2세들의 전진 배치의 뒷면에는 정주영의 입김이 없지 않았다. 그는 기회가 있을 적마다 "내 자식들은 10년 이상 경영에 참여해 전문 경영인으로서 능력을 키워왔으니, 이제 책임을 지고 회사를 꾸려나갈 수 있으리라고 본다"고 했다. 일찍부터 그룹의 분가 방침을 염두에 두고 있었다는 얘기다. 그러나 이 같은 일련의 조치들은 그가 예전부터 다짐해오던 공언에서 크게 후퇴한 것이었다. 벌써 그는 몇 번씩이나 '내 아들 가운데 누구에게도 경영권이 넘겨지는 일은 결코 없을 것'이라고 공언하곤 해왔다. 자식들에게 구멍가게 하나씩을 떼어주어 먹고 살게는 하겠지만, 그룹을 통째로 넘겨주는 일은 결코 없을 것이라고 다짐했던 것이다. 적어도 그가 정치판에 뛰어들기 전까지만 해도 그랬다.

심지어 신문 인터뷰에서 "딱 잘라 말하겠지만, 둘째 아들 몽구가 그룹의 회장을 맡는 일은 절대 없을 것이다. 우리 가족 중 그룹 회장을 맡는 것은 정세영 회장이 마지막이 될 것이다"고 호언했을 뿐만 아니라, "내가 물러나면 현대그룹에는 그룹 회장이라는 단어가 사라지게 될 것"이라고 장담하기도 했다.

그랬던 정주영이 돌연 딴소리를 하기 시작했다. "미국의 포드, 일본의 도요타는 소유와 경영이 분리되지 않아도, 세계적인 기업으로 우뚝 서있지 않은가? 따라서 소유와 경영이 반드시 분리되어야 한다곤 생각지 않는다. 누가 소유하느냐보다, 어떻게 경영하느냐가 더 중요하다고 보기 때문이다"라고 하거나, "우리나라는 오너 체제이다. 일본은 법인 체제로 법인이 경영을 지배하고 있다. 우리나라도 2세 체제를 지나 3세 때가 되면 저절로 일본처럼 되지 않겠는가"라고 덧붙였다.

요컨대 뛰어난 역량만 갖춘다면 재벌 2세라고 해서 굳이 경영을 떠맡지 말아야 할 이유가 없다는 거였다. 그렇게 후계자 자리는 차남 정몽구에게 돌아갔다. 정주영에 이어 왕국을 이끌어나갈 새 총수로 지목된 것이다.

그럼 왕국의 새 총수로 지목된 정몽구는 과연 어떤 인물일까? 그는 그룹 내에서 흔히 'MK'라는 이니셜로 통한다. 별명으로도 애칭으로도 그렇게 불리고 있다.

정몽구는 정주영과 변중석 여사 사이의 9남매(8남 1녀) 중 둘째로 태어났다. 인천제철을 이끌던 장남 정몽필이 아직 쉰도 안 되는 젊은 나이에 불의의 교통사고를 당하여 사망한(1982) 이후, 집안에서 실질적인 장남 역할을 도맡아왔다.

그러면서 현대정공, 현대강관, 현대자동차서비스, 현대산업개발 인천제철 등 왕국의 굵직한 계열사들을 이끌어왔다. 그가 맡아온 계열사들만 놓고 봐도 그렇지만, 비중에 있어서도 다른 형제들과는 다른 대접을 받고 있었던 셈이다. 그룹 안에서의 발언권도 형제들 가운데 자연 우선순위가 주어졌다. 실질적인 장남으로서 조금도 손색이 없었던 것이다.

하지만 정몽구는 자신이 실질적인 장남이라서 왕국의 지휘봉을 거저 물려받았다는 소릴 가장 듣기 싫어했다. 그동안 남모르는 혹독한 경영수업을 쌓았으며 나름대로 준비를 해왔다고 생각한 때문이다.

그도 그럴 만한 게 정몽구가 왕국에 첫발을 들여놓은 건 1969년으로 거슬러 올라간다. 그것도 '왕의 아들'로 그냥 들어올 수 있었던 것도 아니다. 다른 임직원들과 똑같이 평사원으로 입사할 수 있었다. 현대가 이제 막 기업집단으로 발돋움하기 시작할 무렵이었다.

1년여 동안 평사원으로 기본 업무를 익힌 그는, 당시 갓 출범한 현대자동차로 자리를 옮겨 숙부인 정세영 사장 밑에서 부품과장, 자재부장, 사업소장 등을 두루 거쳤다. 이것저것 다 경험했다고나 할까.

그러다 이사로 승진하게 된 게 입사 4년여 만이었다(1973). 그런 다음 한 해 뒤쯤엔 새로이 설립된 현대자동차서비스 사장을 맡으면서 첫 CEO 자리에 올랐다. 아버지와 숙부의 그늘에서 벗어나 나름대로 경영의 역량과 수완을 발휘할 수 있었던 것도 바로 이때부터였다.

한데 막상 뚜껑을 열어보자 그의 경영력은 놀랄 만한 것이었다. 이제 막 걸음마를 시작한 현대자동차서비스의 경영 실적이 해마다 두 배 이상씩 급속도로 성장하고 있었다.

정몽구는 현장에 늘 붙어 살았다. 양복에 넥타이를 매어본 일이 없을 정도로 매번 점퍼에 군화 차림이었다. 철저히 현장주의자였던 그 아버지에 그 아들이었다. 아버지가 걷던 바로 그 길이었다.

더구나 그가 CEO로 경영력을 발휘하던 무렵은 큰 숙부 정인영이 그룹과 결별을 선언한 채 뛰쳐나갔던 시기와 겹쳤다. 철석같이 믿었던 아우가 곁을 떠난 상실감과 경영 공백을 그가 유감없이 메워줌으로써 아버지의 근심을 덜어준 결과로까지 이어졌다.

그렇게 아버지의 신임을 한 몸에 받게 된 정몽구는, 오래지 않아 현대정공까지 맡게 된다. 그는 이번에도 자신의 역량을 유감없이 발휘했다. 그러자 아버지는 이어 현대강관, 현대산업개발, 인천제철까지 잇달아 맡기고 나섰다. 신임을 넘어 비로소 인정하기에 이르렀던 것이다.

정몽구가 현장에서 불리는 별명은 '불도저'였다. 아버지의 별명 그대로였다. 그뿐 아니었다. 나이가 들어갈수록 겉모습은 물론이고 성격까지도 아버지를 그대로 닮았다는 소릴 들었다. 밀어붙이는 추진력이나 과감한 경영 스타일이 아버지와 다르지 않았다. 유난히 보스 기질이 남다른 데다, 소탈하고 선이 굵은 것까지 그랬다. 솥뚜껑만한 손바닥이며 『삼국지』를 열심히 탐독하는 것까지도 아버지를 쏙 빼어 닮은 점이었다.

하지만 정몽구의 아버지에 대한 사랑과 존경심은 그닥 알려지지 않은 것 같다. 그는 왕국의 2대 총수에 임명되기 전까지만 해도, 계동 현대그룹 본사로 출근할 때 현관 정문을 단 한 번도 이용한 적이 없었다. 아버지 앞에 자신이 곧추서는 일이란 있을 수 없다고 생각한 것이다.

그룹의 총수가 된 이후에도 달라지지 않은 모습이었다. 계동 본사에서 아버지를 배웅할 때면 승용차가 시야에서 완전히 사라질 때까지, 승용차 쪽을 향해 거의 90도 각도로 허리 굽혀 인사하는 것은 흔히 목격할 수 있는 장면이었다. 아버지에 대한 사랑과 존경심이 그만큼 순수했다.

정몽구는 왕국의 총수 자리에 오른 2년 뒤 회갑을 맞이하게 된다. 이때도 일체 바깥 행사를 따로 하지 않았다. 다만 부인과 1남 3녀의 가족들만이 단출한 회갑상을 차리고 넘어갔다. "아버님께서 아직도 건재하신데 회갑이라고 떠들썩하게 잔치를 치르기가 민망하다"며 형제들과의 모임도 따로 갖지 않은 채 그냥 넘어갔다. 아버지에 대한 사랑과 존경심이 얼마나 지극한가를 보여주는 또 다른 대목이다.

이병철,
장남도 차남도 아닌 셋째

　삼성전자의 반도체 사업으로 한창 동분서주하던 이병철이, 그만 암에 걸렸다는 청천벽력 같은 소리를 듣게 된 건 그의 나이 67세였다 (1976). 그는 잠시 당황한 듯 멍한 얼굴이었다. 차마 받아들일 수 없는 현실인 듯 쉬 입을 열지 못했다. 하지만 끝내 암 수술을 받기 위해 일본으로 건너가야만 했다.

　이병철은 평소 자신의 건강에 대해 왕국에서 운영하고 있던 고려병원과 사촌형 이동희 박사가 운영하는 제일병원의 의견을 가장 많이 참조했었다.

　한데 막상 암에 걸렸다는 검진 결과를 받아들자 처음에는 '수술하지 않고 국내에서 약물치료를 받겠다'고 했다. 그러다 일본행으로 방향을 바꾸었다. 일본행을 강력하게 권하고 나선 이는 사촌형 이동희 박사였다.

결국 사촌형의 의견을 받아들여 일본으로 건너가 암 수술을 받았다. 암 수술을 받고서 건강을 되찾았다. 이후에도 상상 이상의 절제된 생활로 11년간이나 수를 더 누렸다.

그렇대도 자신의 삶이 그리 오래 남지 않았음을 그때 이미 깨달았던 듯하다. 자신을 뒤이어 왕국을 이끌어나갈 후계 구도에 대해 비로소 입 밖으로 꺼내기 시작한 것도 이때가 처음이었다.

그러니까 일본으로 암 수술을 받기 위해 출국하기 전날 밤, 가족이 모두 한자리에 모여 앉았다. 때마침 해외 출장 중이었던 3남 이건희를 제외한 장녀 이인희, 장남 이맹희, 차남 이창희, 차녀 이숙희, 3녀 이순희, 4녀 이덕희, 5녀 이명희 등이었다.

장소는 용인에 자리한 이병철의 거처였다. 그는 이 자리에서 자신의 후계 구도에 대해 처음으로 입을 열어 언급했다.

"앞으로 삼성은 건희가 이끌어가도록 하겠다…."

그 말을 듣는 순간 장남 이맹희는 충격을 감추지 못하는 얼굴이었다. 차남 이창희는 물론 그의 누이들 또한 별반 다르지 않았다.

그도 그럴 만했다. 비록 아버지와의 사이에 상당한 틈새가 벌어졌다고는 하지만, 그래도 벌써 10여 년이 넘도록 아버지 곁에서 후계자 수업을 쌓아왔던 장남 이맹희였다. 왕국의 대권이 마땅히 자신에게 주어질 것이라는 데 추호도 의심치 않았었다. 아니, 가족 모두가 은연중에 그렇게 믿어왔던 것도 사실이다.

더욱이 3남 이건희라면 일본과 미국에서 학업을 마치고 이제 막 돌아온 지 얼마 되지도 않은 시점이었다. 아버지가 이루어놓은 거대 왕국을 넘겨받기에는 너무나 일천한 이제 갓 서른다섯 살에 불과했다.

 이병철은 왜 그랬을까? 돌다리도 두드린 뒤 건너가는 사람을 본 다음에야 비로소 돌다리를 자신이 다시 두들겨가며 건너갈 만큼 조심성 많고 신중했던 그가, 왜 그 같은 결정을 내린 것일까? 벌써 10년 넘도록 자신의 곁에서 후계자 수업을 쌓아왔던 장남을 내버려두고 굳이 차남도 아닌 3남을 자신의 후계자로 지목해야만 했던 걸까?
 이병철은 삼성이라는 창조적 경영체를 과연 어떻게 수성해나갈 것인지 비교적 일찍부터 홀로 고심한 흔적이 역력하다. 때문에 그는 벌써 1960년대 후반, 그러니까 자신의 나이 회갑을 맞이하기 훨씬 이전부터 장남 이맹희와 차남 이창희 형제에게 경영수업을 쌓게 했다.
 하지만 10년이 지난 시점에서 결국 장남도 차남도 아닌 3남 이건희에게 대권을 상속시키기로 방향을 선회한다. 그가 이 같은 결정을 한 데 대해 자신의 자서전 『호암자전』에서 이렇게 쓰고 있다. 대권의 상속 과정에서 그들 형제가 배제된 데 대해 다음과 같이 짤막히 밝히고 있다.
 "삼성을 올바르게 보전시키는 일은 삼성을 지금까지 일으키고 키워온 일 못지않게 중요하다. …후계자의 선정에는 덕망과 관리 능력이 기준이 안 될 수 없다. 그것은 단순히 재산을 상속시키는 것보다는 기업의 구심점으로서 그 운영을 지휘하는 능력이 필요하기 때문이다. 본인의 희망도 듣고 본인의 자질과 분수에 맞춰 승계의 범위를 정하기로 하고, 처음에는 주위의 권고도 있고 본인의 희망도 있어 장남 맹희에게 그룹 일부의 경영을 맡겨보았다. 그러나 6개월도 채 못

되어 맡겼던 기업체는 물론 그룹 전체가 혼란에 빠지고 말았다. 본인이 자청하여 물러났다. 차남 창희는 그룹 산하의 많은 사람을 통솔하고 복잡한 거대 조직을 관리하는 것보다는, 알맞은 회사를 건전하게 경영하고 싶다고 희망했으므로 본인의 희망을 들어주기로 했다…."

그는 이처럼 장남과 차남에 대해 아버지로서 신중하면서도 매우 조심스러운 표현을 쓰고 있지만, 한마디로 말해 두 아들로는 도저히 안 되겠노라 선언한 셈이다. 두 아들의 조직 관리에 대한 인식 부족과 미숙함을 지적하고 나선 것이다.

단적인 예가 일찍이 장남과 차남이 주축이 되어 만든 '삼성기획위원회'(1967)와 이후 다시 조직 개편한 '5인위원회'였다. 이병철이 주재하는 삼성 사장단 회의가 매주 열렸음에도, 그 위원회는 아버지의 사장단 회의를 제치고 이내 삼성의 모든 경영 시책을 결정하는 최고 의결기구로 굳혀갔다.

게다가 회의 방식과 성격 또한 아버지의 사장단 회의와 너무도 판이하게 다른 데다 비민주적이었다. 더구나 삼성기획위원회는 상설 기구가 아닌 회의체 조직이었기 때문에, 신규 사업 하나만 추진하려 해도 실질적인 사업단을 구성하고 대처하는 기존의 조직체하고는 너무나 대조적이었다.

때문에 그 같은 삼성기획위원회의 결점을 보완하기 위해 부랴부랴 겉치레를 걷어낸 채 등장한 게 이른바 '5인위원회'였다. 5인위원회란 삼성기획위원회의 상임위원과 같은 성격으로, 장남 이맹희(삼성그룹 부사장)와 차남 이창희(제일모직 부사장)를 비롯하여 제일모직 이은택 사장, 신세계백화점 이일섭 사장, 중앙개발 김뇌성 전무 등으로 구성된 조직이었다.

그러나 형제가 주축이 되어 만들어진 삼성기획위원회와 5인위원회는 파열음이 그치지 않았다. 적잖은 혼란과 시행착오를 겪은 끝에 결국 해체되는 비운을 겪고야 만다.

이병철은 책임을 물었다. 5인의 위원 가운데 제일모직 이은택 사장을 제외한 나머지 4명을 사실상 문책하고, 자신의 후계자로 일본과 미국에서 이제 막 학업을 마치고 돌아온 3남 이건희를 낙점하기에 이른다.

이때부터 3남 이건희는 아버지를 그림자처럼 따라다니며, 장남 이맹희가 그랬던 것처럼 본격적인 경영수업을 받게 된다. 그가 작고할 때까지(1987) 10여 년이 넘는 기나긴 세월 동안 후계자 수업을 쌓게 되는 것이다.

93.6%를 몰아준 것은
공평한 상속이다

　이병철은 왜 장남도 차남도 아닌 굳이 3남 이건희를 자신의 후계자로 지목했던 것일까? 과연 이건희는 어떤 인물이었기에 장남 이맹희와 차남 이창희를 제치고 아버지로부터 왕국의 대권을 넘겨받을 수 있었을까? 일본에 건너갈 적마다 관상 서적도 잔뜩 사들고 와 누구보다 '사람에 대한 공부'를 열심히 했다던 이병철의 낙점이었기에 궁금증이 더해진다.

　그러나 이때까지만 하여도 바깥에서 보기엔 3남 이건희가 매우 미스터리한 인물이었다. 그에 대해 알고 있는 정보가 그리 많지 않았던 게 사실이다. 고작 해야 1942년 출생에 일본 와세다대학 경제학 전공 및 미국 조지워싱턴대학 경영학 전공 정도였다.

　그렇다고 누구도 그의 자질을 의심하지도 않았다. 단지 아버지가 왕국의 총수였기에 대권에 오르게 된 것이라고 말하는 이도 많지 않았다. 그처럼 단순히 평가할 수 없었던 이유는, 아버지에 이어 왕국의 총수에 오른 이래 수십여 년 동안 그가 이끌어온 삼성이 이루어낸 놀라운 경영 성과 때문이었다.

그렇더라도 이건희에 대해 알 수 있는 자료는 그때나 지금이나 퍽이 제한적이다. 기껏해야 그가 썼다는 『이건희 에세이(1997)』 정도가 고작이다.

때문에 『이건희 에세이』를 첫 장부터 마지막 장까지 빠짐없이 살펴보았지만 역시나였다. 그에 대해 이미 일반적으로 알려져 있는 것 이상은 더 이상 찾기가 쉽지 않았다. 단지 성과가 있었다면 글 쓰는 힘이 생각보다 놀라우리만치 논리 정연하고, 또 수준이 상당하고 사려가 깊다는 정도만을 대략 느낄 수 있었을 뿐이다.

말할 것도 없이 삼성이라는 거대 조직을 이끄는 총수라면, 적어도 일반인보다 남다르다는 것쯤은 당연한 풍경일지도 모른다. 한데도 그가 여전히 미스터리한 까닭은, 언론에 비친 모습이 생각한 만큼 그렇듯 능수능란해 보인다거나 세련돼 보이지 않다는 데 있는 것 같다.

더구나 명성에 비해 그는 언론에 자주 등장하는 편도 아니었다. 어쩌면 은둔자의 모습 그대로였다.

말도 어눌하기 짝이 없었다. 아버지와 달리 경상도 사투리가 아닌 비교적 서울 표준어를 구사하고 있을 뿐, 언론에 비친 그의 말솜씨는 여느 총수와 달리 으레 몇 마디가 전부이기 일쑤였다. 어쩌다 그 커다란 눈망울을 싱글거리며 방긋이 웃는 모습을 보고 있노라면 차라리 천진해 보이기까지 했다.

그럼에도 그가 삼성이라는 거대 조직을 맨 앞에서 이끌고 있다는 것만으로도 호기심을 불러일으키는 데 모자람이 없어 보였다. 대체 무슨 남다른 숨은 역량과 카리스마가 있어 마술을 부려놓기라도 한 듯, 그가 이끈 삼성을 막강한 글로벌 기업으로 바꾸어놓을 수 있었는지 궁금증이 더할 따름이었다.

우선 이건희를 곁에서 지켜보고 만난 몇몇 인사들의 증언 가운데 이어령 전 문화부장관이 본 인물평이다.

"장관직을 물러난 뒤 나는 삼성복지재단에서, 또는 무슨 자문회 같은 자리에서 여러 번 이 회장을 만날 기회를 얻었다. 그때마다 처음 침묵 속에서 들었던 시계추 소리가 경이로운 새로운 목소리로 바뀌게 되는 충격을 맛보곤 했다. 한담 속에서도 나는 늘 이건희 회장의 21세기 문명에 대한 날카로운 통찰력과 한국문화에 대한 확고한 인식에 대해 찬탄을 하지 않을 수 없었다. 그 분야에서 전문가를 자처해왔던 나 자신이 미처 알지 못했던 것, 느끼지 못했던 것을 이 회장의 어눌한 몇 마디 말 속에서 깨닫게 될 때에는 나 자신의 무력감까지 느껴야만 했다. 왜냐하면 그분의 지식은 책에서만 얻은 것이 아니라 세계를 무대로 한 폭넓은 기업 현장 속에서 직접 얻고 닦은 것이기 때문이다. 더구나 내가 열 마디 할 때 이건희 회장은 한 마디를 하지만, 그 한 마디가 내 열 마디를 누른다…."

물론 이 같은 단상만으로 그를 설명하기란 충분치 못하다. 때문에 저자는 그동안 여러 경로로 그에 관한 자료를 수집해오던 중, 어느 날인가 우연히 지인을 통해서 고서(古書) 연구가 송부종을 만나게 되었다.

송부종과 자리를 함께하며 까마득한 1920년대 경성 시대에 관한 이런저런 대화를 나누다 중간에 이병철 얘기가 불쑥 튀어나왔다. 동시에 일부러 요청하지도 않았건만 송부종의 입에서 그의 차남 이창희에 대한 얘기가 술술 새어나오기 시작했다. 한때 자신과는 퍽 친하게 지낸 적이 있었다는 것이다.

"이병철 회장의 차남 말예요?"

그는 고개를 끄덕였다. 1970년대 초 지금의 태평로 삼성그룹 본관이 신축되었을 때, 송부종은 당시 삼성 본관 지하 아케이드에서 잠깐 우표와 화폐 수집 가게를 연 적이 있었다는 것이다.

"이창희 씨가 점심시간을 이용해 우리 가게에 거의 매일 들르곤 했었어요. 그러면서부터 부쩍 친해졌지 뭡니까."

그때 차남 이창희는 재벌 2세답지 않게 자신의 취미 생활로 진기한 우표나 화폐 따위를 수집하고 있었다. 두 사람은 그렇게 아주 자연스레 가까운 사이가 되었고, 수시로 얼굴을 마주하고 앉아 관련 정보도 주고받는 사이가 되었을 것으로 짐작된다.

더욱이 이창희만큼 자주 찾지는 않았어도 장남 이맹희는 물론이고, 미국에서 유학 생활을 마치고 귀국한 지 얼마 되지 않은 3남 이건희조차 이따금 자신의 가게 문을 밀고 들어서곤 했다고 한다.

순간 저자는 숨죽이지 않을 수 없었다. 어쩌면 송부종의 얘기 속에서 저자가 그토록 찾던 이건희에 대한 실증적 자료가 나올지도 모른다는 생각에 눈길을 떼지 못했다.

송부종의 얘기를 요약해보면 대략 이랬다. 먼저 장남 이맹희는 인정이 많고 두뇌가 매우 뛰어난 사람이었다. 일에 관한 추진력 또한 대단히 열정적인 편이어서, 그가 한번 마음먹은 일은 당장 끝장을 보고야 마는 품성이었다. 다만 다혈질적인 성격이 두드러져 기분이 좋을 때와 나쁠 때 감정의 폭이 커 금방 알아차릴 수 있었다.

차남 이창희는 매우 단정한 사람이었다고 한다. 영락없이 영국 신사와도 같은 깔끔한 인상이었다. 그런가 하면 섬세하고 치밀한 면도 두드러진 데다, 두뇌 또한 맏형 못지않게 뛰어나 보였다. 하지만 물이 너무 맑으면 물고기가 모여 들지 않는 것처럼, 차남 이창희는 왕국의 황태자라기보다는 차라리 어떤 고결한 학자와도 같은 분위기였다는 것이다.

반면에 3남 이건희는 아버지를 가장 많이 닮은 것 같았다. 외모가 아니라 일반적으로 알려져 있는 이병철에 대한 이미지가 가장 많이 중첩된다고 덧붙였다.

"무엇보다 3남 이건희 씨는 미래에 대한 통찰력과 스케일이 아주 컸던 사람이었어요. 주변에선 좀처럼 찾아보기 힘든 그런 특별한…."

그러면서도 이건희는 젊은이답지 않게 사려가 깊고 배려 또한 분명했다고 기억한다. 또 그런 균형 잡힌 감각과 입체적인 사고를 지녔기에 아버지가 장남 이맹희도 차남 이창희도 아닌 3남 이건희의 카드를 선택한 것으로 보이며, 결론적으로 그 카드가 옳았기 때문에 삼성이 지금과 같이 한 단계 더 도약할 수 있지 않았겠느냐는 게 송부종의 진단이었다.

한데 바로 이 중요한 길목에서 이병철은 정주영과 전혀 다른 결정을 내린다. 자신의 후계자 선정에 있어선 두 사람이 큰 차이점을 나타내지 않았다고 한다면, 왕국을 상속하는 데 있어선 정주영과는 전혀 딴판이었다.

정주영이 왕국의 수성을 위해 차남 정몽구에게 그룹의 큰 지휘봉을 물려주면서도 또 한편으론 5남 정몽헌에게 작은 지휘봉 하나를 더 만들어 매우 조심스럽다 할 만큼 신중을 기하고 있는 반면에, 이병철은 대단히 단호했다. 왕국의 수성을 위한 후계자로 지목한 3남 이건희에게 왕국의 전 영토랄 수 있는 93.6%에 달하는 거대 지분을 고스란히 넘겨준 것이었다.

그리고 나머지 부분은 장녀 이인희에게 한솔제지(그룹 1.0%에 해당)를, 한때 황태자로 후계자 수업을 받았던 장남 이맹희에겐 제일제당(2.9%)을, 차남 이창희에겐 제일합섬(1.2%)을, 5녀 이명희에게는 신세계백화점(1.3%)을 각기 나눠주는 식이었다.

다시 말해 왕국의 영속을 위해 93.6%에 달하는 대규모 영토를 후계자인 3남 이건희에게 몽땅 넘겨준 데 반해, 나머지 6.4% 정도만을 자녀들에게 유산으로 물려주어 따로 분가시켰다. 경영의 상속과 아울러 분가의 원칙에 철저히 따랐던 것이다.

이병철이 이렇듯 경영의 상속과 분가의 원칙을 동시에 택했던 건 단순히 상속을 하였다가 자칫 훗날 야기될지도 모를 경영권의 다툼, 예컨대 주주총회랄지 일상의 경영 활동까지도 매우 심도있게 고심한 그만의 포석이라고 볼 수 있다. 왕국을 물려주는 애비가 그 불씨마저 철저하게 꺼주어야만 공평하고 진정한 상속이라고 믿었던 것 같다.

더구나 이런 상속의 원칙에 대해 그는 결코 사리에 맞지 않다고는 생각지 않았던 것 같다. 기업은 생물처럼 영속되어야 하는 것이며, 그런 만큼 애비로서가 아니라 기업을 영속시키고자 하는 기업가로서 최선의 선택이었음을 스스로 확신하고 있었던 것 같다. 중요한 건 정주영이나 이병철 두 사람 모두 자신의 후계자 지목에 있어 자신과 쏙 빼닮은 차남 정몽구와 3남 이건희를 지목하고 나섰다는 점이다.

'왕자의 난'으로 서로 갈라선 현대가

현대왕국의 최고경영권이 마침내 후계자의 손으로 넘겨진 건 1996년 정초였다. 창업주 정주영 명예회장에서 과도기 단계인 정세영 회장을 거쳐, 그동안 실질적인 장남 역할을 해온 차남 정몽구로의 후계 체제에 들어갔다는 얘긴 앞서 설명한 그대로다.

한데 그로부터 5년이 지난 2000년 왕국은 끝내 우려했던 경영권 다툼이 일고야 말았다. 이른바 큰 지휘봉을 물려받은 차남 정몽구 회장의 체제에 작은 지휘봉을 물려받은 5남 정몽헌을 비롯한 형제들이 일으킨 '왕자의 난'이 그것이다. 이때 왕국의 자산 규모는 약 87조 원, 계열사만도 40여 개가 넘었다.

그러나 '왕자의 난'으로 말미암아 왕국은 서로 갈라서고 분가되면서, 외형상의 규모는 더 작아지고 말았다. 재계의 서열도 결과적으론 곤두박질쳤다.

하지만 전문가들은 오히려 전화위복이라고 말했다. 지금 당장은 서로 갈라져 작아지고, 또 그래서 순위도 곤두박질쳤다지만, 이제야 비로소 보다 먼 훗날을 기약할 수 있게 되었다고 입을 모았다.

그럴 만했다. 현대왕국은 왕자의 난을 거치면서 8남 1녀가 서로 갈라서고 분가되면서 재편되었다. 현대자동차그룹, 유통 중심의 현대백화점그룹, 해운과 제조 중심의 현대그룹, 조선 중심의 현대중공업그룹, 금융 중심의 현대해상그룹 등으로, 각기 전문 그룹의 길로 나서게 되면서 경쟁력이 한층 더 강화되고, 동반 부실의 위험 또한 크게 줄었다는 세간의 평이었다.

그런가 하면 정주영의 형제들이 이끄는 그룹들 역시 체제가 개편되었다. 현대산업개발그룹, KCC그룹, 한라그룹, 성우그룹 등이 새로이 독자 영역을 굳혀나갔다.

물론 현대왕국은 이제 과거 정주영이 이끌 때만큼의 큰 힘을 결집할 수 없게 되었다. 서로 갈라서고 분가되면서 이른바 '현대가(家)'로 불리게 되고야 말았지만, 그러나 현대가의 장래는 결코 어둡지 않을 것으로 내다봤다. 언제인가는 이들이 다시 의기투합하여 이룩하게 될 '제국'의 신화가 반드시 만들어질 것이라는 데 누구도 의심치 않았다. 또 그런 기대와 희망은 미래에 현실로 나타나질 않겠는가.

차남 정몽구는 현대자동차그룹을 이끌었다. 출범 당시 10개였던 계열사가 2023년 기준 60개로 늘어났다. 연간 매출 450조 원에 달해 삼성그룹과 SK그룹에 이어 재계 순위 3위를 굳건히 지키고 있다.

3남 정몽근 또한 일찌감치 유통 부문을 물려받아 현대백화점그룹을 이끌었다. 몽구, 몽헌, 몽준의 그늘에 가려 세간에 그리 알려져 있진 않으나, 소리 없이 외길을 걸으며 유통 부문을 키워온 주인공이다. 현대백화점 등 27개 계열사를 거느리며 만만찮은 매출을 올리고 있다.

장녀 정경희의 남편 정희영은 선진해운 회장을 맡고 있다. 4남 정몽우는 일찍이 40대부터 현대알루미늄 회장을 맡았으나, 심한 우울증을 앓다 45세 이른 나이에 서울 시내 한 호텔에서 스스로 목숨을 끊었다. 그의 장남 정일선은 현대자동차그룹의 계열사인 BNG스틸의 대표이사 사장직을 맡았다.

5남 정몽헌은 '왕자의 난' 때 형들을 제치고 현대그룹 단독 회장에 추대되기도 했다. 하지만 '대북 송금' 사건에 연루되어 검찰 조사를 받던 중, 극심한 스트레스를 견디다 못해 계동 현대그룹 사옥 자신의 집무실에서 투신 사망하고 말았다(2003). 이후 그의 부인 현정은이 그룹 경영에 뛰어들어 조선 중심의 HD현대중공업 등 9개의 계열사를 거느리며 재계 순위 9위로 뛰어올랐다.

6남 정몽준은 형제들 가운데 유일하게 엘리트 코스(서울대-MIT 경영대학원)를 밟으면서 아버지로부터 신임이 두터웠다. 31세에 현대중공업 사장으로 발탁되었으나, 정계에 진출하면서(1988) 소유와 경영의 분리를 견지했었다. 지금은 현대아산재단 이사장을 맡고 있다.

7남 정몽윤은 한때 경영의 일선에서 물러나 있다가 현대해상의 회장으로 복귀하기도 했다. 8남 정몽일은 정주영의 막내아들이다. 미국 조지워싱턴대학에서 경영학석사 학위를 받은 뒤 현대상사 등에서 경영 수업을 쌓다가, 현대기업금융을 설립하여(2000) 독립했다.

그 밖에도 현대가에서 빼놓을 수 없는 인물군이 있다. 정주영의 동생들인 정인영, 정순영, 정세영, 정상영 등이 그들이다.

먼저 동아일보 외신부 기자로 활약하다 현대건설 전무로 입사하면서, 맏형 정주영을 도와 왕국을 일으킨 손아래 동생 정인영이 있다. 일찍이 1975년 맏형으로부터 독립한 그는 한라건설 등 16개 계열사를 거느리는 한라그룹을 이끌었다. IMF 외환위기(1997) 때 자금난이 가중되면서 그룹이 부도나는 시련을 겪기도 했다. 지금은 둘째아들 정몽원이 한라그룹을 이끌고 있다.

정순영은 현대시멘트, 현대종합금속 등의 계열사를 거느린 성우그룹을 이끌고 있다.

'포니 정'으로 유명한 정세영은 외아들 정몽규와 함께 맏형으로부터 독립했다(1999). 지금은 HDC아이콘트롤스 등 계열사 18개를 거느린 HDC현대산업개발그룹으로 키워내어, 건설 영역에서 확실하게 자리 잡았다.

다섯째 동생 정신영은 정주영이 생전에 가장 자랑스럽게 여기던 동생이었다. 일찍이 서울대를 졸업한 뒤 동아일보 기자로 잠시 활약하다, 독일로 유학을 떠났다. 함부르크대학에서 경제학 박사과정을 밟던 중 그만 타계하고 말았다. 정주영은 서울대 음대 출신의 첼리스트였던 미망인 제수 장정자에게 현대학원(현대고등학교)을 맡겨 경영토록 했다.

막내 동생 정상영은 계열사 18개를 거느린 건축 자재 전문 그룹 KCC그룹을 이끌고 있다. 맏형 정주영을 고스란히 빼닮았다 하여 '리틀 정주영'으로도 불리는 그는, 조카 정몽헌 회장이 자금난에 몰렸을 때 200억 원을 선뜻 내놓았을 만큼 의리도 강했다. 그러나 조카 사망 이후 현정은 회장과의 경영권 다툼이 벌어지면서 한때 세간의 눈총을 받기도 했다.

끝으로 정희영은 정주영의 유일한 여동생이다. 그녀의 남편 김영주 한국프랜지공업 회장은 정주영의 매제가 된다. 두 사람의 인연은 일찍이 1944년으로까지 거슬러 오른다. 정주영이 신당동 쌀가게 경일상회를 일제로부터 강제 합병당한 뒤 홀동광산에서 운송 하청업을 하던 도중 운전기사를 하던 김영주와 뜻이 맞았고, 결국 매제로까지 오랜 인연을 맺었다.

결국 이병철과 정주영은 창업에서 시작하여 100년 수성으로 가는 자신의 후계자를 내세웠다. 기업은 생물처럼 영속되어야 하는 것이며, 그런 만큼 애비로서의 선택이 아니라 기업을 영속시키고자 하는 기업가로서의 선택이었다.

그런 결과 정주영은 처음부터 자신의 모든 걸 쏙 빼닮은 차남 정몽구를 선택했다. 모두가 예상한 그대로였다.

이병철은 처음엔 머리 좋은 장남 이맹희였다. 그러다 나중에 일천한 3남 이건희로 전격 교체했다. "장남 이맹희에게 그룹 일부의 경영을 맡겨보았으나, 6개월도 채 못 되어 맡겼던 기업체는 물론 그룹 전체가 혼란에 빠지고 말았다. 본인이 자청하여 물러났다"는 게 이유였다.

이건 순전히 핑계였다. 암만 해도 장남 이맹희가 자신의 정서에 맞지 않아서, 최종 단계에서 고뇌에 찬 결정을 내린 것이다. 그에 반해 3남 이건희는 자신의 아바타였다. 일반적으로 널리 알려져 있는 이병철 자신에 대한 이미지가 가장 많이 중첩되는, 이른바 자신의 '대담한 면과 사소한 면이 변증법적으로 통합'된 성격에 그만 기울었다.

그렇다면 마지막으로 이병철과 정주영은 왜 그 같은 결정을 내려야 했던 것일까? 꼭 왜 자신의 아바타여야 했던 것일까? 바로 이 지점에 삼성과 현대의 숨은 문법이 육화되어 있다.

두 사람은 일찍이 협동정미소와 쌀가게 경일상회로 창업한 이래 반세기 넘도록 남달리 왕국을 일으켜왔다. 그 사이 자신들의 경영력 또한 부단히 실험하고, 다듬어지고, 진화되어 마침내 현재에 이르렀다. 반세기여 만에 완성된 숨은 문법인 셈이었다. 예컨대 이병철의 '황제경영'과 정주영의 '정벌경영'이 곧 그것이다.

더구나 이러한 숨은 문법이 결과적으로 옳았다고 둘은 확신했다. 그 같은 숨은 문법이 왕국을 남다르게 지속 발전시켜 왔을뿐더러, 21세기 새로운 천년 동안에도 여전히 유효할 것이라는 판단에서였다.

그렇기 때문에 이병철은 '미래에 대한 통찰력과 스케일이 큰' 3남 이건희를, 정주영은 '보스 기질이 남다른 데다 소탈하고, 선이 굵은 것에서부터 솥뚜껑만 한 손바닥과 『삼국지』를 열심히 탐독하는 것조차 자신을 그대로 빼닮은' 차남 정몽구를 낙점하기에 이른다. 요컨대 이병철이 왕국의 연속성에 방점을 찍었다면, 정주영은 자식들을 통해서 자기완성을 꿈꾼 후계 구도였던 셈이 된다.

'여름엔 시원하고 겨울엔 포근하겠다'

1987년 겨울, 이병철은 78세를 일기로 파란만장한 생을 뒤로한 채 영면에 들어갔다. 길지도 그렇다고 짧지만도 않은 생이었다.

그는 비교적 호리호리한 편이었다. 그렇듯 강건한 체질을 갖고 태어난 것 같지는 않아 보였다. 그렇다고 몹시 허약한 체질도 아니었던 것만은 분명하다. 그의 중년기와 노년기의 풍모에서 느낄 수 있었던 건 결코 유약하다고 볼 순 없지만, 그렇다고 누가 보아도 강골이라고는 할 수 없는 그런 모습이었다.

『호암자전』에 따르면, 일본 유학 시절 심한 각기(脚氣)에 걸려 학업을 중단해야 했던 병력을 볼 수 있다. 또한 오십 줄에 들어서면서 가벼운 신경통 증상으로 고생했던 일도 없지 않다.

하지만 회갑의 나이에 이르러서도 몸에 이렇다 할 아무런 이상 증상이 없었기 때문에 평소 건강에 대해서는 어느 정도 자신이 있었던 것 같다. 그래서인지 젊은 날엔 한때 질풍노도의 시기마저 없지 않았었다. 또 그런 과정에서 시나브로 병이 깃들기 시작했는지도 모른다.

그는 『서울경제신문』의 '나의 건강'이란 기고문에서(1969. 3. 22.) 이렇게 밝힌다. "젊어서 사업에 너무 쫓겨 다닌 탓인지 모르지만, 나는 젊어서부터 소화 기능이 좋지 않았다…."

그는 이런 소화 기능 강화를 위해 일찍부터 골프를 치기 시작했다. 일주일에 세 차례나 필드에 나갔다. 월, 수, 금의 오후 시각이면 어김없이 골프를 치러 나섰다. 골프를 시작한 뒤부터는 소화도 잘되고 몸도 튼튼해졌으며, 머릿속의 긴장감도 씻을 수 있었다고 했다. 물론 거기엔 그만의 건강요법도 포함되어 있었다.

"내 건강 요법은 다른 게 아니다. 건강에 무리를 주지 않고 병이 나지 않도록 예방하는 것이다. 나이를 먹어감에 따라 아무래도 옛날 젊었을 때의 정력과는 차이가 나니까. 내 건강에 알맞은 일을 하되 무리를 하지 않는다…."

요컨대 그의 건강 비법이란 몸에 무리가 가는 일은 하지 않는다는 것이었다. 매일 아침 6시에 기상하고, 밤 10시면 어김없이 잠자리에 들었다. 오전 9시 출근에, 오후 6시 퇴근도 마치 시곗바늘 같았다.

아침 식사는 구운 식빵에 오렌지주스와 원두커피 정도로 끝내고, 담배를 피우긴 했지만 많이 피우지는 않았으며, 이따금 비타민을 복용했다.

그러나 이순(耳順)의 나이를 넘기면서부터 그는 '마음의 여유'를 중시하게 된다. 건강을 위해서도 그러했겠지만, 인생을 바라보는 눈이 그만큼 성숙해졌다는 증거다.

"삼성문화재단이다, 중앙일보다, 동양방송이다, 용인자연농원이다 하고 동분서주하던 지난 10년 동안도 참으로 바빴다. 그러나 다행히 나는 매우 건강했다. 오십 고개를 바라보면서 가벼운 신경통을 앓았던 일이 있었지만, 이렇다 할 지병은 없었다…."

그런 그에게 죽음의 암운이 처음으로 드리운 것은 66세가 되던 해 (1976) 여름이었다. 때마침 도쿄에 들른 길에 게이오대학교 병원에 하루 동안 머물며 건강 진단을 받았다. 의사는 위궤양 같은데 수술을 하는 것이 어떻겠느냐고 대수롭지 않게 물었다. 서울로 돌아온 그는 의사인 사위와 큰조카를 불렀다. 그리곤 일본에서 있었던 진단 결과와 엑스레이 사진을 보여주며 의견을 물었다.

며칠 후 곧 수술을 하는 것이 좋겠다는 의견이 나왔다. 의사인 사위와 큰조카만의 의견이 아닌, 주요 병원 전문의들의 의견까지 참작한 것이었다. 그 역시 심상치 않다고 생각했던 것 같다. 온 가족이 모인 자리에서 이렇게 입을 열었다.

"인간의 생로병사는 피할 수 없다. 섭생을 게을리 했거나 방심했기 때문에 명을 재촉했다면 몰라도, 불치의 병이라면 태연히 죽음을 맞는 것이 마땅한 일이 아니겠느냐. …만일에 하나 암이라면 현대 의학으로 아직 난치병이 아니겠느냐? 숨기지 말고 사실대로 말해라. 나는 동요하지 않는다…."

그는 자신이 이미 암에 걸렸음을 아는 듯했다. 도쿄 게이오대학교 병원에서 진단 결과를 들었을 때부터 그 같은 사실을 알고 온갖 상념에 사로잡혀 밤잠을 이루지 못했던 것 같다. 하지만 가족들 앞에선 태연해야 했다.

며칠이 지나 겨우 마음의 평정을 되찾은 듯했다. 최선을 다해볼 필요가 있지 않겠느냐는 생각이 들었다. 우선 위암에 대한 조사에 들어갔다. 당시 위암 수술은 한국에서 80%, 미국에서 50%의 사망률을 보였다. 그러나 초기 위암은 수술로도 완치할 수 있다는 것이 전문가들의 공동된 의견이었다.

"인명은 재천이다. 하지만 무작정 하늘의 뜻만 기다리는 것은 어리석은 태도일 것이다. 하늘은 스스로 돕는 자를 돕는다고 하질 않았느냐. 난 이 몹쓸 병마를 기필코 이겨낼 것이다…."

깊은 고뇌 끝에 마침내 결단을 내렸다. 자신의 병마에 도전할 결심을 했다. 그런 뒤 자신이 기업경영을 벌일 때와 마찬가지 방식대로 암에 대한 데이터부터 모으기 시작했다. 국내는 물론이고 지구촌 도처의 위암 치료에 관한 자료를 모아가면서 치밀한 치료 계획을 세웠다.

아울러 수술을 맡게 될 집도의는 누가 가장 뛰어난지도 알아보았다. 파리 국립암연구소, 영국 왕립연구소, 독일 하이델베르크의과대학교, 미국 국립암연구소 등의 권위자들에 대해서도 일일이 살폈다. 그 결과 일본이 가장 적합하며, 집도의 또한 도쿄 암연구소 부속병원의 가지타니 박사로 낙점되었다.

도쿄로 날아갔다. 마취에서 깨어났을 때 가지타니 박사는 이렇게 말했다.

"완벽한 수술이었습니다. 담배만 끊으신다면 앞으로 20년은 걱정 없으실 겁니다…."

박사의 충고에 따라 40여 년 동안이나 피워오던 담배를 곧바로 끊었다. 그렇더라도 마음이 평온했던 건 아니다. 생로병사를 피할 수 없는 자연의 섭리라곤 하지만, 처음 암인 줄 알았을 때 "10년만 더 살 수 있었으면 생각했다"고 『호암자전』에 적었다.

그리고 그런 소망과 같이 암 수술을 받은 이후에도 그는 10년 넘게 더 살았다. 엄격한 자기 관리가 뒷받침되었기에 가능한 일이었다.

뿐만 아니라 이듬해부턴(1977) 다시금 자신의 자리로 돌아갈 수 있었다. 이후 10여 년 동안 삼성종합건설, 삼성조선, 삼성정밀, 삼성해외건설, 삼성GTE통신을 설립한 데 이어, 대성중공업, 한국반도체 인수 작업을 진두지휘했다. 이후에도 코리아엔지니어링, 한국전자통신, 한국안전시스템, 삼성라이온즈 프로야구단, 호암미술관, 삼성시계, 조선호텔, 삼성의료기기, 삼성휴렛팩커드 삼성유나이티드항공, 삼성데이타시스템에 이어 자서전 『호암자전』을 발간하고 삼성경제연구소를 설립하는 등 여전히 승승장구하며 왕국의 영토를 왕성하게 확장해나갔다.

그러던 1986년 여름이었다. 가벼운 미열과 감기 기운이 멈추지 않는 가운데 왼쪽 폐에 이상 징후가 있음을 느꼈다. 즉시 국내외 의료진의 검사 진단 결과 암으로 판명되었다. 그로부터 1년여 넘도록 화학 요법, 방사선 요법이 실시되었다. 철저하면서도 체계적이고 합리적인 치료법이 이듬해까지 동원되었음은 물론이다.

주치의였던 서울대 서정돈 박사는 그의 투병 자세에 깊은 인상을 받았다. 서 박사가 『중앙일보』에 쓴 이런 회고는 이렇다.

'생사가 달린 자신의 병 치료와 같은 문제를 놓고 이 회장은 합리

적이고 의연한 태도를 가지고 감탄할 정도로 잘 어프로치했습니다. 이 회장은 대 삼성의 최고 디시전 메이커답게 가족, 친지나 삼성 관계자들 앞에서 의연해지려고 애썼고, 끝까지 자제력을 발휘해서 자세를 흐트러뜨리지 않고 참고 견딘 점이 놀라웠습니다….'

그러나 이 같은 투병에도 불구하고 결과가 계속 악화되어 마침내 그는 의식이 흐려져갔다. 뇌에까지 전이된 병변(病變)은 상태를 더욱 악화시켰다.

마침내 11월 19일 0시, 서울 이태원1동 135-26, 하얏트호텔 바로 아래쪽에 자리한 300여 평의 대지에 100평 남짓한 단층 한옥 자택으로 옮겨졌다. 이 자택은 이후 '승지원(承志園)'이란 이름으로 불렸다. 아버지의 뜻을 이어받아 나가겠다는 의미로 2대 회장 이건희에 의해 명명되었다. 그는 그곳에서 가족들이 지켜보는 가운데 같은 날 오후 5시 5분 숨을 거두었다.

"저기 저 자리가 좋구나. 앞에는 물이 흐르고, 뒷산도 아늑하구나. 저만 하면 여름에는 시원하고, 겨울에는 포근하겠다…."

타계하기 20여 년 전이었다. 장남 이맹희가 용인자연농원의 부지를 한창 정리하고 있을 무렵, 그가 격려차 들렀다가 자신이 스스로 정한 자리였다.

이병철의 죽음에 애도의 줄이 이어졌다. 오랜 라이벌이었던 정주영 또한 그 줄에 섰다. 일찍이 잔혹한 일제 식민지배에 이어 참혹한 전쟁마저 휩쓸고 지나가며 오직 폐허와 공허만이 남았을 뿐인, 의지의 빈곤과 희망의 빈곤 속을 딛고 스스로 일어나 사업 창작 개척에 한 치의 양보도 없이 서로 맹렬히 경주했던 또 다른 왕국의 정주영은 이렇게 입을 열었다.

"호암 이병철 회장이 걸출한 사업가였다는 것은 세상의 모든 이들이 알 것이다. 그분은 자신의 치밀한 판단력과 혜안으로 삼성이라는 대그룹을 일구었으며, 오늘날 삼성이 한국의 울타리를 뛰어넘어 세계로 진출할 수 있는 발판을 만들어놓았다. 사업이란 자본의 크기로만 승패가 결정되는 일이 아니다. 누가 뭐라고 하더라도 사업은 사람의 일이며, 자신과 주변 모두의 철저한 노력 속에 그 승패가 좌우되는 일이다. 그러하기에 사업에 성공하기까지 온갖 정성과 노력을 아끼지 않은 사업가를 비롯한 모든 사람들의 노력은 정당하게 인정되어야 한다.

호암은 사업이란 사람의 일이라는 것을 잘 알고 계셨던 분이다. 호암의 사업관은 인재 제일주의라는 말로 요약될 수 있다. 흔히 삼성사관학교라는 말이 통용될 정도로, 인재에 대한 호암의 열성은 우리나라 기업사에 하나의 기업문화를 일구어내었다.

그러나 인재를 양성하는 일에만 열정을 품었던 것은 아니다. 호암은 자기 스스로를 단련시켜 왔던 분이다. 단정한 그의 옷매무새는 자신에 대한 엄격함을 밖으로 드러내는 하나의 상징이었다. 또한 일단 시작된 사업에 대해 제일주의를 견지하던 모습은 무한경쟁시대를 맞이한 오늘날에 다시 한 번 변화, 발전시켜야 할 만한 것이다…."

> '이 가슴엔
> 꿈도 열정도 많았지'

"120세까지 살믄서 큰일을 할 겁니다."

정주영이 작고하기 두 해 전에 한 얘기다(1999). 독일의 시사주간지 『슈피겔』 지와의 인터뷰에서 그렇게 장담했다. 인간의 수명이 120살까지 가능하다는 의사들의 주장을 그는 철석같이 믿었다. 그는 이렇게 덧붙이기조차 했다.

"아직 은퇴하기에는 내가 너무 젊다고 생각한다."

당시 84세였던 정주영에겐 아직 이루지 못한 꿈이 있었다. 시베리아 개발과 남북통일이었다. 남북통일이 되면 북녘의 고향땅에서 여생을 살고 싶다며 입버릇처럼 말하고는 했다.

물론 그때까지만 해도 건강에 자신이 있었던 것 같다. 진나라 시황제가 찾았다는 불로초는 아니었다 하더라도, 나름대로 건강 비결을 터득하고 있었다. 규칙적인 생활과 잠자리에 들기 전에 목욕을 하는 것이었다. 거기에 단식도 추가되었다.

"나는 일흔 살이 되던 해에 보름 동안 냉수만 마시면서 단식을 했어. 단식을 하게 되면 처음에는 배 속의 찌꺼기들이 조금씩 배설되다가 나중에는 몸에 쌓인 찌꺼기들이 모두 빠져나오게 돼. 속이 다 비워져 어린아이의 배 속처럼 깨끗이 청소가 되지. 그렇게 단식을 한 뒤로는 내 몸이 마치 어린애처럼 된 것 같아…."

그래서 자신은 앞으로 몇십 년은 더 살 수 있을 것 같다고 자신했다. 사실 그럴 적만 해도 여느 고령자와 달리 건강이 매우 양호했던 것도 사실이다. 타고난 바탕이 워낙 건강한 것도 한몫을 했다.

때문에 대통령 선거(1992) 때에도 건강 이상설이 나돌자, "내가 집권한 뒤 하루라도 결근하면 즉시 청와대에서 내쫓아도 좋다"고 큰소리 칠 수 있었다. 그의 주치의였던 아산중앙병원 내과과장 홍창기 박사 또한 그에게 "성생활이라고 불가능할 이유가 없다"고 말할 정도였다. 이 무렵 공개된 건강기록부에는 신장 173cm, 몸무게 76kg, 안경을 벗은 시력 0.4(왼쪽) 0.2(오른쪽), 혈압 80~120도 정상이었다. 당뇨, 동맥경화증, 관절염 증세도 나타나지 않았다.

고령의 나이에도 건강을 지킬 수 있었던 비결은, 앞서 설명한 것 말고도 과로를 하지 않는다는 점이었다. 그날의 피로는 그날로 말끔히 풀어버렸다.

하지만 날마다 산적한 이런저런 개발, 보류, 분석, 투자, 예산, 결정과 같은 난제를 놓고서 홀로 고심해야 했던 그로선, 그날의 피로를 그날로 풀어버린다는 것이 말처럼 쉽지만 않았으리라. 한때 미국지사에서 보내온 곰의 쓸개를 말려 하루 한 알씩 먹으면서 입맛을 돋우기도 했다지만, 그 밖에 보약이라곤 별로 입에 대지 않았다고 한다.

"아직 건강은 좋은데, 이놈의 세월이 너무도 빨리 흐르는 것 같아…."

흐르는 세월 앞에 장사란 있을 수 없었다. 그 또한 흐르는 세월의 무게를 속절없이 느꼈다. 더욱이 대통령 선거 이후 극심한 정신적 황폐를 겪으면서 갑작스레 건강이 쇠퇴하기 시작한 것으로 알려지고 있다. 특히 선거 참패 이후 패배자로서의 정치 보복을 고스란히 감내해야 했던 치욕스런 시간이 하나의 분수령이 되었다는 게 주변의 시각이다.

그때부터 정주영의 건강이 예전 같지 못하다는 소문이 주변에서 이따금 흘러나오기 시작했다. 이미 걸음걸이에서 그 같은 움직임이 포착되었다.

1994년 겨울이었다. 그는 국빈 자격으로 방한한 중국 리펑 총리를 현대자동차 울산공장으로 직접 안내했는데, 이때도 그가 앞서가기는 했지만 주위 사람의 부축을 받아 겨우 움직이는 모습이 목격되었다.

이듬해 정초에는 현대그룹 신년 하례회에서 너무도 수척해진 얼굴로 자리에 앉아 있는 모습이 텔레비전 화면에 비쳐지면서, 한때 위독한 상태에 빠졌다는 소문이 퍼지기도 했다. 다음은 당시 소문의 진상에 대한 당시 『한국일보』 기사이다(1995. 1. 21.).

"현대그룹은 정주영 명예회장의 신상과 관련, 지난주 초부터 여의도 증권가를 중심으로 와병설 또는 사망설이 계속 나돌자, 사실무근의 음해성 루머라고 해명에 나섰다. 홍콩 증시에서 정 회장 사망설이 돌아 그룹에 확인 전화가 빗발친 데 이어, 여의도 증권가에서 정 회장이 혼수상태에 빠졌다는 소문이 돌면서, 현대그룹 계열사 주가가 출렁거리기도 했다….”

이런 와중에 북한을 다시 방문해서(2000) 김정일 국방위원장과 4시간 반 동안이나 막걸리를 주고받으며 환담했다. 이 환담 이후 기운이 급속도로 떨어지기 시작했다. 팔순의 고령에 4시간 반의 술자리는 암만 해도 무리일 수밖엔 없었다. 방북 이후 그는 평소와 달리 피곤에 지친 모습으로 병원에 입원과 퇴원을 반복했다.

이듬해는 그의 생애 마지막 해가 되고 만다. 이른 봄, 그는 청운동 자택에서 위경련으로 누워 있다가, 잠시 뜰로 내려와 늙은 집사(73세)와 몇 마디 대화를 나누었다.

"너는 나이도 어린데 왜 그렇게 머리가 하얗냐?"

늙은 집사는 그의 짓궂은 농담에 미소 지으며 대꾸했다.

"눈이 내려서 온 세상이 저렇게 하얀데 저라고 별수 있겠습니까?"

그러자 정주영은 온 얼굴을 활짝 피며 어린아이처럼 즐겁게 웃더란다. 그리고 며칠 후, 그의 건강이 돌이킬 수 없을 만큼 악화되었다. 급히 아산중앙병원으로 옮겨졌다. 하지만 그땐 이미 손을 쓸 수 없을 지경이었다.

마침내 2001년 3월 22일, 정주영은 파란만장한 생을 접고 그만 세상을 떴다. 이병철이 타계한 지 18년 뒤인 향년 86세였다.

빈소는 청운동 자택에 마련되었다. 정몽구, 정몽헌, 정몽준 등 그의 아들들을 비롯해서 정인영, 정순영, 정세영, 장상영, 정희영 등의 동생들과 함께 지난 수십 년 동안 그를 보좌하며 고락을 같이해온 가신들이 줄곧 자리를 지켰다.

비보를 접한 조문객들도 청운동 자택에 줄을 이었다. 전직 대통령, 여야 당 대표들이 빈소를 찾았다. 북한의 김정일 국방위원장은 직접 조문사절을 보내어 헌화했다. 빈소를 찾아와 애도한 조문객 수만 2만 3,000여 명을 헤아렸다.

세상에 올 때 내 마음대로 온 것은 아니지만
이 가슴에 꿈도 많았지
내 손에 없는 내 것을 찾아
뒤돌아볼 새도 없이 나는 뛰었지
이제 와 생각하니 꿈만 같은데
두 번 살 수 없는 인생 후회도 많아
스쳐간 세월 아쉬워한들 돌릴 수 없으니
남은 세월 잘 해봐야지…

정주영이 생전에 즐겨 불렀다는 대중가요 '보통 인생'이다. 참으로 보통 인생의 노랫말과 같이 그의 가슴엔 꿈도 많아 뒤돌아볼 새도 없이 뛰었던 한 평생이었다.

그렇게 한 시대가 또 저물어갔다. 이병철은 삼성이라는 왕국을 통해서, 정주영은 현대라는 왕국을 통해서, 기업이 할 수 있는 모든 창작을 다한 시간이었다. 일찍이 잔혹한 일제 식민지배에 이어 참혹한 전쟁이 휩쓸고 지나가면서 오직 폐허와 공허만이 남았을 뿐인, 의지의 빈곤과 희망의 빈곤 속을 뚫고 스스로 일어서 남다른 사업 창작의 길을 열어나간 선구자이자 경영자였다. 그들이 차례대로 영면에 들어간 것이다.

정주영을 찾아가 손을 내민 이병철

생전에 두 사람이 남긴 마지막 에피소드가 있다. 천하제일의 총수였던 이병철이 무슨 까닭에서인지 정주영을 찾아가 손을 내밀었다. 누구도 예상치 못한 풍경이었다. 일대 사건이 아닐 수 없었다. 그것도 남이 볼까 두려워 은밀히 움직인 게 아니었다. 마치 모두에게 보라는 듯이 고스란히 노출된 모습으로였다. 모르긴 해도 이때가 둘의 처음이자 마지막 만남이 아니었나 싶다. 숙명의 라이벌이랄 수 있는 두 사람이었기에 더욱 주목되는 장면이 아닐 수 없었다.

사실 두 사람이 오붓이 자리를 함께 한 모습은 좀처럼 찾아보기 드물었다. 아니 아예 자리를 함께 하지 않았다는 표현이 더 옳을 정도였다. 전경련 회동과 같은 다수가 모이는 공적인 만남이 아닌 사적인 자리, 더구나 단둘이 오붓이 만나는 장면이란 눈을 씻고 보아도 찾아볼 수가 없다. 자신의 왕국을 이끄는 데 바빴기 때문이라고 생각할지 모른다. 하지만 국가 간의 정상도 수시로 만나질 않던가. 그걸 보면 바빴기 때문만은 아니었던 듯하다.

그럼 두 사람은 왜 사적인 만남이 전무했던 것일까? 만나지 못할 어떤 이유라곤 전혀 없었음에도 한사코 자리를 함께하지 않은 진짜 이유란 또 뭐란 말인가? 하다못해 1년에 한번 점심이라도 함께 먹는 장면이라도 보여주었더라면 더없이 아름다운 그림이었으련만, 삼성과 현대라는 경쟁과 대립에서 오는 공연한 긴장을 해소하는 데도 적잖은 도움이 되었을 텐데 말이다.

그건 오직 한 가지 이유 때문이었다고 생각한다. 두 사람이 달라도 너무 달랐던 데 있었다. 정주영이 투박한 사발 속의 텁텁한 막걸리 같은 사람이었다면, 이병철은 반짝이는 크리스털 글라스를 절반쯤 채우고 있는 톡 쏘는 위스키 같은 인물이었다.

정주영이 행동을 중시하는 디오니소스적 인물이었다면, 이병철은 사고를 중시하는 아폴론적 인물이었다. 한쪽이 활활 타오르는 불이었다면, 또 다른 한쪽은 얼음같이 차가운 물이었다. 결코 함께 섞이기 어려운 상극의 정서였던 셈이다.

그래서인지 둘이 함께 나란히 포즈를 취한 사진조차 거의 찾아보기 어렵다. 다수가 모이는 공적인 자리를 제외하면 사적인 자리에선 아마 평생 없었던 것으로 추측된다.

한데 둘이 딱 한 번 사적인 만남을 오롯이 가졌던 적이 있다. 그것도 행동을 중시하는 정주영이 아닌, 사고를 중시하는 이병철이 먼저 움직였다. 정주영의 아성을 자발적으로 찾아 나선 것이다. 천하제일의 자존심을 구겨가면서 말이다.

그러니까 1982년 7월 17일 오후였다. 서울 태평로에 자리한 삼성그룹 본관 옥상에서 헬기 한 대가 프로펠러 굉음과 함께 창공으로 가뿐히 떠올랐다. 헬기 안엔 이병철이 타고 있었다. 방향은 울산공단이었다. 울산공단은 말할 나위도 없이 정주영의 주력 사업장이 밀집해 있는 현대왕국의 아성이었다.

더구나 울산은 이병철에게 애증이 교차하는 영토였다. 5·16 군사쿠데타(1961) 이후 박정희 정권이 국내 최초로 산업공단을 기획했을 때, 삼성은 부지 선정에서부터 공단의 조성 사업을 주도했었다. 그러나 훗날 뼈에 사무친 회한과 저주가 서린 영토로 변해버렸던 것이다.

앞서 살펴본 이른바 '사카린 밀수사건(1966)'으로 삼성은 왕국의 운명을 걸고 설립한 한국비료를 속절없이 국가에 헌납해야만 했다. 그 뒤로 이병철은 울산 쪽으로 20여 년 가까이 고개도 돌리지 않았다고 한다.

그랬던 그가 뜬금없이 울산을 방문하겠다고 헬기에 몸을 실었다. 참으로 놀라운 일이었다.

이 무렵 삼성은 내부적으로 극심한 경영난을 겪고 있었다. 겉으로 보기엔 어느덧 그룹의 주력 계열사로 부상한 삼성전자가 창립 9년 (1978) 만에 세계 최대 기록을 달성해 경제계를 깜짝 놀라게 만들었다. 흑백 TV 200만 대 생산으로 지금껏 선두를 고수하던 일본의 마쓰시타전기를 비로소 추월하게 된 것이다.

하지만 문제는 양보다 질이었다. 대량으로 생산한 전자제품은 이내 수출의 한계에 부닥쳤다. 국내 수요도 이미 공급의 한계를 웃돌면서 재고가 쌓여만 갔다. 구형 모델인 경우 누적된 재고 정리를 위해 덤핑으로 쏟아낼 수밖에 없을뿐더러, 그마저 한계에 이르자 전 계열사 임직원들에게 장기 할부로 떠맡기는 형편이었다. 이 무렵 삼성의 경영난이 그만큼 심각했다.

돌이켜보면 1950년대 중반 이후 지금껏 삼성이 재계 1위의 자리를 내어준 건 꼭 세 차례였다. 1974년 LG(당시 럭키금성)에 이어, 1981년과 1995년 현대에게 정상의 자리를 잠깐 내어준 게 전부였다.

그러니까 한 해 전 현대에게 1위 자리를 빼앗기고 노심초사하던 예민한 시기에, 그가 울산 방문에 올랐던 건 순전히 현대자동차, 현대중공업, 현대미포조선 등 현대의 주력 사업장을 두루 살펴보기 위해서였다. 말하자면 백기를 들고 현대왕국에 처음으로 발을 들여놓은 셈이었다.

최고경영자라고 한다면 천적 앞에서의 두려움과 사냥감 앞에서의 용맹함을 동시에 지니고 있어야만 한다. 조직의 먹잇감을 마땅히 사냥해야 하는 최고경영자는 두려움과 용맹함 사이를 오가며 살아가야만 한다.

그러나 삼성은 그동안 자신만을 알았을 따름이다. 상대를 미처 돌아보지 않았다. 자신만이 제일이라는 오만함에 안주하다, 그만 현대라는 복병을 만나 정상을 내어준 채 수세에 내몰리고 말았다. 상대를 몰라도 너무 몰랐던 탓이다. 뒤늦게야 현대라는 숙명의 라이벌을 똑바로 살펴보고자 나선 행로였다.

이병철을 태운 헬기는 서울을 출발한 지 한 시간여 만에 울산 현대중공업 헬기장에 안착했다. 미리 나와 대기하고 있던 정주영의 영접을 받았다.

"형님."

정주영은 이병철보다 다섯 살 손아래였다. 따라서 이병철을 늘 형님으로 호칭하곤 했다.

"…!"

"이거 몇 해 만이외까? 서로 바쁘게 살다 보니 그동안 소원했습네다 그래."

정주영은 평소처럼 현장을 누비는 회색 점퍼 차림이었다. 예의 그 솥뚜껑만 한 손을 이병철 앞으로 불쑥 내밀었다. 이병철의 가냘픈 손을 덥석 붙잡으며 호탕하게 웃어젖혔다.

반면에 이병철은 깔끔한 정장 차림이었다. 감정 표현을 거의 찾아볼 수 없는 굳은 얼굴로 가벼운 미소만을 지었다. 정주영이 내민 손을 서로 맞잡으며 특유의 쇳소리 나는 경남 사투리로 천천히 화답했다.

"…으음, 그동안 너무 적조했제? 그래서 오늘은 내 작정하고 아우님을 찾아왔다 카이."

어릴 적부터 유난히 지기 싫어하고 자존심이 남달랐던 이병철이었다. 하지만 그날만은 달랐다. 선뜻 내키지 않을 법도 했으련만, 울산에 머물고 있다는 정주영에게 먼저 전화를 걸어 방문의 뜻을 청했다. 숙명의 라이벌을 자진해서 자기 발로 찾아 나섰다. 사업을 일으킨 지 실로 반세기여 만에 처음으로 백기를 든 모양새였다. 이 시기 삼성의 경영이 그토록 절박한 처지에 놓여 있었던 것이다.

이병철은 그때까지만 해도 기업경영을 전문 경영인에게 맡겨두고 자신은 은둔의 경영을 고집했다. 밤낮없이 작업 현장을 누비며 살아온 정주영의 스타일과는 정반대였다.

때문에 정주영에 대한 감정은 언제나 중의적이었다. 울산만의 황폐한 허허벌판에서 세계 굴지의 기업집단을 이뤄낸 데 대한 일말의 두려움과 함께 한편으론 경의를 표할 수밖엔 없었다. 그의 왕국을 진작부터 직접 둘러보고 싶었던 것이다.

헬기에서 내려 현대중공업에 발을 들여놓자마자 가장 먼저 거대한 골리앗 크레인이 한눈에 들어왔다. 하늘을 찌를 듯 우뚝 솟아 있는 세계 최대 규모가 단번에 시선을 압도했다. 삼성중공업의 거제조선소와 비교도 되지 않았다. 겉으로는 별다른 감정 변화를 드러내어 보이진 않았으나, 그의 속내는 만감이 교차했다.

이병철이 울산의 현대중공업을 방문하던 날은 유독 무더위가 기승을 부렸다. 삼복더위의 한복판인 데다, 철판과 불꽃을 다루는 작업장에서 뿜어내는 열기까지 더해져 마치 가마솥 같았다.

이병철은 현대중공업 영빈관 302호 스위트룸에 여장을 풀자마자 불볕더위에도 곧바로 미니버스에 올랐다. 현대중공업과 현대미포조선소, 현대자동차의 생산 라인을 일일이 둘러보았다. 정주영의 안내를 받으며 거의 2시간에 걸쳐 현장 방문을 마친 뒤, 저녁 7시 30분쯤 영빈관 만찬에 참석했다.

정주영은 그가 까다로운 사람이란 걸 익히 아는 터였다. 평소 술을 입에 대지 않는 대신 국악과 서예가 취미인 그를 위해, 국악인들을 대거 불러 만찬의 분위기를 돋웠다. 판소리 〈적벽가〉에서부터 〈흥보가〉〈남도 육자배기〉까지 흥건한 가운데, 꽃춤에 이어 승무 등으로 만찬장의 분위기가 한껏 고조되어 갔다.

그러나 오직 한 사람, 이병철만은 그다지 흥겹지 않아 보였다. 감정 표현이 없는 굳은 얼굴 그대로였다. 간혹 엷은 미소를 띠어 보이기도 하였으나, 생각이 깊고 복잡한 눈빛이었다.

황량한 초원에서 늑대 사냥을 하는 몽골의 유목민들에겐 한 가지 믿음이 있다고 한다. 늑대보다 '높은 운명'을 가진 사람만이 곧 늑대를 사냥할 수 있다는 믿음이 곧 그것이다.

그날 이병철은 그런 믿음을 갖고서 정주영을 찾아 나섰다. 자신이 찾을 수 있는 유일한 사람이 정주영이라고 생각한 것이다. 물론 그가 정주영의 현대왕국을 직접 살펴보면서 과연 무슨 생각, 어떤 영감을 떠올렸는지는 알 수 없다. 다만 확실한 것은 그가 정주영의 현대왕국을 찾은 이듬해 건곤일척의 명운을 건 중대한 변화가 삼성왕국에 있었다는 사실이다.

이듬해 2월 7일이었다. 그때 이병철은 일본 도쿄의 오쿠라 호텔에 머물고 있었다. 몹시 피곤에 절은, 핼쑥해진 얼굴은 깊은 번뇌로 입술마저 부르튼 채였다. 벌써 며칠째 밤잠을 이루지 못해 초췌해진 몰골이었다.

'과연 내가 해야 할 것인가…, 하지 말아야 할 것인가…?'

이병철은 고민하고 또 고민했다. 심각하게 갈등하고 또 번뇌를 거듭했다. 자신이 내리게 될 판단에 따라 당장 왕국의 내일이 결정될 것이기 때문이었다.

이날 밤도 꼬박 밤을 새운 이병철은, 이튿날 날이 밝자 마침내 수화기를 집어 들었다. 서울로 거는 국제전화였다. 왕국의 미래 먹거리로 반도체 사업으로의 진출을 알리는, 이른바 '동경선언'을 결심하는 순간이었다.

그가 장고에 장고를 거듭한 끝에 마침내 결심을 내리기까지에는 7개월여 전 자신이 목격했던 장면도 분명 포함되어 있었다. 자진해서 정주영의 현대왕국을 찾아갔을 때 마음속 깊이 혼자 다짐했던, 그 무슨 생각과 어떤 영감 또한 분명코 작용했을 것이란 점이다.

다시 말해 그날 두 사람의 사적인 만남은 자신들의 '높은 운명'을 서로 확인시켜 주는 거울과도 같은 것이었다. 자칫 허물어져 내리기 쉬운 비탈에서 역설적으로 서로에게 보이지 않는 위안과 용기, 다짐과 소명, 불굴의 에너지를 충전할 수 있었던 다시 없는 존재였다. 단순히 삼성과 현대라는 경쟁과 대립에서 오는 공연한 긴장을 해소하는 차원을 넘어, '무슨 생각'이라고 해도 좋고, '어떤 영감'이라고 해도 좋을 그 무엇이 정녕 선순환했을 것이란 얘기다.

그렇다면 한 가지 의문이 남는다. 이병철이 현대왕국을 찾았는데 정주영은 왜 삼성왕국을 단 한 번도 찾지 않았던 걸까? 그 또한 왕국을 이끌어가면서 때론 내부적으로 드러나지 않은 경영난을 겪은 적도 없지 않았으련만, 더욱이 상대가 먼저 손을 내밀어 열어놓은 길이라서 훨씬 더 수월했을 텐데도 왜 굳이 찾지 않았던 것일까? 젊은 날 '벼룩의 교훈'이 들려주듯 학습이라면 한낱 보잘것없는 미물일지라도 가리지 않았다던 정주영이기에 의문은 더 깊어진다.

흔히 역사엔 가정이란 없다고 말한다. 그렇다 하더라도 두 사람이 그처럼 이따금 만나 연대했더라면 과연 어땠을까 싶다. 이병철과 정주영의 '높은 운명'은 보다 더 강고해지진 않았을까? 두 왕국은 지금보다도 더 높은 세계를 열어갈 수 있지 않았을까 하는 아쉬움이 두고두고 남는다.

에필로그

숲속의 여우와 숲속의 고슴도치가 보여준 마지막 사업 창작 문법

갓난아이의 작은 손을 잡아본 적이 있는가? 아직 눈도 뜨지 않은 갓난아이의 고사리손을 잡아본 일이 있는가?

아주 오래 전이지만, 저자는 잡아본 기억이 지금도 생생하기만 하다. 아내가 아들을 출산한 지 얼마 지나지 않아서였다. 이제 막 세상에 태어난 갓난아이의 고사리손이 너무도 기특해 살며시 검지를 내밀어 대보았다. 한데 어떻게 알았는지 아직 눈도 뜨지 않은 갓난아이가 지체 없이 반응했다. 고사리손에 살며시 대자마자 아빠의 검지를 와락 붙잡았다. 검지를 재빨리 붙잡고선 다시는 놓지 않을 것처럼 지그시 힘을 주었다. 놀라지 않을 수 없었다. 재빨리 검지를 붙잡은 갓난아이의 힘이 여간 아니었던 것이다.

그러고 보니 철없던 어린 시절의 기억이 난다. 아직 국민학교(지금의 초등학교)도 들어가기 전이었다. 동네 꼬맹이들이 한데 모여 집 마당에서 놀고 있었다.

한데 누구였는지. 자신이 돌보던 아이의 손에 마당을 가로 지른 빨랫줄을 쥐여주었다. 아이는 빨랫줄을 움켜잡은 채 허공에 매달렸다. 울지도 않았다. 땅에 떨어지지 않으려고 한사코 바동바동거렸다. 우린 그게 재미있어 철없이 깔깔거렸던 기억이 아련하다. 지금 생각해봐도 그저 신기할 따름이었다.

대체 갓난아이는 왜 그토록 재빠른 반응을 나타냈던 걸까? 왜 그처럼 검지를 와락 붙잡은 것일까? 아이가 빨랫줄에 매달린 채 위태롭게 바동바동거리면서도 끝내 땅에 떨어지지 않았던 것일까? 과연 그 놀라운 힘(?)은 어디서 나온 거란 말인가?

그건 다름 아닌 긴장이었다. 태어날 때부터 부여받은 생존의 힘이었다. 물리학이나 생물학적으론 도저히 해석되지 않는 신비의 영역이었다. 무언가를 하기 위한 천재성이었던 것이다.

삶은 늘 불완전하다. 이병철과 정주영 또한 예외일 수 없었다. 그들을 따랐던 팔로워 역시 마찬가지였다. 그 모두를 가만 내버려두지 않고 출렁이기 마련이었다. 허공에 떠있는 외줄 위를 타는 것과 다를 것이란 없었다. 까딱 한눈을 팔거나 실수하면 출렁이는 외줄 위에서 그만 낙오하기 마련이었다. 자칫 발 한번 잘못 내딛게 되면 그대로 끝장이었다. 한 발 한 발 외줄 위를 조심스레 내딛지 않으면 안 되는 여정이었다. 한데 이 아슬아슬한 외줄 타기에서 이병철과 정주영 두 사람은 또 남달랐다. 아슬아슬한 외줄 위에서 누구도 따라올 수 없는 자신만의 극성(?)을 보였다. 철저히 육화된 일등주의와 철저히 육화된 도전정신을 온 몸으로 내보였다. 그렇게 한 사람은 팔로워를 푸시(push)하고, 다른 한 사람은 팔로워를 리드(lead)하며 외줄 위를 앞장서 나아갔다.

   그들을 쫓는 팔로워 또한 당연히 힘이 들어갔다. 출렁이는 외줄 위에서 결코 낙오하지 않기 위해선 긴장하지 않을 수 없었다. 악착같이 자신을 곧추세워야만 했다. 육화된 극성스런 일등주의의 긴장을, 육화된 극성스런 도전정신의 긴장을, 팔로워 자신들도 마련하지 않고선 뒤쫓아가지 못했다. 팔로워 자신들 역시 두 사람과 마찬가지로 '높은 운명'일 수밖에 없었던 것이다. 곧 그 같은 팔로워의 '긴장문화'가 두 큰 바위 얼굴의 마지막 사업 창작 문법이었다.

   이병철과 정주영 두 사람은 우리에게 혹(惑)의 세계다. 혹은 이르고자 하는 마음, 어떤 가능성을 생각하고 기대해보는 마음이다. 대지의 기운을 받아 그 기운으로 초목이 생장해가듯, 먼 조상으로부터 이어받은 타고난 천분으로서의 재능이다.

   다행히 두 사람 역시 이렇다 할 자본이나 별다른 기술 없이 시작된 도전과 응전이었다. 어떻게 보면 무모하달 수밖에 없는 선택의 스펙트럼에서 어떤 조건이나 또 제한조차 따로 없었다.

   그저 한 사람이 직선의 저돌 성향이었다면, 또 한 사람은 곡선의 신중 성향이었다. 한쪽이 감정의 지배가 우세한 외적 지향의 디오니소스적 인간형이었다면, 다른 한쪽은 이성의 지배가 우세한 내적 지향의 아폴론적 인간형이었다. 한쪽이 숲속의 고슴도치와도 같은 리더였다면, 또 다른 한쪽은 숲속의 여우와도 같은 리더였다.
 그만큼 둘 사이의 폭은 넓기만 하다. 넉넉히 충분하다. 우리들이 비집고 들어갈 선택의 여지 또한 수많은 혹의 세계라고 할 수 있다. 어떤 누구라도 그 같은 범주 안에 들어갈 수 있는 가능성의 지평을 활짝 열어놓고 있다는 사실이다.
 더욱이 두 사람은 애써 누구를 좇지도 뒤따라가지도 않았다. 어떤 누구의 문법을 추종하거나 닮고자 한 적이라곤 없었다.
 오직 사소하고 보잘것없는 자신의 경험과 숨은 역량을, 한평생 이어진 학습과 단련으로 자신을 확대시켜 나갔다. 우리의 전통적 가치를 강화시키고, 일찍이 누구도 경험해보지 못한 희소성을 차별화시켜, 자신에게 주어진 '높은 운명'을 어기차게 헤쳐나갔을 따름이다.
 그렇다면 이제부턴 우리 자신에게 물을 차례다. 인간으로서의 성숙함, 생각하는 동물로서의 자세, 어떤 것도 가로막을 수 없는 간절함이 우리 자신에게 깃들어 있는지 물어야 한다. 그 대답을 들을 수 있을 때 혹의 가능성은 유효하다. 우리도 그들의 지평에 동참할 수 있다.
 다시 말하지만 혹의 가능성은 꿈꾸는 자만의 세계다. 혹의 가능성을 꿈꾸는 순간 먼 조상으로부터 물려받은 타고난 천분으로서의 재능은 이미 움터 오르기 시작한다. 아이가 빨랫줄에 매달려서도 떨어지지 않는 간절함이 깃들어 있을 때 비로소 그 같은 천재성을 되찾게 된다.
 그런 만큼 어떤 가능성의 능력부터 먼저 따지지 말았으면 하고 바란다. 충분조건 혹은 특별한 재능을 갖추는지보단 자신에게 먼저 물을 일이다. 차마 눈물로도 모자랐던 그 같은 간절함이 자신에게 준비되어 있는지부터 스스로 묻고 가슴에 새길 일이다.

참고문헌

조기준, 『한국기업가사』, 박영사, 1976
이용우, 『삼성면』, 감고당, 2014.
朴東洵, 『한국재벌의 창업사상』, 공평출판사, 1981.
朴炳潤, 『財閥과 政治』, 한국양서, 1982
朴東洵, 『韓國의 財閥들』, 상록서점, 1982.
임호연, 『재계산맥-근세 100년 산업과 인물』, 매일경제, 1982.
한국일보 경제부, 『한국의 50대 재벌』, 경영능률연구소, 1983.
강철규 외, 『재벌』, 비봉출판사, 1991.
趙東成, 『한국재벌연구』, 매일경제, 1994.
백승열, 『재벌그룹, 재벌 총수들』, 문원, 1995.
황명수, 『한국기업거사 연구』, 단국대 출판부, 1999.
동아일보 경제부, 『한국 대기업의 리더들』, 김영사, 2002.
趙東成 외, 『한국자본주의의 개척자들』, 월간조선, 2003.
파이낸셜 산업부, 『집념과 도전의 역사 100년』, 아테네, 2004.
아산고희기념출판위원회, 『峨山 鄭周永 演說文集』, 울산대 출판국, 1985.
정주영, 『시련은 있어도 실패는 없다』, 김영사, 1991.
정규백, 『아산 정주영의 창업과 기업 활동』, 경영사학, 1993.
허영섭, 『現代 50년의 신화』, 자작나무, 1999.
정주영, 『이 땅에 태어나서』, 솔, 1998.
김명호, 『정주영 畵集, 世紀의 架橋』, 삼연서점, 1997.
박상하, 『한국의 기업가』, 월간 품질경영, 2003.
박상하, 『이병철과의 대화』, 이롬미디어, 2007.
李秉喆, 『財界回顧, 李秉喆』, 한국일보 출판국, 1981.
李秉喆, 『湖巖自傳』, 중앙일보, 1986.
삼성경제연구소, 『湖巖의 經營哲學』, 삼성경제연구소, 1989.
經營史學會, 『湖巖 李秉喆研究』, 經營史學會, 1990.
異園樹, 『李秉喆會長, 그는 누구인가』, 자유문학사, 1983.
孫光植 외, 『巨塔의 內幕-三星篇』, 경향신문 편집국, 1982.
전범성, 『실록소설 李秉喆』, 서문당, 1985.

김교식, 『李秉喆』, 삼성문화사, 1986.
김교식, 『삼성그룹 李秉喆』, 율곡문화사, 1986.
손충무, 『李秉喆과 三星王國』, 화음, 1988.
이맹희, 『묻어둔 이야기』, 청산, 1993.
이맹희, 『하고 싶은 이야기』, 청산, 1993.
維民 洪璡基 傳記發行委員會, 『維民 洪璡基 傳記』, 중앙일보, 1993.
강진구, 『삼성전자 신화와 그 비결』, 고려원, 1996.
심명기 외, 『이병철 회장을 추모한다』, 미네르바기획, 1996.
박세록, 『삼성비서실』, 미네르바기획, 1997.
이종곤, 『삼성기질 현대기질』, 제3문학사, 1996.
권오현, 『이병철』, 동서문화사, 1984.
김용철, 『삼성을 생각한다』, 사회평론, 2010.
전범성, 『실록소설 鄭周永』, 서문당, 1985.
정대용, 『아산 정주영의 기업가정신』, 삼영사, 2001.
박상하, 『이기는 정주영, 지지 않는 이병철』, 무한, 2009.
이채윤, 『현대가 사람들』, 성안당, 2015.
현대경제연구원, 『정주영, 경영을 말하다』, 현대경제원연구원BOOKS, 2011.
정세영, 『미래는 만드는 것이다』, 행림출판사, 2000.
아시아경제, 『MK리더십』, 아경북스, 2011.
기카오카 도시아키, 『삼성이 두렵다』, 책보출판사, 2006.
이병하, 『일본 문화 조직』, 민음인, 2012.
삼성비서실, 『三星 五十年史』, 삼성비서실, 1988.
전국경제인연합회, 『全經聯 三十年史』, 전국경제인연합회, 1991.
현대그룹 문화실, 『현대50년사』, 현대그룹, 1997.
윤종용, 『삼성전자 30년사』, 삼성전자, 1999.
현대자동차 30년사 편찬위원회, 『현대자동차 30년사』, 1997.
기타 『매일경제』『아시아경제』『한국경제』『해럴드경제』『서울경제』『파이낸셜뉴스』 등의 신문 스크랩 및 관계자 인터뷰.